문학, 그림을 품다

문학, 그림을 품다

1판 1쇄 2010년 3월 30일
1판 2쇄 2013년 9월 6일

지은이 · 여지선
펴낸이 · 한봉숙
펴낸곳 · 푸른사상사

등록 제2-2876호
주소 서울시 중구 충무로 29(초동) 아시아미디어타워 502호
대표전화 02) 2268-8706~7 팩시밀리 02) 2268-8708
이메일 prun21c@hanmail.net
홈페이지 www.prun21c.com

ⓒ 여지선, 2010

ISBN 978-89-5640-746-3 03810
값 16,000원

☞ 저자와의 합의에 의해 인지는 생략합니다.
이 책의 전부 또는 일부 내용을 재사용하려면 사전에 저작권자와 푸른사상사의
서면에 의한 동의를 받아야 합니다.

이 도서의 국립중앙도서관 출판시 도서목록(CIP)은 e-CIP 홈페이지(http://www.nl.go.kr/
cip.php)에서 이용하실 수 있습니다. (CIP제어번호 : CIP2010000980)

문학, 그림을 품다

여지선

발간사

『문학, 그림을 품다』의 발간에 부쳐

예부터 시와 그림은 하나의 세계로 인식되어 왔다. 시속에 그림이 있고[詩中有畵], 그림속에 시가 있다[畵中有詩]는 시화일도詩畵一道 사상이 그것이다. 아마 이는 시와 그림이 추구하는 세계가 일치하기 때문일 것이다. 표현의 매체는 다를지언정, 인간의 내면과 존재상황을 조명하여 참다운 삶의 길과 인간조건을 제시하는 궁극적인 목표를 공유하고 있다. 시는 그것을 언어라는 매체로, 그림은 선과 색이라는 매체로 형상화하고 있을 뿐이다. 필자도 인용하고 있듯이 '그림은 소리없는 시요, 시는 형태없는 그림'이라는 곽희의 말이나, '시는 말하는 그림이고, 그림은 말없는 시'라는 시모니데스의 말도 시와 그림의 친연성을 지적한 것이다. 중국의 왕유에서 한국의 정지용에 이르기까지 그 계보를 잇고 있는 산수시山水詩의 경지도 시와 그림의 연속성을 보여준다.

필자는 어려서부터 그림에 소질을 가졌고, 화가를 꿈꿨던 미술지망생이었다. 또한 시에도 깊은 관심을 가져 국문학도가 되었고, 시작詩作을 일구는 시인이 되었다. 필자는 그의 청년기의 정신적 공백과 감성적 허기를 메꾸어 준 것이 바로 고흐의 〈별이 빛나는 밤에〉와 헤르만 헤세의 『지와 사랑』이었다고 고백하고 있다. 그림과 문학의 길, 그 길이 필자의 운명의 길임을 암시하고 있다. 필자가 시를 쓰고, 시를 공부하면서 끝내 그림의 끈을 놓지 않고 있는 것이 바로 이 운명의 힘인 것이다.

우리는 이 책에서 시와 그림의 만남을 편안한 자세로, 따뜻한 감성으로 이룰 수 있다. 무겁기 그지없는 학구적인 천착도, 가벼운 몸짓으로 끝나는 대중적 포즈도 아니다. 시와 그림의 격의 없는 대화와 소통, 내밀한 속삭임과 가식 없는 드러냄에 귀기울일 수 있다. 동서양과 고금의 시공을 초월하여 화가와 시인들의 친밀한 만남에 동참할 수 있다. 고흐, 뭉크, 렘브란트, 샤갈, 피카소, 마네, 이중섭, 김정희의 미술세계가 김춘수, 황동규, 문정희, 이성복, 허영자, 신달자, 김승희의 시심을 어떻게 울리고 있는지, 그 곡진한 감성의 떨림과 메아리를 들을 수 있다.

필자는 여기에 독자들의 몫을 마련해 놓고 있다. 독자들의 감정이입을 통하여 그림과 시의 만남을 더 높고, 깊은 경지로 이끌어 가고 있는 것이다. 시와 그림의 만남을 통해 이루어지는 변증법적인 승화의 경지를 독자의 몫으로 남겨 놓고 있는 것이다. 이 책의 장점은 바로 여기에 있다.

필자는 시를 쓰는 시인이고, 시를 공부하는 문학도이다. 그러나 그의 꿈은 화가였다. 화가로서의 이루지 못한 꿈을 그는 이 책으로 보상받고 있다. 그런 점에서 이 책은 한 문학도의 이상과 꿈이 실현된 독특한 신세계를 경험할 수 있게 해준다. 그리고 독자들은 그 신세계의 주인공으로 거듭 태어나게 된다.

시와 그림에 생애의 전가치를 건 필자에게 축복을 보내며, 그 운명의 힘이 필자의 영원한 생의 에너지가 되길 빈다.

2010. 2.
김영철(문학평론가)

머리말

『문학, 그림을 품다』, 본시 3부작으로 계획했다. 1부는 화가의 작품과 시인의 만남, 2부는 시인의 작품과 화가의 만남, 3부는 공통주제로 만나는 화가와 시인이다. 본서는 3부작 중 제1부에 해당된다.

약 2년 동안 화가와 교감한 시인들을 찾아다녔다. 건국대 문학 강좌인 〈한국대표시감상〉를 통해 착안하고, 자료를 수집하고, 수강생들과 공유하였다. 그 결과물이 바로 『문학, 그림을 품다』이다.

내게는 여러 선생님이 계신다. 대학 시절 문학과 인간, 문학과 사회의 소통을 가르쳐주신 한봉래 선생님, 대학원 시절 문학을 학문으로 연구하는 법과 삶으로 드러내는 법을 가르쳐주신 김영철 선생님, 박사 후과정 중 격려와 신뢰를 가르쳐주신 김유중 선생님이시다. 이 같은 선생님이 계셨기에 오늘의 이 책을 완성할 수 있었다. 참으로 고마운 분들이다.

이 책을 통해 내가 받은 가르침을 여러 독자들과 공유하고 싶다. 특히 다양한 독자와 공유하고 싶다. 문학도, 미술학도, 그리고 문학과 미술에 관심있는 일반 팬들과도 공유하고 싶다. 그래서 인지도와 예술성을 고려해 반 고흐, 뭉크, 렘브란트, 샤갈, 모딜리아니, 마네, 피카소, 이중섭, 김정희 등 우리들에게 익숙한 화가를 중심으로 엮었다. 또한 작품의 예술성을 더욱 심도 있게 감상하기 위해 검증된 시인들의 작품 전문을 소개했다. 그동안 지면상의 어려움으로 시의 일부만 소개하는 경우가 많았지만, 이 책에서는 독자들의 편안하고도 폭넓은 감상을 위해 시 전문을 소개하였다. 화가와 시인 그리고 그들의 작품을 학문보다 일상의 삶 속에서 느끼고, 만지고, 경험하고 싶었다. 그래서 때로는 개인적인 이야기를 꺼내야 했다. 독자와의 진정어린 소통을 위해서는 솔직함이 필요하기 때문이다. 다양한 위치에 있는 독자들과 함께 하고 싶었기 때문에 문학과 미술과 수필의 경계를 오갔다. 이 점을 독자들이 주목해 주길 바란다.

  3부작 가운데 먼저 출판하게 된 『문학, 그림을 품다』, 이를 흔쾌히 받아주신 출판사 푸른사상의 한봉숙 사장님께 깊이 감사드린다. 또한 꼼꼼히 살펴주신 김세영 편집팀장님과 편집진들께도 감사드린다. 그리고 서동수 선생님, 신재연 선생님, 여러 건국대 제자들과 그림 작업을 도와준 김주미 학생과 김지섭 학생에게도 감사의 말을 전하고 싶다. 하늘에 계신 어머님께도…….

2010. 2.
고향 바닷가에서

- 발간사 • 4
- 머리말 • 6

제1부 문학과 그림, 감성으로 만나다

1. 문학과 그림, 너희에게 감성으로 다가가다 • 14

제2부 바다 건너 화방에 들리다

1. 빈센트 반 고흐(Vincent van Gogh), 너의 별을 세다 • 20
   1) 빈센트 반 고흐, 시인이 말하다 - 김승희 • 22
   2) "해바라기", 지천으로 피어나다 - 권달웅, 함형수, 김승희 • 25
   3) 어찌하면 자신의 귀까지 내어줄 수 있나요? - 문충성, 문정희 • 33
   4) 감자, 같이 먹어도 될까요? - 정진규 • 39
   5) 구둣가게 아저씨, 제게 맞는 구두는 없나요? - 박의상 • 42
   6) '수차水車가 있는 가교架橋'를 함께 거닐다 - 김광균 • 45
   7) 저와 함께 카페에서 그리운 이들을 만나요 - 오태환, 유하, 황동규 • 47
   8) 밀밭! 아득히 먼 밀밭 - 안혜경, 임영조, 임현정 • 53

2. 에드바르트 뭉크(Edvard Munch), 너와 함께 몰려온다 • 64
   1) 뭉크, 네 삶에 가까이 가고프다 - 장석주 • 67
   2) 뭉크, 당신의 절규, 어느새 내게도 머물고 있어요 - 이승하, 이장욱, 장석주 • 71
   3) 뭉크여, 당신의 병든 아이는 우리랍니다 - 이승하 • 83

차례

4) 사춘기, 오늘 여인임을 기억하게 되다-오태환, 장석주, 전기철 • 86
5) 뭉크씨, 미역감는 여자는 감히 엄두를 못냈나요?-이승하 • 92
6) 멜랑콜리, 키스, 흡혈귀, 사랑의 흔적들이여-한영옥 • 95
7) 뭉크와 함께 시인의 첫발을 딛다-조현석, 박정식 • 100

3. 렘브란트 하르먼스 판 레인(Rembrandt Harmenszoon van Rijn),
   너에게 다가갈 때가 있었다 • 107

   1) 렘브란트의 〈도살된 소〉를 기억하다-최승호 • 114

4. 마르크 샤갈(Marc Chagall), 너와 함께 그리워하고 싶다 • 118

   1) 나에게, 사랑하는 벨라에게-샤갈 • 125
   2) 샤갈에게 보내는 헌정시-알뤼아르, 기욤 아폴리네르 • 129
   3) 난 당신을 꿈꾸었습니다-김영태 • 132
   4) 나의 시세계로 초대합니다-김춘수 • 140
   5) 실은 여섯 번째 시집입니다-이승훈 • 142

5. 아메데오 모딜리아니(Amedeo Modigliani),
   너와 함께한 사랑과 건강에 목마르다 • 149

   1) 7회 말의 긴장으로 만나다-이장욱 • 157

2) 모딜리아니의 여인을 기억하다 - 이성복 • 161
    3) 모딜리아니의 방을 엿보다 - 강윤미 • 164

6. 파블로 루이스 피카소(Pablo Ruiz Picasso),
            너에 대한 아득한 기억을 되살리다 • 166
    1) 피카소의 〈게르니카〉와 케테 콜비츠의
            〈죽은 아이를 안은 여인〉을 마주하다 - 함성호 • 171
    2) 피카소의 청색시대를 주목하다 - 김혜순 • 183

7. 에두아르 마네(Edouard Manet), 너의 낙선작 영원히 기억되리 • 188
    1) 마네의 현실에 동참하다 - 이윤설 • 193
    2) 마네와는 다른 식사로의 초대다 - 박남권 • 195
    3) 버거운 소풍을 말하다 - 조동범 • 198

제3부 우리의 화방에 들리다

1. 이중섭, 너를 다시 만나다 • 204
    1) 이중섭의 자작시를 만나다 • 207
    2) 시인들, 이중섭 화백을 만나다 • 209
        (1) 친구, 이중섭을 말하다 - 김종삼, 김광림, 구상, 김요섭 • 209

차례

    (2) 소문으로 들었나요? 나의 사랑, 나의 영혼
                                  - 김춘수, 장석주, 김승희, 이수익 • 223
  3) 붓으로 펜을 엮다 • 234
    (1) 이중섭의 '소'를 만났어요 - 김정숙, 최승호 • 234
    (2) 이중섭의 은지화를 만났어요 - 김승희, 허영자 • 237
    (3) 이중섭의 엽서화를 만났어요 - 김영태 • 244
    (4) 이중섭에게 편지를 띄웁니다 - 신달자 • 246

2. 추사 김정희, 너의 화폭 〈세한도〉에 젖어들다 • 249
  1) 추사 김정희, 당신을 벗 삼아 시인이 됐어요 - 박현수 • 252
  2) 추사 김정희, 당신으로 인해 '정지용문학상'을 탔어요 - 유안진, 유자효 • 256
  3) 강원도 촌사람이자 프랑스 유학파지만
                        〈세한도〉에 감동 받았어요 - 염명순 • 259
  4) 이젠 내게도 유배명이 떨어지려나 - 황지우 • 261
  5) 시인이자 노동운동가로서 추사 김정희를 보다 - 백무산 • 266
  6) 《창작과비평》에 추사 김정희를 쏟아냈어요 - 신동호, 도종환, 고재종 • 267
  7) 같은 해에 태어나 다른 〈세한도〉를 바라보다 - 장석주, 곽재구 • 273
  8) 〈세한도〉의 여백을 따스함으로 채우다 - 송수권 • 278
  9) 추사 김정희를 우러러 바라보다 - 박희진 • 280

제1부 문학과 그림, 감성으로 만나다

1. 문학과 그림, 너희에게 감성으로 다가가다

사람들은 누구나 친구를 사귄다. 외롭기 때문에? 물론 그렇다. 아버지, 어머니, 형제, 자매, 남매가 있을지언정 친구가 없으면 외롭다. 때로는 강아지와 실컷 재미나게 놀 수도 있다. 때론 청소를 하면서, 음식을 하면서, 전화나 인터넷을 통해 수다를 늘어놓으면서 외로움을 잊을 수 있다. 그렇다. 잊을 수 있는 것이지 사라지는 것은 아니다.

친구, 그것은 사람이 그립기 때문에 필요하다. 그 흔한 인人의 이야기를 다시 할 필요가 있을까……. 있다. 중학교 한문 시간이었다. 한문 선생님께서 물으셨다.

"인간은 왜 더불어 살아야 하는지 아니?"

우린 당연히 "몰라요", 혹은 각자의 개똥철학을 펼쳤다. 그때 선생님께서 하신 말씀!

바로 이렇게 연결되어 있잖니! 人

그렇다면 중국인들은 인간의 친구관계를 인식하고 한자를 만들었던 것인가. 하여간 기가 막히게 적절히 잘 들어맞는다. 그처럼 인간은 인간과 더불어 살아야 한다. 그리고 인간은 인간과 더불어 문화를 형성해낸다. 그 문화 중의 하나가 문학이요, 그림이다.

태초 원시시대부터 문학과 그림은 존재했던 것으로 알려져 있다. 비록 기록문학은 아닐지언정 구비문학으로 인간의 삶 속 깊이 스며들어 존재했던 것을 그 누구도 부인할 수 없다. 그림도 마찬가지다. 세상의 오래된 동굴에 가면 저마다 이것저것 그려져 있다. 그것이 선이 되었든, 원이 되었든, 어떠한 형태가 되었든지 말이다. 지금 이 자리에서 문학의 기원, 그림의 기원을 논하지는 말자. 그것은 학자들의 몫으로 남기고, 우리는 문학과 그림이 어떻게 만나서 어떻게 서로 소통하고 있는지를 생각해보자.

어렸을 적 우리 집에는 작은 다락방이 있었다. 그곳에는 뒤주, 재봉틀, 다디미돌, 그릇, 연장, 아버지의 비상금, 여러 권의 책들이 있었다. 앗, 한 가지 더! 다락방에서 큰방으로 내려오는 계단 맞은편에 그림액자 하나가 있었다. 양옥집 큰방에 구멍 같은 다락방, 그곳에 여러 잡다한 물건들을 넣어 두었다. 전기다리미가 생기자 다디미돌이, 쌀통이 생기자 뒤주가, 옷 수선을 세탁소가 담당하자 재봉틀이, 새로운 그릇이 생기자 옛 그릇들이 모두 다락방신세를 졌다. 또 아버지의 비상금이 엄마를 피해 지갑에서 다락방으로, 큰 오빠가 군대 가자 책들이 다락방으로, 둘째언니가 붓을 놓자 그림액자가 다락방으로, 그렇게 서서히 자리를 내주게 되었던 것이다. 다락방은 사소하게 뒷전으로 물러나는 것들의 방이지만, 초등학교에 다니던 내겐 더 없는 보물창고였다.

아버지의 비상금을 아버지에게, 엄마에게, 언니들에게, 오빠들에게 알려주면서 얻어먹는 사탕 꾸러미, 재봉틀 의자에 앉아 실랑이 치던 시간들, 언니가 심부름을 시키면 뒤주에 숨었던 날들, 이도저도 할 일이 없으면 손에 잡히는 대로 읽었던 큰 오빠의 책들, 지루해져서 큰방으로 내려오는 계단에서 일부러 엉덩방아를 찍으며 내려오다 눈에 띈 둘째언니의 그림, 이 같은 경험이 추억이 되고, 가치관이 되고, 신념이 되어갔다. 그 시절 큰 오빠 덕에 670원짜리 괴테의 『파우스트』를 읽었으며, 둘째 언니 덕에 마패가 걸려 있는 전통항아리가 유화로 처리될 수 있다는 것을 알았다. 참으로 재미있는 시간들이었다.

중 2때 서울로 전학 온 목포 촌뜨기, 큰오빠와 새언니와 더불어 살았던 그 시간들은 내겐 너무도 힘든 시간이었다. 그때마다 내게 위로를 주었던 것은 바로 저 하늘의 '별', 고흐의 〈별이 빛나는 밤에〉, 헤르만 헤세의 『지와 사랑(Narziss und Goldmund)』이었다. 난 찾아다닐 수밖에 없었다. 나와 같은 감성을 지닌 자들을……. 그것이 바로 문학이요, 그림이었다.

나는 지금 국문학도이다. 그러나 한때는 미술학도를 꿈꿨다. 둘째 언니만큼의 그림실력이 있었다면, 마음만이 아니라 손이 따라만 주었다면, 나는 지금쯤 미술학도가 되어 있었을지도 모른다. 아니다. 국문학도는 내 운명이다. 그럼에도 불구하고 난 미술학도들과 절친했으며, 지금도 선후배, 친구로 여전히 남아 있다. 그리운 이들로서 말이다.

문학 속에는 인간이 있다. 문학 속에는 인간들의 삶이 있다. 문학은 늘 인간이 주인공일 수밖에 없다. 그림도 마찬가지이다. 그림 속에도 인간이 있다. 비록 동양화, 산수화에서는 인간을 쉽게 찾아내기 어렵지만, 저 한 쪽에라도 인간은 자기의 자리를 잘 잡고 있다. 그리고 그 붓을 움직이고 있는 인간 정신이 깃들어 있다.

그런데 문제는 누가 먼저 '그것'을 말해버렸는가에 있다. 가끔 이런 생각을 한다. '앗, 내가 생각했던 것인데……', '내가 쓸려고 했던 것인데……', '내가 표현하려고 했던 것인데……' 이처럼 나보다 앞서, 혹은 나와 다른 관점으로 바라보는 시선을 뒤늦게 느끼는 경우가 있다. 이는 시대적, 공간적, 개인적으로 여러 경우의 수가 가능하다. 그래서 그들과 소통을 하게 되는 것이다.

 소통에는 여러 통로가 있다. 자연을 같이 바라보면서 소통할 수도 있다. 한 사람이 자연과 소통한 것을 바라보며 더불어 소통할 수도 있다. 후자가 바로 문학과 그림과의 소통이다. 화가가 먼저 바라본 것을 후대에 또는 동시대에 시인이 추체험할 수 있다. 물론 한 시인이 바라본 것을 화가가 추체험할 수도 있다. 이는 선후의 문제이지 소통의 문제는 아니다. 이러한 소통은 예술작품과 감상자와의 소통이자, 예술의 거듭남으로서의 소통이다. 본서는 이 두 가지 소통 모두에 욕심을 내고자 했다. 먼저는 화가와 시인의 소통을 바라보고, 이들의 소통에 우리의 담소까지 곁들여보고자 했다.

 문학과 타 예술의 만남에 대한 관심은 동서고금을 막론하고 지대했다. 동양의 사례를 보면, 중국의 곽희郭熙는 "그림은 소리 없는 시이고, 시는 형태 없는 그림이다[畵是無聲詩 詩是無形畵]."라며 시와 그림의 연관성에 대해 논한 바 있다. 또한 작품에서도 화제畵題, 화찬畵讚, 제발題跋을 통해 그림과 글과의 관계를 돈독히 하는 경우가 다반사였다. 서양의 사례를 들자면, 돈을 받고 글을 쓴 최초의 그리스 서정시인 시모니데스(Simonides of Ceos)는 시는 "말하는 그림(pictura loquens)"이고, 그림은 "말 없는 시(poema silens)"라고 하였다. 이처럼 동서양, 고금을 막론하고 문학과 그림과의 연관성, 소통에 대해 지대한 관심을 쏟았다. 우리나라 역대 문인들에 의한 문인화文人畵도 이와 다를 바 없다. 우리 선조는 문인화를 통해서 시화일치詩畵一致 또는 서화일치書畵一致의 경지와 시詩·서書·화畵를 모두 능숙하게 구사하는 3절三絶의 상태를 지향하기도 했다.

　문학과 그림의 소통이 이처럼 다반사였기에, 문학과 그림의 소통에 대한 연구도 없지 않다. 윤호병의 『문학과 그림의 비교』(이종문화사, 2007), 이가림의 『미술과 문학의 만남』(월간미술, 2000), 고위공의 『문학과 미술의 만남』(미술문화, 2004), 조용훈의 『문학과 그림』(효형출판, 2006) 등의 저서가 그것이다. 특히 윤호병은 비교문학의 선두주자로서 깊이와 넓이면에서 타의 추종을 불허한다. 때문에 『문학과 그림의 비교』도 문학과 그림의 학술적 소통의 최고봉이라 하겠다. 그러나 이 저서들은 학술적인 색채가 짙어서 일반 독자들이 소통하기에는 다소 묵직해 보인다.

　그래서 이런 아쉬운 점을 보완한 시화집들이 다수 출판되기도 했다. 정끝별의 『어느 가슴엔들 시가 꽃피지 않으랴』(그림 권신아, 민음사, 2008)가 대표적인 저서이다. 정끝별은 시인이자 문학평론가이다. 그렇기 때문에 시인의 감수성과 평론가의 안목으로 좋은 작품을 선별해낼 수 있는 힘이 있다. 특히 정끝별의 『어느 가슴엔들 시가 꽃피지 않으랴』는 그 책제목부터 '시'로 불릴 수 있을 만큼 섬세함을 보여주고 있다. 또한 권신아의 그림과 더불어, 앞서 학술적인 소통에서 보여준 선 화가, 후 시인의 소통이 아닌 선 시인, 후 화가의 소통을 보여준다는 점에서 주목된다.

　학술적인 윤호병과 시인과 비평가의 감각인 정끝별 사이에 빈공간을 만들어낼 수는 없을까? 그래서 문학과 그림의 만남에 있어서 시 전문과 그림 전체를 공개하면서, 이들의 소통을 주선하는 필자의 사적인 공간을 준비했다. 소위 3위 일체, 화가의 공간, 시인의 공간, 감상자의 공간을 꿈꾸는 것이다. 시인, 화가, 필자의 3위 일체를 통해 문학과 그림을 감성으로 소통하길 기대한다.

제2부 바다 건너
　　　 화방에 들리다

1. 빈센트 반 고흐(Vincent van Gogh), 너의 별을 세다

"안녕하세요, '별이 빛나는 밤에' 이문세입니다. 오늘은 그리운 친구들에게 띄우는 곡으로 시작하겠습니다."

친구를 그리워하여 글을 쓴 청취자는 참으로 많았다. 그 중의 한 사람이 바로 나. 비록 중 2때 서울로 전학을 왔지만, 늘상 함께 듣던 라디오 프로그램을 통해 목포여자중학교 2학년 친구들에게 음악을 남겼다.

서울로 전학와서 뒤늦게 사춘기에 빠졌다. 이유는 단 하나. 하늘에 별이 없었기 때문이었다. 내 고향 남쪽 나라, 정말 내 고향 남쪽, 목포에서는 밤마다 "별 하나, 나 하나, 별 둘, 나 둘, 하늘엔 별들이 너무 많아 절반도 못 세고 잠이 드네"라는 노래를 부를 수 있었다. 유치원 시절 아버지가 만들어주신 옥상의 그네…… 아버지는 별이 되고, 언니들과 난 그 별들을 세곤 했다.

우린 간혹 실제보다 그림자에 허우적거리곤 한다. 하늘의 별은 한 번도 바라본 적 없으면서, 고흐의 〈별이 빛나는 밤에〉가 그려진 엽서

고흐, 〈별이 빛나는 밤에〉, 1889,
캔버스에 유채, 73.7×92.1cm, 미국, 뉴헤이븐, 예일대 미술관

에 글을 남기곤 한다. 이성친구와 별을 보기 위해 천문대에 방문, 천체망원경을 바라본다. 별이 보일까? 별을 보는 내 모습이 더 잘 보일 뿐이다. 그저 별들은 그 주위에 자연스럽게 놓여 있으면 된다. 그리고 그 사이로 내가 들어가면 된다.

　빈센트 미넬리 감독(〈열정의 랩소디〉), 로버트 알트만 감독(〈빈센트와 테오〉), 모리스 피알라 감독(〈반 고흐〉)도 그랬을까. 그들의 명성에 어긋나지 않은 작품을 생산하기 위해 별을 헤아렸을까, 아님 별의 크기에 넋이 나가 별의 주체를 만나고자 그 많은 픽션을 결합했던 것이었을까!

　생전에 지독한 가난에 시달리면서도 작업을 멈추지 않았던 빈센트 반 고흐, 그는 이런 말을 남겼다. "죽어서 묻혀버린 화가들은 그 뒷세대에 자신의 작품으로 말을 건다."라고 말이다. 그랬다. 그는 죽었고, 그의 작품은 우리에게 영원한 별이 되어 남아 있다. 그런데 별은 대부분 그렇단다. 자신이 빛을 발하는 것이 아니라 빛을 받아서 빛나는 것이라고……. 그렇다면 그의 빛은 어디에서 받은 것일까!

성직자의 길을 열망했던 빈센트 반 고흐, 탄광촌에서 어린 아이들의 노동을 보고 현실의 허위와 위선 앞에 성직자의 명예를 내려놓게 되었다. 사촌 케이를 짝사랑한 빈센트 반 고흐, 촛불의 자해, 상처, 결국 여성혐오증에 사로잡혀 버렸다. 아버지의 역할을 해준 동생 테오의 형 빈센트 반 고흐, 사사건건 부딪치면서도 정신적·물질적 후견인인 동생에게 668통의 편지에 화가의 열정을 담아서 보내주었다. 사랑을 잃고 창녀 크리스틴과 동거하는 빈센트 반 고흐, 그에게 있어서 여자란 화폭의 피사체였을까, 그 이상이었을까. 고갱과 함께 하고자 했던 빈센트 반 고흐, 빚에 쪼들린 고갱을 돌보고 싶었던 반 고흐, 빚 청산을 위해 테오와 거래한 고갱, 그러나 한 달 만에 그들의 불화는 시작되었다. 작품이나 사상에 대한 의견 대립이 감정대립으로 번져 다시 돌이킬 수 없는 관계가 돼버렸다. 결국 귀를 자른 고흐, 빈센트 반 고흐에게 남겨진 것은 정신착란과 요양원이었다. 그러나 그곳에서의 고독감과 절망감은 빈센트에게 보리밭의 풍경과 까마귀를 남기고 권총을 뽑게 했다.

태양을 가까이 보고자 하는 자는 눈을 잃고 결국 보지 못한다. 빈센트 반 고흐를 가까이 세밀하게 보고자 하는 자도 고흐를 볼 수 없을 뿐만 아니라 자신의 소중한 감각도 잃는다. 그저 별을 통해 하늘과 빛을 보듯, 그의 작품을 통해 진정한 고흐와 예술성을 바라볼 뿐이다.

1) 빈센트 반 고흐, 시인이 말하다 - 김승희

10여 년 동안 879점의 그림을 남긴 화가, 연인이 아닌 동생 테오 한 사람에게 668통의 편지를 남긴 화가, 그를 사랑한다. 생전에 단 한 작

고흐, 〈이젤 앞의 자화상〉, 1888.2, 캔버스에 유채, 65.5 x 50.5㎝, 네델란드, 암스테르담, 반 고흐 미술관(Van Gogh Museum)

　품밖에 팔리지 않았던 불우한 화가, 그 화가 고흐를 우리나라 시인들은 유독 사랑한다. 시인들이 한 민족의 감수성을 대변한다면, 우리나라 시인들이 고흐를 사랑한 것은 당연한 것이다. 우리는 고흐의 삶은 몰라도 고흐의 이색적인 일화, 작품들은 알고 있으니 말이다.

　반 고흐는 말한다. 자신을 앞둔 채 자신에게 말한다. "다만 제가 분명히 알고 있는 것은 제가 화가이고 이 길은 제가 가야만 하는 길이라는 것입니다. 그것이 저의 운명이기 때문입니다. 그러기에 그려지는 것은 저의 영혼이 숨 쉬는 영원히 살아 있는 그림일 것입니다. 지금 이 순간 까지도 푸른 하늘의 한 조각 구름처럼 외롭고 피를 말리는 고통의 길이었지만, 즐겁게 그 길을 걸어왔습니다."

　김승희를 통해 빈센트 반 고흐를 만나보자.

지상의 불꽃이 사라지던 날에도
아직 우리에게 삶이 남아 있다는 것은
이상하다.
사랑도 없고
연인도 없고
돈도 없는
검은 막장의 탄광빛 하늘 아래서도
아직 사람들은
감자를 먹고 무서운 결핵과 싸우면서라도
살아가야만 하는 것이었다.

나에게도 나의 십자가가
있다.
탄광촌의 비참한 사람들에게도
생활의 십자가가 있듯이.
우리는 누구나 자기 십자가를 등에 지고
신을 증명하기 위한
아름다운 길을 찾으며
울고 있어야 한다

첫사랑이 죽었을 때
자비의 음악이 생겨나는 것처럼
지상의 불꽃이 사라졌을 때
난
등 위의 내 십자가의 의미를 알았다.
네 몸의 십자가를 땔감으로 하여
타올라야 한다고 —
그것만이 빈센트의 숙명이라고 —

— 김승희, 「자기 십자가」 전문(이하생략)

김승희는 빈센트에게 숙명을 찾아내 우리에게 말해준다. 빈센트는

영화 〈해바라기〉 첫장면

불꽃이고, 최악의 순간에서 살아간 자이자 우리의 땔감이 되어야 하는 자라고 말이다. 참으로 신선하다. 나의 십자가를 내가 지는 것은 물론 당연하다. 그런데 그 십자가는 뒤에 따르는 자의 땔감으로 유용한 가치를 지닌다는 것이다. 이는 빈센트의 존재의미를 밝히는 시이자, 우리에게도 빈센트와 같은 길을 가야 함을 안내하는 시이다.

그렇다면 정말 김승희도 우리에게 자신의 십자가를 내어 주었을까! 아, 그녀는 아직 살아있으니 여전히 십자가를 지고 있는 중이겠구나……. 아쉬운 맛이 있다.

2) "해바라기", 지천으로 피어나다 - 권달웅, 함형수, 김승희

어렸을 적, 해바라기로 시작되는 영화를 보았다. 그 영화 제목은 무엇이었더라……, 그것은 〈해바라기〉였다. 영화가 시작하자마자 해바라기만 보아야 했던 그 영화가 간혹 생각난다. 너무도 강압적으로 입력되어버린 그 영상, 묘지를 연상시켜야 했기에 그 아름다운 러시아 해바라기를 억압적으로 인식하게 했을까. 빅토리오 데 시카는 그랬다.

그래서 여전히 가슴에 남아 있었던 모양이다. 고흐의 〈해바라기〉, 여러 시인들의 '해바라기' 관련 시만 보아도 오버랩된다.

남편을 찾아 전쟁이 끝난 러시아로 떠난 지오바다(쏘피아 로렌), 이미 기억상실증으로 러시아 여인과 부부연을 맺은 안토니오(마스트로얀니)…… 참으로 비극이다. 그러나 영화 〈해바라기〉는 이보다 더 큰 비극을 그린다. 이탈리아로 돌아온 지오바다가 다른 남자와 아이 낳고 잘 사는데, 옛 남편이 기억을 되찾았단다. 어찌 그럴 수가……. 역시 러시아 해바라기의 상징은 참으로 기묘하다.

이보다 더 슬픈 사랑이야기가 있다. 고갱을 사랑한 고흐……. 고갱을 맞기 위해 〈해바라기〉를 정성껏 그렸으리라……. 그러나 만남에는 슬픈 사연을 담아내는 이별이 선행하는 것인가 보다. 고흐의 고갱에 대한 사랑과 이별은 해바라기 그림으로 형상화되었다. 고흐의 〈해바라기〉는 1887년에 그려진 〈두 송이 해바라기〉와 〈네 송이 해바라기〉, 1888년에 그려진 〈열두 송이 해바라기가 있는 화병〉, 〈화병에 꽂힌 세 송이 해바라기〉, 〈열네 송이 해바라기가 있는 화병〉, 1889년에 그려진 〈열다섯 송이 해바라기가 있는 화병〉 등이 있다. 우리가 흔히 알고 있는 고흐의 〈해바라기〉는 1988년에 그려진 그림들이다. 동생 테오에게만큼은 알리고 싶었을까. 고흐는 "테오야, 고갱이 특히 이러한 해바라기 그림을 좋아했다는 점을 알고 있냐. 고갱은 말했지. '그래…… 그래…… 꽃이야.' 테오야, 너도 알다시피 모란은 장닌(Jeannin)의 꽃이고 접시꽃은 퀘스트(Quost)의 꽃이지만 이제 해바라기, 그래 해바라기는 내 꽃이야."(Walther, 『VAN GOGH』) 이처럼 해바라기는 자신의 꽃이라 천명과 같이 토해내고 있다.

"나는 여섯 점의 해바라기로 작업실을 꾸며볼 계획이다. 황금이라도 녹여버릴 것 같은 열기, 해바라기의 느낌을 다시 얻는다는 것은 아무나

1. 고흐, 〈두 송이 해바라기〉, 1887, 캔버스에 유채, 60x50cm, 스위스, 베른 미술관(Kunstmuseum Bern)
2. 고흐, 〈네 송이 해바라기〉, 1887.8~9, 캔버스에 유채, 60x100cm, 네덜란드, 오텔로, 크뢸러 뮐러 미술관(Kroller Muller Museum)
3. 고흐, 〈화병에 꽂힌 세 송이 해바라기〉, 1888, 캔버스에 유채, 73x53cm, 네덜란드, 암스테르담, 반고흐 미술관(Van Gogh Museum)
4. 고흐, 〈열네 송이 해바라기가 있는 화병〉, 1888.8, 캔버스에 유채, 92x73cm, 영국, 런던, 네셔널갤러리(National Gallery)

고흐, 〈열다섯 송이 해바라기가 있는 화병〉, 1889, 캔버스에 유채, 95x73cm, 영국, 런던, 네셔널갤러리(National Gallery)

할 수 있는 일이 아니다."라는 고흐의 절규, 이처럼 애틋한 해바라기에 더한 사연을 담은 시들이 있다. 그 사연을 찾아간 시인들을 만나보자.

  손을 떠난 바람이
  피아노를 치고 있다.
  하늘은 늘
  밖에 있고
  나는 기침하는 뜰
  안에 있다.
  가을해는
  녹슨 수레바퀴를 굴리며
  사라진다.
  해바라기는
  깊이 고개를 숙인다.
  바람은 풀잎에 화인火印을 찍고
  나는 눈을 떠도 눈을 떠도
  타 버린 얼굴이다.
  둥굽은 어둠이
  쏟아지고 있다.

         — 권달웅,「해바라기 환상幻想」

1975년, 「해바라기 환상」으로 등단한 권달웅, 그에게도 해바라기는 진정 의미있는 꽃이다. 해바라기가 아니었으면 그는 시인의 타이틀을 갖지 못했을지도, 반 고흐를 만나지도 못했을지도, 더 나아가 자신의 삶을 조명할 시선을 찾지 못했을지도 모른다.

환상, "현실적인 기초나 가능성이 없는 헛된 생각이나 공상"이라는 사전적 의미를 지닌 단어, 그 단어가 해바라기를 만나 시어가 되었다. 실물 해바라기와 공상이 만나는 자리에 남는 여운은 무엇일까. 적어도 권달웅에게는 수동인 것 같다. 피아노를 치고 있는 것은 바람이다. 인간의 의지를 떠난 바람, 가을 해는 사라지고, 해바라기는 고개를 숙이고, 나는 타버린 얼굴이며, 어둠은 쏟아진다. 그 어디에도 능동적으로, 의지적으로 이루어지는 것은 없다. 실체가 드러나지 않으면서 움직여지는 것, 여전히 환상인 것이다. 그러나 그 수동적인 태도를 권달웅, 시적 화자가 용납하고 있으니 이 수동의 깊이를 생각하게 된다.

또 하나의 해바라기를 만나보자.

> 나의 무덤 앞에는 그 차거운 비碑ㅅ돌을 세우지 말라.
> 나의 무덤 주위에는 그 노오란 해바라기를 심어 달라.
> 그리고 해바라기의 긴 줄거리 사이로 끝없는 보리밭을 보여 달라.
> 노오란 해바라기는 늘 태양같이 태양같이 하던 화려한 나의 사랑이라고 생각하라.
> 푸른 보리밭 사이로 하늘을 쏘는 노고지리가 있거든 아직도 날아오르는 나의 꿈이라고 생각하라.
> ― 함형수, 「해바라기의 비명碑銘-청년화가 L을 위하여」

함형수는 그리 많이 알려진 시인은 아니다. 그도 그럴 것이 그는 너무 일찍 우리와 다른 삶을 살아버렸기 때문이다. 1930년대 시인이라고 하면 그가 섭섭해할까. 그는 일제강점기에, 8·15 광복시에도 도망간 여인에 대한 사랑으로 애 닳고 정신이상 증세를 일으킨 여린 시인이다. 어쩌면 함형수의 「해바라기의 비명」이야말로 영화 〈해바라기〉를 연상케 하고, 더 나아가 고흐의 이별을 전하는 것일지도 모른다.

비석이란 무엇인가, 죽은 자의 이력서다. 허나 죽은 자에게 이력서가 무슨 의미가 있는가. 그래서인지 함형수는 차가운 비석이 아니라 살아있는, 향이 있는 해바라기, 보리밭, 노고지리를 바란 것이다. 결코 자신의 죽음을 기억해주길 바란 것이 아니라 자신의 향을, 존재감을, 사랑을, 꿈을 기억해달라는 것이 아닐까.

난 격일로 산행을 하는데, 도저히 감당이 안 되는 놀라운 사실이 있다. 산 정상에까지 어렵게 만든 묘가 그것이다. 나 홀로 정상에 오르더라도 1시간 정도 가파른 길, '깔닥고개'로 알려진 계단들을 올라야 한다. 그런데 무슨 수로 정상에 묘를 만들었단 말인가. 박정희 전 대통령은 충주 남산에 헬기를 타고 왔다고 한다. 그렇다면 그 묘들의 주체도 헬기를? 함형수에게 한 표를 던지고 싶다.

여기 또 다른 해바라기 한 줄기가 피어 있다. 조금은 낯설은 해바라기, 김승희에게 물어보자. "타오르는 해바라기는 뭔가요?"라고 말이다.

> 니체는
> 한 문장을 쓸 때마다
> 반드시
> 〈나는 고뇌한다〉는 말을 덧붙였다.
> 그리하여 그의 책속에는
> 한 페이지마다
> 〈나는 고뇌한다〉는 문장이
> 마치 피묻은 붕대처럼
> 여기저기 사방에 너울거리고 있었다.

나는
하나의 화폭을 마칠 때마다
반드시
〈나는 타오른다〉는 말을 덧붙이고 싶었다.
그리하여 나의 그림 속에는
한 페이지마다
〈나는 타오른다〉는 문장이
마치 희열의 격분처럼
검은 불꽃나무 사이프러스처럼
소용돌이처럼 쏟아지고 있었다.

니체와 나는
인간들의 악취로 숨이 막히는
이 우스꽝스러운 동물원 속에서
고뇌하다가
타오르다가
마침내 세상에서 가장 아름다운 것
하나를
발견하고 말았다.
그것은 고뇌하면서 타오르는
신의 얼굴.
세상에서 가장 난폭하게 미쳐 있는
해바라기
연작들

나는 묻는다
미치지 않고서는
좀더 타오를 수 없었을까.
미치지 않고서는
타오르는 해바라기 속의 소용돌이치는
심령을
결코 만날 수 없었던 것일까

살아있는 동안
나는 온몸으로
소용돌이치는 글씨를 써야 한다.
〈나는 타오른다〉고 -
그리고 색채에 취하여
영원히 언덕과 보리밭을 달려가야만 한다.
클라이막스에 도달하기 위하여
영원히 영원히
찬란한 간질성의 질주로 -

— 김승희, 「나는 타오른다」

　솔직히 내겐 타오르는 해바라기는 낯설었다. 김승희가 말해주기 전에는 말이다. 나는 개인적으로 달맞이꽃을 좋아한다. 어린 시절 우리 집 옥상에는 달맞이꽃이 있었다. 아버지랑 달맞이꽃을 들고 사진을 찍은 적이 있다. 언제의 일인지는 전혀 기억에 없다. 다만 사진만 있을 뿐이다. 아버지가 가시고, 어머니가 가시고 해바라기가 보였다. 그 어딘가 계실 아버지, 어머니를 생각하다 보니 우두커니 하늘을 바라볼 때가 있었고, 그때 연상되는 것이 해바라기였다. 나에게 다가온 해바라기는 타오르는 열정이 아닌 우두커니 인내하는 해바라기였다.

　그런데 웬걸, 김승희는 타오르는 해바라기를 말하고 있지 않은가. 니체는 젊은이들에게 "신은 죽었다"로 다가온다. 김승희는 그러한 니체의 고뇌에 타오르는 열정을 더했다. 그리고 말해준다. 그것이 신의 얼굴이자 해바라기 연작이라고 말이다. 나는 이 시를 읽고 이카로스와 파에톤이 떠올랐다. 타오른다는 것은 막을 수 없는 욕망의 근처에서 죽음으로 막을 내리는 그 무엇이다. 그렇다. 욕망까지 이른다면 인간의 이야기가 아니다. 그것은 불가능한 것이다. 결국 그 근처에서 죽음으로 장식하고 말기에 또 다른 자의 꿈이 시작될 수 있는 것이다. 나는 해낼 수 있을 거라는 희망으로 말이다. 그러나 해바라기는 이내 고개를 숙이고 만다. 그래도 여전히 바슐라르는 말한다. 인생은 아직 태워야 할 것이 많다고 말이다.

3) 어찌하면 자신의 귀까지 내어줄 수 있나요?
— 문충성, 문정희

예술이란 무엇일까, 속을 드러낸다는 것이 뭐 그리 대단한 일일까. 대단하다. 적어도 고흐에겐 그랬다. 사람들은 이렇게 말한다. "고흐님, 가난하여, 모델을 구할 수 없어서, 그토록 자신의 모습에 열중하였나요?" 고흐는 뭐라고 대답할까. 그는 묵묵히 자신의 모습에 더 열중할 것만 같다.

고갱, 그가 우리에게 다가와 고백하는 것이 보인다. 상상이 된다. 1888년 12월 23일, 내가 저녁 식사를 마친 후 홀로 걷고 있는데, 고흐가 면도칼을 들고 달려들었어. 순간 고흐가 멈췄어……. 그런데 다음날 경찰서장이 그러더군. 빈센트가 자살할려고 했다고……. 집 아래층 방에는 고흐의 피가 묻은 수건이 던져져 있고 계단 벽지에도 피가 묻어 있었어. 난 그 곁에 도저히 있을 수 없어서 떠났

고흐, 〈붕대를 감고 파이프를 물고 있는 자화상〉, 1889, 캔버스에 유채, 60×49cm, 시카고, 리 B 블록 컬렉션

어. 아무리 테오에게 갚을 돈 대신 왔다지만 더 이상은 참을 수가 없어 떠났어. 고흐에게서 말이야…….

고흐는 이 상황에서 뭐라 응할 수 있을까. 난 그저 내 모습을 그리고 싶었고, 난 고갱 너가 좋아…….

이처럼 아픈 사연을 우린 '천재의 광기'라고, 혹은 정말 '미친 짓'이라고 말하기도 한다. 그런데 생각해보라. 우리도 이와 비슷한 일들을 하지 않았던가. 귀를 자르지는 못했지만, 우린 우리의 모습을 온전히 보고 싶어 여러 가지 일들을 계획한다. 아주 하찮게 여겨지는 것부터 대단한 일까지…….

아침마다 여자들은 화장을 하고 머리를 만진다. 그런데 머리 뒤쪽이 잘 되었는지 궁금하여 거울 두 개를 이용하곤 한다. 여자라면 쉽게 상상이 될 것이다. 물론 남자들도 자신의 뒷머리가 궁금하다. 그러나 남자들에게는 또 다른 눈이 있으니, 굳이 그럴 필요가 없을지도 모르겠다. 남자들은 물을 것이다. 우리들에게 무슨 또 다른 눈이 있느냐고 말이다. 아, 그럼 서운할 수밖에. 그것은 바로 '아내의 눈, 엄마의 눈' 아니겠는가.

이처럼 사소한 것부터 더 큰 진실을 드러내고자 자신의 살을, 뼈를 드러내기도 하는 경우를 흔하진 않지만 볼 수 있다. 얼마 전 노무현 전 대통령 서거시 많은 사람들이 울었다. 그리고 알았다고 했다. 그것이 바로 보여주고 밝혀주는 것이 아니고 무엇인가.

제주 시인 문충성도 그 무언가를 보고, 드러내고자 한 듯하다. 아직 제주도 한 번 못 가보았다. 1980년대 대표적인 신혼여행지였는데, 오늘날은 많은 사람들이 외국으로 떠나기에 가족여행지, 수학여행지 정도로 인식되어버렸다. 그렇게 흔하게 인식되는 제주도를 아직 한 번도 못 갔다. 그러나 문충성 시인을 따라 제주도 이곳 저곳을 따라다닐 기회를 얻었다. 시란 참으로 고마운 존재다.

> 흰둥이, 깜둥이, 빨갱이, 파랭이, 노랭이……
> 색깔들의 싸움에 넌덜머리가 나고
> 색깔들의 노래 소리가 영영 들려오지 않았을 때
> 하릴없이 귀나 자르고 고흐여
> 하는 짓이 부질없어지면 미친 세상
> 우리는 이 미친 세상을 빠져나가야 한다
> 미친 세상 사람들이
> 우리가 도망친 세상을 미친 세상이라 부르고
> 병원에 갇혀 미친 사람 치료를 받으며
> 정말로 미쳐나고 있을 때
> 다시 미친 세상 사람들로 돌아와
> 컴컴한 불빛 아래서
> 삶은 감자를 먹을지라도
> 우리는 도망칠 세상을 다시 꿈꾸느니
> 그것이 몽마르트 언덕 위
> 물랭 루즈의 돌아감이거나
> 돌아감의 끝에서 시작하는 멈춤이거나
> 까마귀들 비상으로 언제나
> 노랗게 익은 밀밭이거나
> 밀밭 어디엔가
> 은밀한 둥지 트는 종달새 가슴이거나
> 그 가슴에서 눈 뜬 종달새 새끼들 재재대는 세상이거나
> 고흐여
> 존재의 그림자를 베어내는 풀밭이거나
> 비껴이는 의자의 흔들림이거나
> 파이프 담배 연기거나
> 읽지 않는 노랑 책이거나
> 떠날 곳도 모른 채 정박해 있는 배거나
>
> ― 문충성, 「귀를 자른 자화상」

"흰둥이, 깜둥이, 빨갱이, 파랭이, 노랭이……", 여기에는 많은 이야기들이 숨겨 있는 것 같다. 먼저 미군정을 반대하는 제주 4·3 사건, 항쟁이라 부르자. 그러나 그곳에는 빨갱이라는 이데올로기가 한 꺼풀 씌워져 진실을 가렸다. 항쟁은 항의로, 정말 넌덜머리가 났겠다. 그러니 귀를 자른 고흐를 부르고 싶지 않았겠는가. 고흐가 미친 것으로 보이겠으나 실은 고흐가 서 있는 그 땅, 문충성이 서 있는 그 땅이 미친 세상이었던 것은 아닐까. 고흐에게 간절한 말을 건네는 문충성, 다시금 우리에게 말을 건다. 우리가 그 어떤 곳에 있더라도 도망칠 세상, 몽마르뜨 언덕의 붉은 풍차, 밀밭을 꿈꾸어야 한다고 말이다. 그 아름답다고 소문난 제주 바다를 싸움터로 소개한 그이기에, 더욱 그가 꿈꾸고 있는 세상이 궁금하다. 제주 사람이 아니면 진짜 제주 바다를 알 수 없다고 한다. 그가 소개하는 제주 바다에 잠시 들른 뒤 문정희가 소개한 고흐를 만나러 가도 늦지 않으리라…….

누이야, 원래 싸움터였다.
바다가 어둠을 여는 줄로 너는 알았지?
바다가 빛을 켜는 줄로 알고 있었지?
아니다, 처음 어둠이 바다를 열었다.
빛이 바다를 열었지, 싸움이었다.
어둠이 자그만 빛들을 몰아내면
저 하늘 끝에서 힘찬 빛들이 휘몰아 와 어둠을 밀어내는
괴로와 울었다. 바다는
괴로움을 삭이면서 끝남이 없는 싸움을 울부짖어 왔다.
누이야, 어머니가 한 방울 눈물 속에 바다를 키우는 뜻을 아느냐.
바늘귀에 실을 꿰시는
한반도韓半島의 슬픔을
바늘 구멍으로 내다보면 땀 냄새로 열리는 세상

어머니 눈동자를 찬찬히 올려다보라
그곳에도 바다가 있어 바다를 키우는 뜻이 있어
어둠과 빛이 있어 바닷속
그 뜻의 언저리에 다가갔을 때 밀려갔다
밀려오는 일상日常의 모습이며 어머니가 짜고 있는 하늘을

제주濟州 사람이 아니고는 진짜 제주濟州 바다를 알 수 없다.
누이야, 바람 부는 날 바다로 나가서 5월 보리 이랑
일렁이는 바다를 보라. 텀벙텀벙
너와 나의 알몸뚱이 유년幼年이 헤엄치는 바다를 보라
겨울 날 초가 지붕을 넘어 하늬바람 속
까옥까옥 까마귀 등을 타고 제주濟州의
겨울을 빚는 파도 소리를 보라
파도 소리가 열어 놓는 하늘 밖의 하늘을 보라, 누이야

— 문충성, 「제주바다」

    여고시절부터 각종 백일장에서 두각을 보인 문정희, 고 3때 백일장 당선시들을 모아 시집을 내었다고 한다. 서정주가 '꽃숨'이라는 시집 명을 지어주고 서문도 써주었다고 하니, 문정희의 시인으로서의 첫발은 참으로 고운 나루를 밟은 듯하다. 그러한 문정희도 고흐의 모습을 보고 흠짓 놀란 듯하다.

입에 문 파이프에서
진동일 가마귀들이 날아오르는 오후
조요로운 나무 위로
노오란 죽음이 내려앉는 고흐의 방을 두드린다.

창문처럼 걸려 있는 자화상 속에
삼나무들은 아름다운 고뇌를 울부짖다가

그대로 하나의 정물이 되는데

날 흔들지 마!
날 흔들지 마!
바늘 끝에 서 있는 슬픈 눈으로
고흐는 내게 한 잔의 독주를 권하며
먼 이별을 예비시킨다.

— 문정희, 「자화상 부근」

문정희가 본 고흐는 어떠했나. 조심스레 방을 두드리고 들어가 보니 고흐는 삼나무와 함께 정물이 되어 있었다. 그리곤 "날 흔들지 마!"라고 외쳤나보다. 낭패다. 고흐쯤 되는 사람이 뭐라 다정히 말 좀 건네주면 자랑이라도 할 것인데, 기껏 한다는 말이 내버려두라는 것이다. 문정희가 만난 고흐는 '죽음', '이별'이기에 그런 것이다. 그렇기에 문정희의 고흐는 죽음이 내려앉은 방에 창문처럼 걸려 있었던 것이다. 그러나 난 그러한 고흐를 만나고 싶지 않다. 내게 있어서 고흐는 죽음으로, 이별로 자리한 고흐가 아니라, 고독하지만 뭔가 뚫어지게 바라보는 고흐이기에 그렇다. 고흐의 자화상을 보라……. 그 어디 죽음과 이별로 가득 차 있는가. '보라'고

고흐, 〈붕대를 감고 있는 자화상〉, 1889.1, 캔버스에 유채, 60.5x50cm, 런던, 커톨드 인스티튜트 갤러리(Courtaul Institute of Art Gallery)

외치지 않는가.

'고갱, 너 정말 떠날거니? 그래야만 하겠니? 제발…….' 하고 외치는 고흐의 목소리가 채 사라지지 않은 순간에 그린 작품이다. 물론 이 작품을 계기로 고갱은 더 이상 머물지 못하고 떠나버렸다. 그러나 고흐에겐 여전히 살아 있는 눈빛으로 고갱을, 나를, 뭇 감상자를 애원(《붕대를 감고 파이프를 물고 있는 자화상》)과 냉철(《붕대를 감고 있는 자화상》)로 바라보고 있다.

4) 감자, 같이 먹어도 될까요? - 정진규

따르릉, 따르릉…… 갑자기 목포에서 전화가 왔다. "복수언니가 네 주소를 알고 싶다는구나……" 왜? 갑자기? 오늘에야 알았다. 언니가 감자 큰 것으로, 온갖 정성으로, 한 박스를 우리 집에 보내주겠다는 것이다. 처음, 난, 정말 놀랐다. '복수언니' 이름이 '복수'라는 것이 아닌가. 목포언니가 살며시 말해주었다.

> 딸이 태어나기 전에 아버지가 돌아가신 경우, 우린 그 딸에게 '복수'라는 이름을 부여한단다.

그렇다고 정말, 그렇게, 이름을 지어주다니……. 그러한 복수언니가 감자를 내게 나눠주겠다고 한다. 그렇게 감자는 나누어 먹는 것이다.
감자, 예전에는 가난한 자들의 식량이었다. 그런데 요즘은 웰빙시대! 감자는 참으로 좋은 식품이자, 값 좀 나가는 식품으로 바뀌었다. 여기 그 옛날 감자의 가치가 보이는 그림 한 장이 있다. 그런데 요즘 감자 시세가 높아진 것처럼 여기 감히 금화로 가치를 정할 수 없는 그

고흐, 〈감자 먹는 사람들〉, 1885.5, 캔버스에 유채, 82x114cm, 암스트르담, 반고흐 미술관(Rijksmuseum Vincent van Gogh)

림 한 장이 있다. 우리 같이 나누어 먹자.

 램프 불빛 아래서 감자 접시 하나 두고 감자 먹는 사람들을 강조하고 싶었다는 고흐, 그러나 그들이 먹고 있는 것은 '감자'가 아닌 '정직'이다. 자신의 결실을 가족이 서로 나누어 먹는 풍경, 그것이야말로 정직, 진실, 따뜻함, 예술이 아닐까. 그래서 고흐는 자신의 그림 중에서 가장 훌륭한 작품이라고까지 언급한 것은 아니었을까.

 우리는 '인간적'이라는 말을 자주 사용한다. 그렇다면 '인간'과 '인간적'의 차이는 무엇일까. 그리고 그것을 보편적인 언어로 정의할 수 있는가. 난 자신이 없다. 다만 내가 알고 있는 것은 가장 아름다워 보이고, 이상적인 상황을 바라볼 때 '인간적'이라고 한다는 것이다. 그렇다면 '인간'은 그렇지 못하고 '인간적'인 것은 그렇다는 것은 아닐까. 다시 말해서 인간은 '감자를 쪼개서 나누어 먹는 삶'은 결코 살고 싶지 않으나, '그 모습'만은 인간적이라는 것이다. 그렇기에 진정성에 도달하지 못하는 우리 인간은 그토록 진정성에 목 메이고, 달려가고자 하는 것이 아닐까.

여기 한 진정성을 캐고자 하는 시인이 있다. "사람들은 슬픔과 외로움과 아픔과 어두움 같은 것들을 자신의 쓰레기라 생각한다." 그렇다. 슬픔, 외로움, 아픔, 어두움 이런 것들을 좋아하는 인간, 갖고자 하는 인간은 무지한 자들이다. 그런데 정진규는 말한다. "나는 슬픔 富者 외로움 富者 아픔의 어두움의 富者 살림이 넉넉하다"(정진규, 「원석」 일부)고 말이다. 생각해보라, 나누어 먹어보라, 슬픔, 외로움, 아픔, 어두움이 있기에 우린 인간적이라고 말하지 않는가. 더욱더 보편성을 획득하여 인간에 가까워지는 것이 아닌가. 그런 시인이야말로 고흐와 시선을 맞대고 앉아 감자를 먹을 수 있을 것이다.

> 우리들도 그렇게 둘러앉아
> 삶은 감자를 먹던 때가 있었다
> 불빛 흐린
> 저녁 식탁이
> 누구의 손 하나가 잘못 놓여도
> 삐걱거렸다
> 아무 말도 하지 않았다
> 다만 셋째 형만이
> 언제고 떠날 기회를 노리고 있었다
> 잘 삶아진 굵은 감자알들처럼
> 마디 굵은 우리 식구들의 손처럼
> 서걱서걱 흙을 파고 나가는
> 삽질 소리들을 꿈속에서도 들었다
> 누구나 삽질을 잘하는 것은 아니다
> 우리는 타고난 사람들이었다
> 새벽에는
> 빗줄기가 조금 창문을 두드렸다
> 제일 부드러웠다
> 새싹들이 돋고 있으리라 믿었다

> 오늘은 하루쯤 쉬어도 되리라
> 식구들은 목욕탕엘 가고 싶었다
>
> — 정진규, 「감자 먹는 사람들—삽질 소리」

식구들이 둘러앉아 흐린 불빛 아래에서 감자를 먹고 있는 모습, 그리 아름다워 보이지는 않는다. 그러나 그 속에는 우리들의 일상이야기가 있기에 시선을 끌어당긴다. 자 보자. 우리의 일상의 흔적을 찾아보자. 아침에는 바빠서, 점심은 각자의 위치에서, 우린 함께 할 수 없다. 겨우 저녁식사 시간만이라도 함께 할 수 있기를 간절히 원한다. 가족이 모여 식사 한번 하기를 말이다. 그런데 그 식사시간이 마냥 즐겁지만은 않다. 셋째 형은 이곳을 떠나고 싶어 한다. 그 기회만을 노린다고 한다. 우리 가족 중에는 떠나고 싶은 자가 없는가. 노처녀는 구박을 피해서, 젊은이들은 청춘의 자유를 위해서, 엄마는 어머니, 아내, 며느리라는 이름에서, 아빠는 가족의 생계를 위한다는 험한 현실 앞에서, 할머니·할아버지는 여러 눈치 속에서 잠시나마 떠나고 싶어 한다. 그렇다면 정말 떠나는가. 대부분은 그 자리에 앉아서 빗줄기를 보기도, 같이 목욕탕에 가기도 한다. 그러면서 오늘 하루쯤 구속과 벗어남이라는 명분에서 잠시 쉬어가는 것이다. 그렇기에 우리의 일상이라는 것이 유지되는 것이다.

그러나 그것이 가장 인간적인 것을……. 여기에 누가 이견을 달겠는가.

5) 구둣가게 아저씨, 제게 맞는 구두는 없나요? - 박의상

우리 신체 중에서 가장 못생긴 곳은 어디일까? 사람마다 조금씩 차이는 있겠지만 대부분 발이 가장 못생겼을 것 같다. 그래서 맨발을 내

놓는 것을 부끄럽게 생각하는 것
은 아닐까. 그런데 다행이다. 봄
여름가을겨울, 사계절 내내 우린
그 발을 고이 감싸고 감출 수 있
으니 말이다. 신발, 참으로 고마
운 것이다.

여기에 한 신발이 있다. 누구
의 것일까.

하이데거는 고흐의 〈구두 한
켤레〉를 보며 부드러운 대지를

고흐, 〈구두 한 켤레〉, 1886, 캔버스에 유채,
38×46cm, 파리

밟던 여자 농부의 건강한 걸음이 눈에 들어온다고 했다. 그런데 30여
년 뒤 미국 미술사학자인 마이어 샤피로는 고흐가 농촌 그림을 그린
1880년대의 네덜란드 농부는 경제적으로 가죽 구두를 신을 수 없었다
고 한다. 그래서 이는 분명 고흐의 것이 아니겠냐는 것이다. 그러자 데
리다는 "이 유령은 도시 거주자의 유령입니까, 농부여인의 유령입니
까? 우리는 누구에게 이 구두를 돌려주어야 합니까? 하이데거는 이 구
두가 농부여인에게로 반환되어야 한다고 말합니다. 샤피로는 고흐 자
신에게 반환되어야만 한다고 말합니다. (중략) 이 논쟁은 결국 이것들
이 누구에게로 반환되어야 하는가를, 누구 발에 다시 신겨져야 하는가
를 알아야 하는 문제입니까?"라고 냉소를 보내고 있다. 참으로 대단한
사람들의 이견이다.

그렇다면 정말 구두의 주인은 누구인가요? 반 고흐님 말해주세요.
세상 사람들이 이토록 구두를 보기보다 구두 주인이 누구인지에 관심
을 갖고 있잖아요. 당신이 그토록 애통해하는 순간이 바로 이 순간이
겠죠? 내가 그린 구두가 누구의 것인지가 아닌, 내 구두에 담긴 사연을

읽어달라고 외치고 싶지요? 그럼 이제 한번 말해봐요. 그 구두의 사연을 말해봐요.

구두를 벗고
반 고흐는 물었을 것이다
너는 어디를 그렇게 쏘다녔느냐고
무엇을 그렇게 많이 걷어차고
어디에 그렇게 많이 치이고
왜 그렇게 많이
닳고 해지고 터졌느냐고
그는 구두 한 켤레를 그리면서
그 질문들을 그리면서
그리다가
웃었을 것이다
그렇게 헤매어야 다시
왔지 않느냐고
그냥 터덜터덜 떠도는
어떤 목적지를 모르는 너도
다시 지금 만난
네가 목적지가 된
그것이 당연하지 않으냐고
웃다가
그는 구두를 벗고 정중히
그 이마에 입맞추고
이젠 맨몸으로라도
맨발로라도
저를 이끌고 한세상
또 어디로
떠나려고 했을 것이다

— 박의상, 「구두 I — 반 고흐 그림 〈구두〉」

노련한 박의상, 직접적으로 '구두의 주인, 반 고흐 나오라—'라고 외치고 있지 않은가. 그리고 '반 고흐, 구두의 사연을 직접 이야기하라—'라고 말하고 있지 않은가. 시인은 참으로 언어 마술사가 맞는가 보다. 우리는 그토록 애원하고, 상상하고, 발설하는데, 시인은 말하게끔 그 장을 펼쳐주니 말이다.

6) '수차水車가 있는 가교架橋'를 함께 거닐다 - 김광균

'수차水車가 있는 가교架橋', '물레방아가 있는 다리'?!, 문경새재에 오르면 멋진 물레방아가 있다. 물론 다리는 없고, 물레방아만 돌고 돈다. 그동안 여러 차례 물레방아를 보아왔지만, 물레방아 그 자체의 모양에 감동받기보다 그 역학에 감동받은 것은 아닐런지……, 아님 보편적 인식에 젖어 좋아해야만 할 것 같은 분위기 조성이 더 강한지도 모른다. 마치 꽃 싫어하는 여자는 이상해 보이는 것처럼 말이다.

이런 말을 하는 나도 물레방아 앞에서 사진을 찍은 적이 있다. 남자친구와 함께 학교 캠퍼스에서 말이다. 그러나 그 사진의 주된 배경은 물레방아가 아니다. 그저 무수한 배경 중 하나였을 뿐이다. 물레방아가 제대로 내게 들어온 것은 죽음을 넘어 삶을 목표로 문경에 오르면서부터이다. 숨이 턱까지 차오를 즈음 흐르는 물을 맞이하게 된다. 돌고 돈 물이 어찌나 맑은지, 바로 그때 흐르는 물의 힘, 그들의 영향력을 생각하게 되었다.

여기 한 수차水車, 물레방아를 소개한다.

고흐의 그림 중 수차가 있는 경우가 그리 많지는 않다. 김기림이 본 작품이 〈Water Wheels of Mill at Gennep〉이라는 견해도 있다. 물론 김기림에게서 듣지 않았으니 사실인지는 알 수 없다. 다만 김기림이 고흐의

고흐, 〈게넵의 물레방앗간의 수차水車(Water Wheels of Mill at Gennep)〉, 1884

〈수차가 있는 가교〉를 보고 깊은 감동을 받았다는 고백만 있을 뿐이다.

바다 가까운 노대露臺 위에
아네모네의 고요한 꽃망울이 바람에 졸고
흰 거품을 물고 밀려드는 파도의 발자취가
눈보라에 얼어붙은 계절의 창밖에
나직이 조각난 노래를 웅얼거린다.

천정에 걸린 시계는 새로 두 시
하이얀 기적 소리를 남기고
고독한 나의 오후의 응시 속에 잠기어 가는
북양항로北洋航路의 깃발이
지금 눈부신 호선弧線을 긋고 먼 해안 위에 아물거린다.

기인 뱃길에 한 배 가득히 장미를 싣고
황혼에 돌아온 작은 기선汽船이 부두에 닻을 내리고
창백한 감상에 녹슬은 돛대 위에
떠도는 갈매기의 날개가 그리는
한줄기 보표譜表는 적막하려니

바람이 올 적마다

어두운 카-텐을 새어 오는 햇빛에 가슴이 메어
여윈 두 손을 들어 창을 내리면
하이얀 추억의 벽 위엔 별빛이 하나
눈을 감으면 내 가슴엔 처량한 파도 소리뿐

— 김광균, 「오후의 구도」

김기림은 김광균을 "소리조차 모양으로 번역하는 기이한 재조를 가진 시인"으로 기억한다. 이같은 기이한 재주를 가진 김광균은 고흐의 〈수차水車가 있는 가교架橋〉를 처음보고 두 눈알이 빠지는 감동을 느꼈다고 한다. 소리를 모양으로 번역하는 기인한 재주를 가진 김광균의 두 눈알이 빠져버린다면 어떻게 될까? 좀 장난스러운 발상이지만 그는 귀를 잃어버리는 것이 될까? 아님 입을 잃어버리는 것이 될까? 허나, 김광균의 「오후의 구도」! 참으로 아름다운 이미지의 형상화이다. 여기에 더 이상 무슨 말을 할 수 있으랴.

7) 저와 함께 카페에서 그리운 이들을 만나요
- 오태환, 유하, 황동규

지금도 아를(Arles)에 가면 고흐와 고갱이 그린 카페가 있다. 지금은 상업화되어 많은 관광객의 시선을 끌고 있지만, 여전히 그 카페는 그림과 같이 존재한다. 그런데 그 카페에 드나들었던 두 거장, 고흐와 고갱, 그들은 정말 친해지기 무척 힘든 천적인 듯하다. 그들의 그림, 동일한 대상을 향한 그들의 시선이 말해준다.

고갱은 정말인지 고흐가 싫었나보다. 그렇게도 싫었을까. 아님 질투를 한 것일까. 같이 아를의 밤의 카페를 그리기로 하고선 고갱은 사실 밤의 카페가 아닌 고흐의 주변인물들을 그리고 있다. 물론 그의 시선이

1. 고흐, 〈아를의 포럼 광장에 있는 밤의 카페 테라스〉, 1888, 캔버스에 유채, 81×66cm, 오텔로, 크뢸러 뮬러 미술관(Rijksmuseum Kroller Muller)

2. 고갱, 〈밤의 카페 아를르〉, 1888, 캔버스에 유채, 70×89cm, 뉴헤이븐, 예일대학교 미술관

고갱, 〈아를의 밤의 카페〉, 1988.11, 캔버스에 유채, 73x92cm, 모스크바 푸슈킨 미술관(State Pushkin Museum of Fine Arts)

고흐, 〈지누부인〉, 1888.11, 캔버스에 유채, 91.4×73.7cm, 뉴욕 메트로폴리탄 미술관 (Metropolitan Museum of Art)

곱지 않았다는 것은 두말할 필요가 없다. 고흐가 그토록 아버지처럼 좋아하는 우체부 룰렝을 창녀들을 희롱하는 3류인간으로 그리고 있고, 술에 취해 누워 있는 손님들은 고흐의 친구들로 알려져 있다. 반면 고흐는 어떠한가. 고흐가 그린 밤의 카페는 별, 카페, 정담을 나누는 사람들……, 그야말로 천상의 모습처럼 여유있는 공간이다. 고흐의 시선의 끝은 항상 애정으로 처리되어 있음을 읽을 수 있다.

또한 드 라가르 카페의 주인 지누부인의 그림을 보면 그들의 차이를 명확히 찾아볼 수 있다. 고갱과 고흐는 지누부인을 각각 그리기로 했다. 고갱은 지누부인을 가장 싸구려 술인 압생트와 술잔을 앞에 놓고 곁눈질을 하는 작부로 그렸다. 그리고 고흐는 몇 권의 책과 함께한 사색하는 여인으로 그렸다. 그렇다면 지누부인은 누구인가. 누구이길래 두 화가가 동시에 그리게 되었을까. 적어도 고흐에게는 아를지방에 와서 정착할 수 있도록 도와준 고마운 사람이다. 그러나 고갱에게 있어서 지누부인은 술집 주인일 뿐이었다. 고갱에게 묻고 싶다. 이처럼 그려진 그림도 아끼는 작품을 소장되는지 말이다.

고흐와 고갱의 인식의 차이, 그들의 우정이 형성될 수 없었던 차가 바로 이 작품에서 보인다. 고갱은 지누부인을 술집 작부처럼 그렸지만, 고흐는 책 두어 권을 펼쳐놓은 교양 있는 여인으로 형상화했다. 이 차이를 차마 모른다고 할 수 없지 않겠는가. 그래서 여러 시인들이 고흐의 밤의 카페에 함께 하고자 하는 것은 아닐까.

출구켠에 걸린 시계는 오후 2시를 지나면서 멎어 있다 환하다 화폭의 중심부에는 비로드를 깐 당구대가 하나 그 오른쪽에는 위아래 허름한 흰색 옷을 걸친 사내가 신분증 발부용 사진을 찍는 표정으로 이쪽을 응시한다 밝은 에메랄드빛 천장에 벽지는 고스란히 핏빛으로 치장되어 있다 핏빛 벽지를 배후背後로 세 개의 석유 등잔이 고흐 특유의 예리한 금속성의 노란빛을 살포한다 목조 탁자와 목조 의자 아직 쓰러지지 않은 불란서산佛蘭西産 싸구려 술병을 왼편 상단의 목조 탁자에는 레즈비언을 은銀반지 뒤에 희끗희끗 숨기고 있는 한 쌍의 여인이 칠면조로 위장한 채 담소를 나눈다 그 대각 방향에서 아가리를 짝 벌리고 번갈아 하품을 하는 늙은 비비원숭이가 둘 아래턱의 긴 송곳니가 등잔불의 광도光度 아래 잠깐 달빛처럼 희게 빛난다 당구대 옆에서 신분증 발부용 사진을 찍던 사내가 문득 노란 마루바닥에 대고 잔기침을 시작한다 칠면조 한 마리가 검은 장식깃털을 날리며 짧게 뒤돌아본다 오른 허파의 하엽下葉과 중엽中葉 틈새에서 서식하는 포도상구균 때문에 조금씩 몸의 균형이 왼쪽으로 엇나가듯이 그가 기침을 할 때마다 화폭의 구도構圖가 조금씩 그러나 치명적으로 금이 간다 아무 일도 없었다는 듯이 더 늙은 비비원숭이가 그림자를 접으며 포도주 술잔을 기울인다

— 오태환, 「밤의 카페·빈센트 반 고흐 1888-가위로 양달과 응달 틈새를 따라서 오린 밑그림 또는 불길한 전조前兆 5」

오태환, 그는 평범하지만 평범하지 않은 가정에서 자랐다. 무엇이 평범하고 무엇이 평범하지 않는 것일까. 그가 가진 평범한 가정이란 아버지, 어머니, 누나, 형이 있다는 것. 그가 가진 평범치 못한 가정이

란 월남한 한의사 아버지, 그러나 그 아버지는 할아버지뻘인 아버지이자 그가 4세 때 돌아가신 아버지이다. 남편을 의사와 환자로서 만난 어머니, 그 어머니는 아버지뻘인 남편의 팔자타령으로 2남 4녀를 낳았다. 그래서 오태환은 2남 4녀 가운데 막내이다. 이러한 상황이 가져다준 예측 가능한 가난, 그 속에서 뛰어난 시인이 태어난 것이다. 떠도는 이야기지만 1984년, 그가 《조선일보》와 《한국일보》에서 신춘문예에 당선되었을 때, 6개 신문사 신춘문예 당선 후보자였다고 한다.

감히 나의 기억을 돌이켜 본다. 나도 2남 4녀 중 막내로 태어나 아버지를 일찍 여위었다. 그러나 오태환같은 시인이 아닌 그의 시를 읽는 독자가 되었다. 뭐 그렇다고 아쉽거나 애타지는 않는다. 왜일까. 그건 좋은 시를 쓰지는 못해도, 좋은 시를 알아볼 수 있으니, 그야말로 반 고흐가 말한 나의 길을 가련다 아니겠는가.

오태환의 「밤의 카페」, 이는 고흐의 〈아를의 포럼 광장에 있는 밤의 카페 테라스〉와는 색이 다르게 다가온다. 고흐의 카페는 차가운 밤기운이 근접할 수 없는 따뜻한 카페 테라스를 주목케 했다면, 오태환의 카페는 시계가 멈추고, 허름한 옷을 입고 신분증 사진을 찍을 것만 같은 사내가 당구대에 서 있으며, 기어이 화폭의 구도는 치명적으로 금이 가고 만다. 우리도 가끔 하는 일이기에 신분증 사진을 찍을 때의 그 가식과 허위를 인정한다. 그러나 아무 일 없다는 듯이 지나가는 현실태를 보여주는 오태환, 그는 고흐의 테라스가 아닌 고흐가 살다간 세계, 지금 오태환이 살고 있는 세계를 정지된 시계로 오버랩시켜 보여준 것이다.

오태환의 밤의 카페가 있는가 하면 여기 또 다른 카페가 있다.

> 세상에 빛나지 않는 게 어디 있는가
> 있다면 고흐가 채 다녀가지 않았을 뿐
> — 황동규, 「세일에서 건진 고흐의 복사화」 중에서

카페 라 뉴이에 가면
가끔 고흐를 만날 때가 있어요
누구나 다 알다시피
그의 삶은 암흑이었지만
그 카페엔 지상의 어떤 대낮보다
환한 밤이 살고 있답니다
아를의 하늘에 젖은 별 몇 개 반짝이면
그는 취기 어린 눈으로 묻곤 하지요
세상에 빛나는 게 어디 있는가
당신은 빛나는 세상을 보았는가

그래요
다만 깊은 어둠의 동굴 속에서
세상을 바라보는 자의 눈부심이 있을 뿐이지요
그 어둠 밖에선 결코 다다를 수 없는
눈부심이 있을 뿐이지요

— 유하, 「밤의 카페에서」

 유하는 황동규의 시구로 자신의 시를 시작하고 있다. 그리 쉽지 않은 시작이다. 그러나 이내 그는 자신의 시작을 황동규의 시구를 통해 완성하고 있다. 황동규가 "세상에 빛나지 않는 게 어디 있는가", 다만 고흐가 다녀가지 않아서 빛나지 못할 뿐이라 할 때, 유하는 "세상에 빛나는 게 어디 있는가", 그 빛을 볼 수 있는가. 다만 볼 수 있다면 어둠 속에서나 볼 수 있다는 것이다. 아, 결국 무슨 말인가. 빛이 있다는 것인가, 없다는 것인가. 유하는 이렇게 말하고 싶은 것 같다. 비록 고흐의 삶은 암흑, 동굴이었지만 그는 빛을 바라본 자가 아닌가라고 말이다. 결국 황동규가 말한 고흐가 지나간 자리, 그 자리는 고흐가 바라본 자리가 아니겠는가. 이에 황동규의 시를 소개한다.

방금 세일에서 건진 고흐의 복사화
〈별 빛나는 하늘 아래 편백나무길〉
한가운데 편백나무 두 줄기가
서로 얼싸안고 하나로 붙어 서 있는
밀밭 앞 길로
위태한 마차 한 대 굴러오고,
하나는 삽을 메고
하나는 주머니에 두 손 찌른 채
농부 둘이 걸어오고 있다.
하늘 위에 별이라곤
왼편 귀퉁이에 희미한 것 하나만 박혀 있고
(별나라엔들 외로운 별 없으랴)
나머지는 모두 모여 해와 달이 되어 빛나고 있다.
빛나라, 별들이여, 빛나라, 편백나무여
세상에 빛나지 않는 게 어디 있는가.
있다면, 고흐가 채 다녀가지 않았을 뿐.
농부들을 붙들고 묻는다.
'저 별들이 왜 환하게 노래하고 있지요?'
'세상에 노래하지 않는 별이 어디 있소?'
빛나라, 보리밭이여, 빛나라, 외로운 별이여,
빛나라, 늘 걷는 길을 걷다
이상한 사람 만난 농부들이여

— 황동규, 「세일에서 건진 고흐의 별빛」

8) 밀밭! 아득히 먼 밀밭 - 안혜경, 임영조, 임현정

　죽기 전에 그렸다는 〈까마귀떼 나는 밀밭〉! 그토록 까마귀를 따라가고 싶었던 것일까. 마지막이란 말은 참으로 무겁고도 단호한 말이다. 더 이상의 여유가 없기에, 더 이상의 기회가 없기에 맘을 단단히 먹게

고흐, 〈까마귀떼 나는 밀밭〉, 1890, 캔버스에 유채, 103x50.5cm,
반고흐 미술관(Van Gogh Museum)

끔 한다. 우리 인생에 있어서 마지막이란 단어를 쓸 수 있는 경우는 몇 번이나 될까. 어머니 배에서 태어나기 마지막 그 시간, 유치원 졸업하는 마지막 날, 고3 마지막 수능시험 날, 결혼 전날 마지막 밤, 죽기 전 마지막 때, 우리에겐 그리 자주 찾아오지 않는 단어이다. 그럼에도 불구하고 일상에서 자주 난발하는 이 단어, 정작 절대절명의 순간은 우리가 예기치 못하고 우리에게 적용되게 된다. 다른 이에 의해서 말이다.

고흐의 밀밭은 파리 근교 오베르에 펼쳐져 있다. 고흐가 마지막으로 머문 오베르는 그의 무덤과 그가 가장 사랑하고 세상과 소통한 중개인 테오의 무덤도 있는 곳이다. 그들의 무덤 뒤에도 밀밭이 넓게 펼쳐져 있으니, 진정 밀밭은 고흐의 마지막 배경이라 할 수 있겠다.

사람들의 의견은 분분하다. 고흐의 〈까마귀떼 나는 밀밭〉에는 자살의 의지가 보인다! 혹은 강한 생명의지가 보인다! 라고 말이다. 이 또한 고흐에게 물어보지 않고서야 어찌 알겠는가. 물어볼까. 고흐님 어떤 쪽이 당신의 생각과 맞는지요? 가르쳐주세요……. "인물화나 풍경화에서 내가 표현하고 싶은 것은 감상적이고 우울한 것이 아니라 뿌리 깊은 고뇌이다. 내 그림을 본 사람들이 이 화가는 깊이 고뇌하고 있다고, 정말 격렬하게 고뇌하고 있다고 말할 정도의 경지에 이르고 싶다. 흔히들 말하는 내 그림의 거친 특성에도 불구하고, 아니, 어쩌면 그 거친 특성 때문에 더 절실하게 감정을 전달할 수 있을지도 모른다. 이렇게 말하면 자만하는 것처럼 보일지 모르지만, 나의 모든 것을 바쳐서 그런 경지에 이르고 싶다."

그러나 고흐가 말한 듯 그것이 뭐 그리 대단한 것일까. 예술이란 감상자의 몫 아닌가. 그래서 구로사와 이끼라는 고흐의 〈까마귀떼 나는 밀밭〉을 〈꿈〉이란 영화를 통해 희망이 없는 한 사람, 그 사람이 까마귀 나는 밀밭길을 홀로 걸어가는 것으로 받아들였지 않았는가. 그렇다. 예술가는 가고, 예술작품은 남아 스스로 성장하고 반응하는 것이다. 이것만큼은 다수결의 원칙이 아니라 나의 절대적인 감상이 필요한 자유로운 공간이다. 이처럼 자유롭게 소통하는 시인들을 찾아가 또 다른 자유를 맞이하자.

하늘도 들판도 아무런 말을
하지 않았다.
슬픔으로 가득찬 마음만이 터지면서
달려나가면
문득 급류되어 흘러가는 길
슬픔이 안겨준 몽상에 취하여
끝없는 들판을 껴안았다.
밀알마다 풀잎마다 바람은 깨웠다.
흔들리게 하였다.
수확기의 밀밭이 거친 소용돌이에
휩싸여 달아나려 하였다.

검푸르게 뒹굴고 있는 하늘,
번득이는 殺意가 중얼거리며
들판을 몰아쳤다.
대기를 노래시키려면

바람의 작은 속삭임으로도 충분하였다.
마셔라, 향기에 가득찬 가슴을.
폭풍우의 탄생을.
밀밭 깊숙한 밑바닥에서 들려오는
조각난 꿈의 웅얼거림들.
눈부신 손놀림 아래서 부서져내리던
不安의 나날.

까마귀가 물고 온 권총에는
미소짓는 숨결이 있었다.
까마귀도 내려앉을 수 없는 들판에서
영원한 출발의 발걸음을 내딛었다.
— 안혜경, 「고호, 까마귀떼가 나르는 밀밭—불행이 끊일 날은 없을 것이다」

    나와 안혜경과의 첫 만남은 고흐가 주선해준 셈이다. 안혜경의 다른 시들과도 만나보았다. 내가 만난 안혜경은 안혜경이 느낀 고흐의 마음이었다. 안혜경의 다른 시 한 편을 더 소개한다.

숲의 한가운데로 들어서니
불어오던 바람이
멈추었다
어지럽게 엉켜 있는
풀덤불 속을 들여다보니
어둠이 크게 입을 벌리고 있다.
어둠 속에 하늘이 보인다
바다가 보인다.
풀숲을 헤치고
어둠 속으로 들어가니
슬픔의 껍질이
까칠까칠 손 끝에 만져진다

껍질을 칼로 베어내고
배를 가르고 창자를 끄집어낸다
슬픔의 시퍼런 서슬에
덜컥 칼을 떨어뜨린다
칼에 끈적끈적 묻어 있는
슬픔의 뇌수

숲 속에 다시 바람이 인다
하늘이 더욱더 맑아 보인다
숲의 한가운데에서
가을의 가슴 속으로
스며들어간다
가을의 딱딱한 슬픔을
다시 만져본다.

— 안혜경, 「숲의 한가운데서-절망의 옆모습 Ⅱ」

안혜경에게는 고흐의 죽음만큼 깊이 새겨져 있는 절망, 불행이 깃들어 있다. 결국 안혜경은 고흐를 빙자하여 자신의 불행을 말하고자 했을 뿐이다. 그러면서도 고흐가 들판의 노랑물결을 통해 생명의 의지를 담고자 했던 것처럼, 그녀는 바로 글쓰기를 통해서 자신의 불행과 절망, 슬픔을 되짚어보고 바로 서기를 바라고 있었던 것이다.

여기 한 시인이 서 있다. 중학시절 신동엽에게 글 잘 쓴다고 칭찬을 받았다고 하는 임영조, 결국 신동엽에게 시를 배웠다는 임영조, 그러한 임영조의 6주기 추모제를 맞는다. 누군가가 죽은 후에도 지속적으로 기억해준다는 것은 감사한 일일까, 부담스러운 일일까. 우리가 반 고흐를 그리워하는 것처럼 임영조 시인을 그리워하는 시인이 있다. 후배 이승하 시인은 문단에서 가장 음치일 임영조 시인의 노래가 그토록 그립다고 한다. 후배뿐이랴……. 스승도 아끼던 임영조 시인이 아니던

가. 임영조 시인이 서라벌 예대에서 공부할 시절에, 귀가 잘 들리지 않는 그에게 잘 웃는다고 하여 서정주 선생님이 '이소耳笑', 웃는 귀라고 호를 지어주셨다고 한다. 임영조는 그 아호가 무척 맘에 들었던 모양이다. 그래서 직장을 그만 두고 사당동에서 '이소당耳笑堂'이라 칭하고 시작詩作을 했다고 한다. 그러한 이소당, 이젠 그가 살았던 과천의 자택이 이어받고 있다. 이처럼 선배 시인에게, 후배 시인에게 기억되고 사랑받는 임영조가 그린 반 고흐는 어떠한 화가일까.

바람이 분다
누렇게 흔들리는 보리밭 사이
황천으로 통하는 길이 열리고
마침내 천지가 요동친다

6월 하루 긴긴 해도 기울고
노을가루 분분한 상 레미 언덕
그 쓸쓸한 정신병원 가까이
떼지어 날아드는 검은 그림자

까욱까욱 종말을 예고하듯
불길한 소문을 몰아오는 소리
문득 겁에 질린 하늘이
파르르 경련한다, 사색死色이 돈다

누가 나 좀 붙들어 다오!
제발 나 좀 구출해 다오!

고흐의 비명소리 낭자한
상 레미 언덕, 누런 보리밭에는
오늘도 흉흉한 바람이 불어
하늘과 땅은 계속 출렁거리고

까마귀떼 날아오는 지평선 멀리
이 세상 끝이 보인다

— 임영조, 「흔들리는 보리밭」

임영조는 고흐의 마지막 작품〈까마귀떼 나는 밀밭〉을 배경으로「흔들리는 보리밭」을 선보였다. 우리의 정서상 밀밭보다 보리밭이 정겹다. 그래서 그랬을까. 임영조는 고흐가 살았던 마지막 세상, 오베르의 밀밭을 우리의 세상, 현존하는 우리 세상의 보리밭으로 옮겨왔다. 그러나 임영조에게도 마지막 작품이 있다. 그가 마지막으로 낸 시집『시인의 모자』에서 한 수 만나보자.

나의 새해 소망은
진짜 '시인'이 되는 것이다
해마다 별러도 쓰기 어려운
모자 하나 선물 받는 일이다

'시인'이란 대저,
한평생 제 영혼을 헹구는 사람
그 노래 멀리서 누군가 읽고
너무 반가워 가슴 벅찬 올실로
손수 짜서 씌워주는 모자 같은 것

돈 주고도 못 사고 공짜도 없는
그 무슨 백을 써도 구할 수 없는
얼핏 보면 값싼 듯 화사한 모자
쓰고 나면 왠지 궁상맞고 멋쩍은
그러면서 따뜻한 모자 같은 것

어디서나 팔지 않는 귀한 수제품

아무나 주지 않는 꽃다발 같은
'시인'이란 작위를 받아보고 싶다
어쩌면 사후에도 쓸똥말똥한
시인의 모자 하나 써보고 싶다
나의 새해 소망은.

— 임영조, 「시인의 모자」

 마지막이 주는 준엄한 무게 속에서 역추적해본다. 임영조 시인은 마지막이라 생각하고 출판한 것은 아니겠지만(물론 췌장암이었으니 쉽지 않겠지만), 그래도 마지막이란 평은 연구자, 독자, 평자들의 몫이다. 그가 가진 얼마 남지 않은 순간까지 그는 원했다. 진짜 시인이 되기를, 그리고 자신의 독자의 감동으로 만들어준 모자를 갖고 싶다는 것이다. 비록 그는 모자를 쓰고 다닐 용기는 없을지라도 독자가 만들어준 이 세상에 단 하나인 모자를 받고 싶다, 쓰고 싶다는 고백에서 진정성이란 무엇인지 깨닫게 한다.
 임영조가 그토록 원하는 시인이 바로 반 고흐가 말한 화가가 아니겠는가. 다만 고흐는 자신의 작품을 알아주지 않는다는 것을 호소하고 그래도 자신의 작품이 길이 남을 것이라는 자신감이 있다면, 임영조 시인은 자신의 시를 읽고 가슴이 벅차하길 바란다는 것, 이러한 차이가 있을 뿐, 그들은 모두 세상의 끝을 바라본 자이다. 고흐의 작품이 그가 떠난 후에 빛을 발하는 것처럼, 임영조의 모자도 그가 떠난 후에 한 올 한 올 엮인다.
 이제 젊은 시인을 만나보자. 육의 죽음이 아닌 인식의 전환을 꿈꾸는 한 시인을 만나보자. 기발한 생각, 뒤집어지는 발상의 소유자, "덤프트럭이 닭집으로 돌진해 간다./닭 모가지를 비틀던/여자의 모가지가/노란 닭발 위로 구른다."의 발언자, 임현정의 눈을 통해 고흐를 만나자.

불길한 밤이다.
까마귀의 목적 없는 방향.
날아오는 것인지 날아
가는 것인지. 생각지 마라.
이미 저것은 나를 지나쳐 갔다.
언제나 몇 갈래의 길이 있었지. 나는 길의 냄새를 맡아
길이 아닌 곳으로 걸었다. 흔적을 찾는 개처럼
역암 같은 어둠이 여기저기 뭉쳐 있다.
또 길의 중앙.
나의 시선은 먼데로 뻗은
붉은 길 위에 있지만
나는 황금색 밀밭으로 걸어갈 것이다.
악성빈혈 같은 나의 허기는 노란 그림 몇 점을
허겁지겁 먹어치우고
다시 물감 묻은 붓을 들 것이다.
나는 밀밭 위를 걷는다. 조금 평온하게
불길한 밤, 괜찮다.
그런 길들이 나를 이끌었다. 내게는 보석
같은 밀밭이 펼쳐져 있다.
휘몰아치는 밀밭을 성냥개비 같은
내가 걷는 것이다.
붓질이 거친 어둠 아래

— 임현정, 「까마귀떼 나는 밀밭」

위 시는 상식을 뛰어넘는 상상을 하는 임현정답다. 까마귀가 날고 있다. 그러면 우리는 흔히 날아오르는 것인지, 내려앉는 것인지가 궁금할 수 있는데, 임현정은 생각할 필요가 없다는 것이다. 그 이유는 어쨌든 나를 지나쳤으니까. 또 몇 갈래 길이 있지만, 냄새를 일부러 맡아가며 길이 아닌 곳으로 간다. 결국 무슨 말일까. 보통의 길이란 사람들의 편의를 도모해서 일부러 내놓은 것이 아닌가. 그런데 임현정은 그

러한 길을 일부러 냄새를 맡아가면서 거부한다. 다시 말해서 일상적으로, 보편적으로 옳다고 하는 길을 가지 않고 나의 길을 가련다는 것이다. 그렇다. 그래야 예술가가 될 수 있지 않겠는가. 그래서 고흐는 힘겨웠다. 그 정도 그림 솜씨면 사람들이 원하는 그림을 그려줄 수도 있었을텐데……. 생전에 단 한 편만 팔렸다는 것은 그가 일부러 그 길을 벗어났다는 것이다. 그래서 불길한 밤일지언정 조금은 평온하고, 비록 성냥개비와 같이 비실비실할지언정 휘몰아치는 밀밭, 세상을 걷어차는 것이다. 적어도 임현정에게 있어 고흐는 그랬다. 이러한 임현정이기에 다음과 같은 시를 남길 수 있지 않았을까.

　　　　한복저고리를 늘리러 간 길
　　　　젖이 불어서 안 잠긴다는 말에
　　　　점원이 웃는다.

　　　　요즘 사람들 젖이란 말 안 써요.

　　　　뽀얀 젖비린내를 빠는
　　　　아기의 조그만 입술과
　　　　한 세상이 잠든
　　　　고요한 한낮과
　　　　아랫목 같은 더운 포옹이
　　　　그 말랑말랑한 말 속에 담겨 있는데

　　　　촌스럽다며
　　　　줄자로 재어준 가슴이라는 말
　　　　브래지어 안에 꽁꽁 숨은 그 말
　　　　한바탕 빨리고 나서 쭉 쭈그러든 젖통을
　　　　주워담은 적이 없는 그 말
　　　　그 말로 바꿔달란다.

저고리를 늘리러 갔다
젖 대신 가슴으로 바꿔 달다.

— 임현정, 「가슴을 바꾸다」

2009년 봄에 발표한 따뜻한 시이다. 임현정의 사고틀을 살펴볼 수 있는 단편적인 시이기도 하다. 젖과 가슴의 차이는 뽀얀 젖비린내를 맡아야만 하는, 맡고 싶어 어쩔 줄 모르는 아기의 조그마한 입술이 닿았는지의 유무에 있다. 아기의 입술이 닿아보지 않은 젖을 가진 자는 가슴이라는 말이 덜 부끄러울 것이다. 그러나 여전히 젖을 빨리고 난 뒤 그 시원한 젖통을 경험한 자에겐 젖이 더 한결 적확한 말임을 세련된 자들이 감히 알기나 하겠는가.

이제 고흐의 작품을 만난 시인의 장을 접어야 할 듯하다. 더 많은 시인들이 고흐를 그리고 있음을 알지만, 그 모든 시인을 지금 다 만난다면 고흐가 버거워하지는 않을런지……. 그래서 잠시 접는다. 마지막으로 고흐가 쓴 마지막 편지의 일부를 함께 듣고 마칠까 한다.

정말이지 우리는 그림으로 밖에는 그 아무 것도 말할 수 없는 것이다. 내가 너에게 하는 말은 바로 이점이다. 그리고 나는 골똘한 생각 끝에 다시 한 번 되풀이 해서 말하고 싶다. 이 골똘한 생각은 있는 힘을 다하여 고심 끝에 정착된 정신집중의 노력의 결과로 내가 터득한 것이다. 나는 너에게 이런 말을 하고 싶다. 너는 코로의 그림을 매매하는 상인 이상의 그 어떤 것이다. 나라는 매체를 통하여 너는 현실적으로 그림을 그리는 역할을 하는 것이다. 세상이 끝장이 날 때에도 요지부동한 것일 수 있는 그림을 말이다.

2. 에드바르트 뭉크(Edvard Munch), 너와 함께 몰려온다

사람, 시대, 기술 그 무엇에게도 격동의 시기는 다가온다. 사람에게 있어서 격동의 시기는 언제일까. 아마도 10대를 벗어나려 할 그 즈음 한 차례의 혼돈의 시기를 겪을 것 같다.

19세와 20세의 차이. 물리적 시간은 그리 놀랄 것도, 심오한 것도 아니다. 단 12개월, 365일, 8760시간 등······. 그저 기다리면 가고 오는 객관적 상관물일 뿐이다. 그럼에도 불구하고 우리는 한 획을 긋는 경험을 하고야 만다. 입시를 마치고 대학으로, 혹은 직장으로 발길을 옮기기 시작한다. 주어진 시간표가 아닌 만들어낸 시간표에 따라 움직이며 수많은 착상들을 해나간다. 각 개인에 따라······.

이때 한 무리는 저 19세기에 떠올랐던 어휘들에 사로잡히기도, 서로를 묶고자 한다. 보헤미안, 데카당스, 섹슈얼리티, 페미니즘, 절망, 절규, 자화상, 죽음 등. 이러한 기표들 사이에서 우리는 우리의 정체성을 찾고자 한다. 생각해보라. 이 어휘들의 심연을······.

이처럼 21세기에 호흡하는 우리도 수차례 19세기와 20세기 사이를 들락날락한다. 그것은 단지 물리적 시간으로 오가는 것이 아니라 작게는 한 인간 안에서의 격동, 크게는 한 세계 안에서의 격동으로의 여행이리라. 그렇다. 그래서 우리는 지난날의 격동 속으로 자연스럽게 이동하여, 그 시대의 절대 고민이었던 문제들과 함께 할 수 있는 것이다.

보헤미안, 데카당스, 섹슈얼리티, 페미니즘, 절망, 절규, 자회상, 죽음……, 그 끝없는 19세기의 상징어 깊숙이 에드바르트 뭉크가 자리하고 있다.

　　나의 가정은 병과 죽음의 가정이었다. 확실히 나는 이 불행에 이길 수가 없었다.
　　병과 광기와 죽음이 나의 요람을 지키는 천사들이었다. 인간의 가장 무서운 적인 결핵과 정신병의 유전 가운데서 나는 태어났다. 일찍 죽은 어머니가 나에게 결핵균을 주었고, 아버지의 광적인 신념은 나에게 광기를 싹트게 했다.

저주와 같은 생명, 뭉크……. 그는 19세기의 질병과 광기를 경험한 자이며 죽음을 지천에서 경험한 자이다. 그는 고백한다.

　　오래된 이끼가 낀 조각들 사이를 달빛을 받으며 산책하고 있노라면 나 자신의 그림자 위에 흠칫 놀라는 일이 있다. 램프에 불을 켜면 불현듯 벽 위에 천장까지 닿는 커다란 나의 그림자를 본다. 그리고 난로 위에 걸린 커다란 거울에 비친 나 자신을, 나 자신의 유령 같은 얼굴을 본다. 나는 지금 죽은 사람들과 나의 어머니, 나의 누이, 나의 할아버지, 가장 많이 나의 아버지와 함께 살고 있다. 모든 기억이, 실로 아주 작은 일까지도 마음에 떠오른다.

그는 이러한 가정사, 시대사를 뒤로 하고 연상의 유부녀 헤이베르그

부인과와 첫사랑, 다그니 유엘과의 사랑, 툴라 라슨과의 사랑, 에바 무도치와의 사랑을 시작했지만, 뭉크의 사랑은 불륜, 배반과 불륜, 총기사고, 단기간의 불꽃으로 이루어지지 못하고 만다. 뭉크에게는 가정도, 시대도, 온전한 뭉크의 선택인 여자마저도 버거운 존재가 되어버리고 말았다. 차라리 그에겐 "살아 있는 것에 대한 불안과 병이 없었다면, 아마도 나는 노를 잃은 배처럼 되어버렸을 것이다."란 고백과 같이 불안과 병으로 평정을 얻고, 질서와 관습에서 일탈한 보헤미안으로서의 모습이 자연스럽다.

그래서였을까. 뭉크는 쇼펜하우어와 니체를 존경했다고 한다. 죽음이 삶의 진정한 목적이라 생각한 쇼펜하우어는 급기야 "신도 모든 것을 할 수 있는 것이 아니다. 자기 자신에게 죽음이 오게 할 수 없으니 신은 육체와 생명을 가진 인간에게 최선의 선물로 죽음을 빌려주었다."라고까지 언급하였다. 니체는 이성性理性性, 위버멘쉬(Uebermensch)라는 목적을 갖는 죽음을 권유한 자이다. 그래서 니체는 매순간 죽음을 준비하고 도둑처럼 찾아오는 불유쾌한 악마로 받아들이지 말고 의식적, 의지적으로 선취해야 한다고 한다. 급기야 인간이 자신의 죽음의 시기를 결정하는 것만이 인간의 존엄이라고 언급하기에 이르렀다. 이처럼 죽음을 찬양하는, 자살을 찬양하는 두 철학자를 존경해야만 할 정도로 뭉크의 삶은 고통, 공포, 그리고 절망에 빠져 있었던 것이다.

오늘날 우리는 어떠한 공포에 휩쓸려, 어떠한 절망에 휩쓸려 그의 공포와 절망에 참예하는가.

사랑의 문제……. 이는 동서고금을 막론하고 항상 어렵고 두려운 난제이다. 그럼에도 불구하고 항상 사랑의 대상이 되길, 주체가 되길 바란다.

생명, 죽음……. 이는 동서고금을 막론하고 인생 앞에 놓여 있는 징

검다리이다. 19세기의 결핵은 21세기의 암으로 이어졌을 뿐, 여전히 질병은 함께 하고 극복될 수 없는 그 어떤 것인 양 다가온다.

마르크스주의, 다윈주의, 산업혁명, 자본주의 등으로 인한 염세주의를 비롯한 세계관의 붕괴는 어제만의 일도 오늘만의 일도 아닌 영원한 우리의 안티테제일 터.

19세기 사회현상 가운데 성과 관련된 피임, 낙태, 매춘, 페미니즘 등은 섹슈얼리티와 일탈 혹은 타락과 관련지어졌다. 푸코는 말한다. 섹슈얼리티는 19세기에 처음 등장한 말이라고……. 그렇다면 성이 소비사회의 상품으로 전락되어 인간이 상품이 되어 가는 이 시점은 어떠한가.

우리는 어쩌면 이러한 공감대로 뭉크의 자화상 뒤에, 절규하는 자 뒤에 서서 우리의 그림자를 같이 드리우는 것은 아닐까 한다.

1) 뭉크, 네 삶에 가까이 가고프다 - 장석주

에드바르트 뭉크(1863.12.12~1944.1.23)는 의사의 아들로 제법 상류층에서 태어났다. 그러나 그 상류층, 의사도 죽음 앞에서 의미가 없는 듯, 그가 다섯 살 되던 해 어머니가 폐결핵으로 돌아가셨다. 아버지가 의사이지만, 어머니의 병은 고칠 수 없었다. 누나 소피에도 결핵으로 죽었다. 여동생은 정신병원에 입원했다. 다섯 남매 중 유일하게 결혼한 앙드레아도 몇 개월 누리지 못하고 죽었다. 이처럼 병을 고치는 것이 전문인 아버지일지라도 죽음은 피해갈 수 없다. 그래서 그는 "남자들이 책을 읽고, 여자들이 뜨개질하고 있는 따위의 실내화는 더 이상 그릴 필요가 없다. 내가 그리는 것은 숨을 쉬고, 느끼고, 괴로워하고, 사랑하며, 살아있는 인간이어야 한다."라고 외쳤던 것일까. 죽음을 목도한 자, 그런 자만이 할 수 있는 말이다.

경험한 적이 있는가. 내가 보는 앞에서 사람이 죽어가는 것을……. 난 본의 아니게 3명의 죽음을 목격했다. 아버지, 어머니, 시어머니……. 그리고 난 죽음의 고비를 넘기기 위해 6시간의 수술을 견뎌내야만 했다. 이제 난 뭉크의 죽음에 감히 한마디 더할 수 있을까. 아직 멀었다. 보통의 감수성을 지닌 자이기에, 예술의 추체험만으로도 견뎌낼 수 있는 자이기에 말이다.

그러나 뭉크의 말대로 화가란 그의 눈앞에 펼쳐진 광경뿐만 아니라, 자신의 내부까지 묘사해야 한다. 그러니 "보는 사람은 이 주제에서 신성함과 숭고함을 이해하게 될 것이며, 교회에서 하는 것처럼 모자를 벗"지 않을 수 있으랴. 그는 자신의 그림이 살아있기에, 내부까지 묘사하고 있기에, 자신의 그림을 바라보는 자는 서구인들이 경건의 시간에 하는 '모자 벗기'를 할 수밖에 없음을 안다. 우린 모자가 아닌 머리를 숙일 경건의 순간을 체험할 것이다.

여기 시인? 소설가? 평론가? 장석주가 뭉크와 함께 했다고 한다. 잠을 이루지 못하고 뜬 눈으로 세우는 날이 많았던 그날들, 3킬로그램 정도의 고통과 절망의 가시적 부피가 빠져나가던 그날들에 『뭉크 화집』(『25인의 현대화가 전집』 16권, 일본 고단샤, 1980)과 함께 했다고 한다. 여기 21세기의 장석주가 만난 1909년의 뭉크를 소개한다.

에드바르드 뭉크, 그는 표현주의 화가이자 판화 작가로 노르웨이 국민화가이다. 그래서 그들의 화폐 1,000크로네 지폐에 당당히 그의 얼굴을 드러내고 있다. 또한 스웨덴에서 그를 사모하여 영화〈에드바르트 뭉크〉(피터 왓킨스 감독, 게이르 웨스트비 주연, 1974)를 제작할 정도로 인상적인 예술가임에 틀림없다. 독자는 물을 것이다. 왜 뭉크 생애를 드러내는데 번듯한 자화상이 아닌〈병원에서의 자화상〉을 제시한 것이냐고……. 인간에게 의지로 할 수 없는 탄생보다, 의지적인 삶의 축적인 죽음과 가까이 있는 시간 이야말로 진정 그의 자화상이 될 수 있을 거라 믿고 있다. 어쩌면 국민화가, 지폐 초상, 영화 속 주인공의 영광스러운 모습과 「병원에서의 자화상」의 뭉크에는 다른 결이 겹겹이 놓여있을지도 모른다.

뭉크, 〈병원에서의 자화상〉, 1909, 캔버스에 유채, 100x110cm, 노르웨이 베르겐, 라스머스 메이어 컬렉션 (Rasmus Mayer Collection)

이 자화상은 1908년 신경질환자로 병원에 입원했을 때 야콥슨 박스의 진료실에서 그린 것이다. 푸른 양복을 입은 중년의 남자, 링거병, 의자……. 뭉크는 활발히 활동하던 독일에서 정신분열이라는 병명으로 노르웨이로 돌아온 이듬해, 자신의 모습을 그린 것이다. 이 작품으로 뭉크를 만난 장석주의 이야기를 들어보자.

> 추운 겨울이 지나간다
> 하얀 링거병과
> 유서 깊은 두통이 지나간다
> 불면의 밤들과
> 흰 원피스에 가린 네 미친 기쁨의 살들이 지나간다
> 병원의 빨간 의자와
> 모처럼 입은 파란 양복,
> 야윈 손등에 파랗게 떠오르던 정맥이 지나간다
> 추운 겨울이 가면
> 네 회색빛 눈동자를 오래 바라볼 것이다

네 회색빛 눈동자 속에
따뜻한 모래
따뜻한 물
네 회색빛 눈동자 속에
해변들

— 장석주, 「해변들」

장석주는 〈병원에서의 자화상〉을 바라보면서 "'추위'와 따뜻한 것에의 갈망"을 읽었다고 한다. 생을 암울하게 뒤덮고 있는 냉담과 냉기들, 푸른 양복의 남자는 장석주 자신에게 "누구든지 나를 따뜻한 해변으로 데려가다오"라고 애원하는 것으로 느껴졌다고 한다. 당시 장석주도 같은 심정이었기에 절절하게 느껴졌던 것은 아닐런지……. 그래서 장석주는 그의 시집을 에드바르트 뭉크에게 바친 것이다.

한 북유럽 화가의 화집이 크나큰 위안이 되었다. 나의 금도는 남김없이 탕진되고, 나는 진흙뻘에서 아가미를 벌렁이며 헐떡거렸다. 지상에서의 나의 체류는 버거웠다. 날들이 덧없이 흘러가고, 나는 뿌리뽑힌 근채류의 식물처럼 시들어갔다. "이 세상에서 죽는다는 건 어렵지 않네/ 그보다 더 힘든 건 사는 일"이라는 마야코프스키의 한 구절을 마른 입술을 달싹이며 외거나, 습관처럼 그 화집을 펼치곤 했다. 화집에서 절규에 가까운 비명이 쏟아져 나왔다. 강박증적으로 반복되는 불안과 절망이라는 주제, 음울한 색채가 내 마음을 따뜻하게 적셨다. 그 화집들을 펼쳐들며 나는 자주 행복한 몽상에 젖어들었다. 여기, 수확을 끝낸 과수원에서 미처 따내리지 못했던 끝물들로만 한 바구니 가득 채운 이 시들은, 그 화집을 태胎로 하고 있다. 다시는 이와 같은 시를 쓸 수 없으리라. 그러므로 이 시집은 에드바르트 뭉크에게 바친다.

— 장석주, 『다시 첫사랑의 시절로 돌아갈 수 있다면』

2) 뭉크, 당신의 절규, 어느새 내게도 머물고 있어요
— 이승하, 이장욱, 장석주

다리, 저녁 노을, 사람들을 담은 작품은 세 작품이다. 〈절망〉(1892), 〈절규〉(1893), 〈불안〉(1894)이 그것이다. 뭉크는 먼저 〈절망〉을 그린 후 〈절규〉를 그렸으며, 후에 〈불안〉을 그렸다. 그리고 1896년에 〈불안〉을 구성만 달리하여 목판화와 석판화로 다시 제작하였다. 뭉크는 화가이자 판화가였기에 자신의 가슴에 담아둔 배경과 주제를 여러 차례 다양한 방법으로 표현한 것이다.

물론 우리에게 보편적으로 알려진 작품은 〈절규〉이다. 뭉크는 1862년에 붓을 들어 이렇게 쓰고 있다.

뭉크, 〈절규〉, 1893, 템페라화(Tempera and pastel board), 91x73.5cm, 노르웨이, 오슬로, 뭉크 미술관(Munch-Museet)

친구들과 산책을 나갔다. 해가 지기 시작했고 갑자기 하늘이 핏빛으로 물들었다. 나는 피로를 느껴 멈춰 서서 난간에 기대었다. 핏빛과 불의 혓바닥이 검푸른 협만과 도시를 뒤덮고 있었다. 친구들은 계속 걸었지만 나는 두려움에 떨며 서 있었다. 그때 난 자연을 관통하는 끝없는 절규를 들었다.

〈절규〉, 이 작품은 그렇게 만들어진 것이다. 뭉크가 홀로 두려움에 떨고, 끝없는 절규를 경험하면서 말이다. 특히 뭉크의 고백 중에 "자연을 관통하는 끝없는 절규"라는 말을 잊을 수가 없다.

그런데 이러한 작품에 또 다른 절규가 밀려왔다. 〈절규〉는 두 차례의 도난사고를 겪었다. 1994년의 일이다. 4명의 괴한에 의해 오슬로 국립미술관의 창문이 깨졌다. 사다리를 타고 넘어와 〈절규〉를 "Thanks for the poor security"라는 메모와 바꾸었다. 다행히 3개월만에 구매자를 가장한 경찰의 함정수사로 오슬로로, 우리에게로 돌아왔다. 2004년에 다시 한 번 경악스러운 일이 벌어졌다. 3명의 무장강도가 관람객을 위협하며 〈절규〉와 〈마돈나〉를 가져갔다. 이 두 작품을 찾기까지 시간과 노력과 손상이 불가피했다. 2006년, 이번에는 2년 만에 찾았다. 그러나 경찰은 어떻게 찾게 되었는지 밝히기를 거부하고 있기에 여전히 미스테리로 남아 있다. 어쨌든 두 차례의 도난사고로 작품이 손상되는 또 다른 절규를 남겼다. 뭉크를 사랑하는 자들에게, 뭉크에게 이보다 더 큰 절규가 또 있을까!

청각은 오감의 시작인 듯하다. 산행을 할 때 이어폰으로 음악을 들으면 산수山水도 산향山香도 느껴지지 않을 때가 종종 있다. 이어폰을 잠시 내려놓으면 산새들, 바람에 의한 풀잎 소리, 촉촉이 내려앉는 빗소리, 계곡물소리를 타고 흐르는 공기, 흙, 풀, 나무향이 전달된다. 그러고서야 시야가 트여 산이 보인다. 오감으로 느껴지는 산길이 청각에서 비롯됨을 느껴보라.

뭉크도 그런 경험을 한 것이다. 내부의 소리가 귀를 막아도 멈추지 않자, 노을이 핏빛으로 신음하는 곡선으로 전달된 것이다. 소리에 따라 주체의 형상과 저녁 산책길이 왜곡되었던 것이다. 이야말로 "소리 없는 아우성"(유치환, 「깃발」)이지 않은가.

마광수는 뭉크의 〈절규〉를 통해, 뭉크를 발견하고 있다. 마광수가 만난 뭉크 이야기를 들어보자.

「절규」, 다리 위에서 공포에 휩싸인 얼굴을 하고 있는 이 작품의 인물은 바로 그 '절규'에 필사적으로 귀를 막고 있는 형상이다. 그러나 그는 그 무서운 소리를 피할 수 없다. 그 외침은, 실은 그 자신의 내부에서 솟구치고 있기 때문이다. 하늘의 '핏빛' 같은 새빨간 구름도, 멀리 뒤로 보이는 강줄기도, 그리고 그 자신의 몸도, 마음속의 절규를 반영하고 있는 것처럼 크게 파도치는 선으로 표현돼 있다. 과연 표현주의 작가다운 그림이다.
뭉크로부터 현대 회화는 '내면의 소리'를 반영하게 된다. 이 전까지의 그림들은 모두 '외면'만을 그리는데 그쳤다. 표현주의는 미술뿐만 아니라 문학, 연극, 영화에까지 파급되는데, 프로이트의 정신분석학의 영향을 받아 인간의 잠재의식 밑바닥에 숨어 있는 본능적 감각과 감정들을 표현하는데 주력했다.
뭉크의 그림들은 쓰여진 색채가 모두 과장돼 있다. 그리고 선연하고 자주적인 색깔만을 사용한다. 고전적인 미의 개념은 사라지고 '그로테스크'하게 괴기스러운 미의 개념이 새로 적용된다. 마치 문학에서 '일부러 삐딱하게 보기'의 원칙을 적용하는 것과도 같다. 우리는 '삐딱한 시선'으로 사물들을 바라봐야만 그 내면 속에 감춰진 진실을 포착해낼 수 있는 것이다. 미술은 자칫 공허한 '모방'과 '묘사'에 그치기 쉽다. 그러한 '안이성'에 일침을 가하고 새롭고 현략한 구도와 색채를 시도한 것이 뭉크의 공이라 하겠다.
— 마광수, 「색채의 절규…… 그 현란한 몸짓-뭉크의 그림」(『미술세계』, 2006.4.)

마광수가 만난 뭉크는 진정 버거운 자이다. 아무리 귀를 틀어막아도 들을 수밖에 없다. 그 무서운 소리는 바로 다름 아닌 내부의 소리이기 때문이다. 이보다 더 무서운 상황이 또 있을까. 거부하고 싶은 무서운 소리가 나의 내부에서부터 울려나고 있다고 한다. 정신분열이 일어나지 않고는 견딜 수 없으리라. 그래서 이승하는 말더듬이가 된 것일까.

어디서 우 울음소리가 드 들려
겨 겨 견딜 수가 없어 나 난 말야
토 토하고 싶어 울음소리가
끄 끊어질 듯 끄 끊이지 않고
드 들려와

야 양팔을 벌리고 과 과녁에 서 있는
그런 부 불안의 생김새들
우우 그런 치욕적인
과 광경을 보면 소 소름 끼쳐
다 다 달아나고 싶어

도 동화同化야 도 동화童話의 세계야
저놈의 소리 저 우 울음소리
세 세기말의 배후에서 무 무수한 학살극
바 발이 잘 떼어지지 않아 그런데
자 자백하라구? 내가 무얼 어쨌기에

소 소름 끼쳐 터 텅 빈 도시
아니 우 웃는 소리야 끝내는
끝내는 미 미쳐 버릴지 모른다
우우 보트 피플이여 텅 빈 세계여
나는 부 부 부인할 것이다.

— 이승하, 「화가畵家 뭉크와 함께」

    이승하 시인은 1984년 「화가 뭉크와 함께」로 《중앙일보》를 통해 세상에 나왔다. 그의 생애는 여러 곳에서 확인할 수 있다. 이승하 시인은 건국대학교 국어국문학과 '한국대표시감상' 강좌에 초청된 적이 있었다. 그곳에서 초면인 학생들에게 자신을 보여주었다. 시인 이승하, 소설가 이승하가 되기까지의 여정들을 진솔하게 드러내주었다. 그런데 너무도 깊게 드러내어, 나는 "왜 그랬냐"고 질문할 수밖에 없었다. 시인 이승하는 말했다. "나와 같은 학생이 보였다"고 말이다. 결국 시인, 소설가 이승하 이전에 인간 이승하를 보여준 것이다. 그것이 바로 이승하이고, 시인이고, 소통이었던 것이다.

　아버지, 어머니, 형, 여동생, 이승하, 그의 가족 구성원이다. 아버지는 어려운 가정 속에서 성실히 살아온 교사, 경찰이자 폭군이었다. 어머니는 초등학교 선생님이었지만 집안의 경제적 가장 역할을 담당해야 했기에 학교 매점, 학교 앞 문방구를 경영하였으며, 매 맞는 아내, 어쩔 수 없는 어머니였다. 형은 공부를 잘해서 서울대 법대를 갔다. 그러나 끝내 아버지의 기대를 저버리고 문학을 선택하고야 말았다. 그래서 형은 개인적으로는 잘났을지언정 동생들에게 화근이 되어버렸다. 그 대표적인 사례가 여동생의 정신질환이다. 여동생은 큰오빠가 아버지의 기대를 저버린 날로부터 아버지의 화풀이 대상이 되었다. 끝내 여동생은 아버지의 구타와 욕설을 이겨내지 못하여 숭실대 국문과 재학중 정신분열을 일으켜 병원신세를 지게 되었다. 이승하는 3번의 가출을 통해 무서운 아버지, 죽어버렸으면 하는 아버지에게서 벗어나려 했지만 끝내 벗어나지 못했다. 이젠 도리어 아버지를 닮아가는 외모를 보며 시를 통해 아버지를 받아들이게 되었다. 이러한 이승하의 첫 작품이 바로 뭉크의 〈절규〉을 소재로 한 「화가畵家 뭉크와 함께」이다. 실제 이승하는 말더듬을 간간히 하고 있었다.

　그런데 중요한 것은 이승하가 단선적으로 뭉크를 자신의 가정사로만 안내하지 않았다는 것이다. 1980년대 군사독재라는 공포정치에 대한 저항의지에서부터 1975년 베트남의 공산화와 1976년부터 동남아 일대의 바다를 유랑하던 보트피플까지 모든 억압과 불안과 공포를 뭉크의 그림을 빌어 자신의 말더듬이로 엮어냈던 것이다. 그럼 이제부터 이승하가 만난 뭉크의 〈절규〉를 새롭게 이야기해야 할 것인가! 참으로 놀랍다. 소통의 미학.

모든 것은 등 뒤에 있다.

몇 개의 그림자, 그리고
거리의 나무들은 침묵을 지키거나 아무도
알아차릴 수 없을 만큼만 몸을 떨었다.
곧 네거리에 서 있는 거대한 주유소를 지나야
할 테지만 나는 아무래도 기나긴 페이브먼트,
이 낯선 거리의 새벽 공기가 다만 불안하였다.
천천히 붉은 구름이 하늘을 흐르기 시작했으며
흐릿한 전화 부스에는 이미 술 취한 사내들
어디론가 가망 없는 통화를 날리며 한량없었으므로
나는 길 끝에 눈을 둔 채 오 분 후의 세계를
다만 생각할 수 있을 뿐. 어느 단단한 담 안쪽
으로부터 흘러나오는, 믿을 수 없는 고음역의
레퀴엠, 등뒤를 따라오는 몇 개의 어두운
그림자, 쉽게 부러지는 이 거리의
난간들, 나는 온힘을 다해 아주 오래된 멜로디를
떠올렸으나 네거리의 저 거대한 주유소,
그리고 붉은 불빛의 편의점 앞에서
결국 뒤돌아보게 되리라, 결국 뒤돌아
보는 그 순간 나는 어떤 눈빛을 지나게 되는지
두 손으로 두 귀를 막고 어떻게
소리 없는 비명을 지르는지
다만 몇 개의 그림자, 그리고

등 뒤의 세계.

— 이장욱, 「절규」

이장욱은 누구인가. 이에 여러 논객들의 친절한 설명에 귀 기울여 보자.

"이 사람을 보라. 그는 러시아 현대시 연구서를 펴낸 노문학도다. 아니다. 그는 당대 한국시의 첨단을 탐사한 평론들을 쓴 평론가다. 아니다. 그는 장편소설 공모에 당선된 소설가다. 아니다. '픽션에세이'라는 이상한 장르를 만들어낸 에세이스트다. 아니다. 그는 본래 시인이다. 아니다…… 뭐랄까, 그는 그냥 '문학'이다."(신형철)

"이장욱 시인의 시는 몽롱하다 아니 명쾌하다. 난해하다 아니 낯설다. 좀 다르게 말해보자. 그는 낮을 사는 시인이다 아니 밤을 사는 시인이다. 그는 시인이다 아니 소설가다. 노문학자다 아니 (픽션)에세이스트다 아니 비평가다. 현대시 모더니티의 한 극점에 서 있는 '우울한 모던보이'다, 아니 서정시의 안부內部를 공략하는 '진정한 인파이터'다. 짐작하겠지만, 그는 그 모두이면서 단지 문학 그 자체이다."(정끝별)

"이장욱의 시가 한국 시의 모더니티의 한 극한에 서 있다는 것을 승인한다면 이장욱은 한국 시의 가장 불행하고 '우울한 모던 보이'로 명명될 수 있다. 모던 보이가 우울한 것은 '모던'에 대한 첨예한 자의식 때문이다. 그 자의식이 끝 간 데서 '나-모던 보이는 존재론적으로' '실종' 된다. 지금 글쓰는 내가 이렇게 이장욱을 반복적으로 호명하면, 이장욱이, 이장욱은, 이장욱을, 이장욱에서…… 사라진다."(이광호)

신형철, 정끝별, 이광호가 말하는 이장욱은 학자, 평론가, 소설가, 에세이스트, 시인 등 문학의 한 부분이 아닌 '문학 자체'이자 '모던보이'다. 참으로 무거운 평이다. 비평가들이 지워준 이름을 옮기기 위해서 진정 절규를 해야 할 지경이지 않은가. 그래서 이장욱은 뭉크의 〈절규〉 앞에서 이런 고백을 했을지도 모르겠다.

나는 가끔씩 그림을 보면서 절망할 때가 있다.
왜 나는 그림이 아니고, 음악이 아니고 문학이어야 하는가?
어쩌자고 이 끝없는 절망의 길을 가려고 하는가?
진짜도 아닌 그저 손바닥만하게 인쇄된 뭉크의 '절규'를 처음 본 순간은 숨이 멎는 줄 알았다.
마음을 들켜버린 당혹과 수습할 수 없는 낭패감에 하얗게 재가 된 기분이었다.
그러고도 나는 단 하나의 문장도 완성하지 못했다.
나의 빼앗긴 '절규'는 이미 세계의 미술사에 뭉크가 단단히 못질한 후였으므로.
나는 부활하고 싶다.

〈절규〉보다 앞서 그려졌던 작품 〈절망〉은 절규와 구조가 비슷하다. 다만 주체가 정면을 바라보며 소리없는 절규를 부르짖느냐 아니면 시선을 외면한 채 고개를 떨구고 있느냐의 차이다. 〈절망〉과 〈절규〉의 작품 순서와 그의 고백을 중심으로 뭉크의 심리 이동을 정리하면, 그는 다리 위에서 두려움에 절망하다 절규하게 된 것이다. 외면해보았지만 결코 벗어날 수 없다는 것을 깨닫자 귀를 막고 절규하게 된 것이다. 이처럼 처절한 상황 속에 접하지 않은 자는 막연한 느낌만 전달될 것이다. 이에 장석주의 추체험을 따라가보자.

뭉크, 〈절망〉, 1892, 캔버스에 유채, 92x72.5cm, 노르웨이, 오슬로, 뭉크 미술관(Munch-Museet)

나는 다리 위에 서 있다
하늘은 온통 붉은 피로 범벅이 되어 있고
나는 모자를 쓴 채
어쩌면 몸의 많은 고름과 피를 외면한 채
다만 물을 바라보고 서 있다
달은 아직 뜨지 않고
푸른 어둠의 산들이 물 위에 고요히 내려앉아 있다
내가 다리 위에서
물을 바라보고 서 있는 것은
내가 어리석기 때문인지도 모른다

내가 모자를 쓰고 있는 것은
생각이 많기 때문이다
생각이 많은 것은 그만큼 어리석다는 증거
아무것이나 삼키는
매우 게걸스러운 위를 가진 추억이여
현재는 과거의 식민지
나는 식민지의 몽매한 한 시민에 지나지 않는다

입술가에 흰 우유가 묻어 있는 너를
네가 몸에 기르고 있는 많은 상처들을
나는 기억한다, 네 몸이 양육해온
많은 추억들과 그밖에 불가피한 하나의 씨앗을

하늘에 범람하는 저 불길한 붉은 피들이
금방 내 검은 모자 위로
쏟아질 것만 같다

— 장석주, 「모자」

  기형도에 의하면 장석주는 아주 괜찮은 댄디란다. 하루에 한 권의 책을 읽는다는 장석주, 1년에 5권 내외의 책을 출판하는 장석주, 그는 외로워 책을 읽기 시작했다고 한다. 그가 아끼는 서재, 안성 수졸재守拙齋에는 5만 권의 책이 있다고 한다. '수졸', 겨우 자기 집이나 지킬 수 있다는 바둑 초단의 별칭을 자신의 서재명으로 삼았다. 참으로 겸손한 자이다. 그에게 책이란 '죽비' 다. 좌선시 승려들에게 경계를 주거나 설법시 위엄을 상징하는 것이 바로 죽비다. 장석주에게는 나태하고 우둔한 몸뚱이를 내리치는 죽비였던 것이다.

장석주에게 책이 죽비였다면, 뭉크에겐 그림이 죽비였을 것이다. 장석주의 고백을 통해서 뭉크를 기억해보자.

"삶이란 자기가 마신 물과 공기, 자기가 먹은 밥, 자기가 만난 사람들, 그리고 느낌과 사유의 총체입니다. 시는 그 자체로 삶이지요. 누구나 자기가 산 것만큼 쓸 수 있습니다. 그 이상을 쓰는 것은 허위고, 가짜, 그것은 금방 들통납니다." (장석주, 『느림과 비움』, 뿌리와이파리)

시인이었던 장석주가 자신의 삶, 자신이 산 것만큼 쓸 수 있었던 것처럼 뭉크는 자신의 삶, 자신이 살았던 것만큼만 그릴 수 있었던 것이다. 자연 앞에서의 절망과 절규는 뭉크의 삶, 그가 살아온 것의 표현일 뿐이다. 더 이상 들통 날 것이 없는 진실이었던 것이다.

뭉크와 장석주의 소통은 아래 시에서 다시 한 번 확인된다.

세상에서 내가 본 것은 아픈 사람과 아프지 않은 사람들
살아 있는 것들의 끝없는 괴로움과
죽은 것들의 단단한 침묵들,
새벽 하늘에 떠가는 회색의 찢긴 구름 몇 장,
공복과 쓰린 위,
어느날 찾아오는 죽음뿐이었다.

— 장석주, 「붕붕거리는 추억이 한때」 일부

세상에서 장석주가 본 사람은 아픈 사람과 아프지 않은 사람들이다. 그러나 장석주의 시선은 아픈 사람들에게 있다. 그의 「모자」에서도 "입술가에 흰 우유가 묻어 있는 너를/네가 몸에 기르고 있는 많은 상처들을/나는 기억한다"고 고백하고 있다. 임선혁은 아직 우유가 묻어 있는 입술을 지닌 자는 순수함을 상징할 수 있다고 하였다. 최하니는 그 순수한 자의 상처를 기억하는 나는 모자를 쓴 지식인 혹은 현실을 바로 보기 힘든 자라고 고백하고 있다. 그러나 중요한 것은 하늘의 붉은 피로 범벅이 되어 있는 모자를 쓴 채 "네 몸이 양육해온/많은 추억들과 그밖에 불가피한 하나의 씨앗을" 나는 "기억한다"는 것이다. 기억한다는 것은 살아있다는 것이 아닌가.

〈절규〉에서 표출된 한 개인의 불안이 〈불안〉에 와서는 다수의 불안, 대중의 불안으로 확장되고 있다. 뭉크는 도라 우젠과의 연애로 분열증 증세가 심해졌을 때, 자신의 주치의에게 충격적인 발언을 하였다.

뭉크, 〈불안〉, 1894, 캔버스에 유채, 94x73cm, 노르웨이, 오슬로, 뭉크 미술관(Munch-Museet)

> 살아 있는 것에 대한 불안과 병이 없었다면, 아마도 나는 노를 잃은 배처럼 되어버렸을 것이다

괴변이다. 인간에게서 불안과 병은 기피의 대상

이다. 그런데 뭉크에겐 기피의 대상인 불안과 병이 배에서 가장 필요한 '노'라는 것이다. 불안의 사전적 의미는 뚜렷한 원인 없이 느끼는 근심, 걱정, 두려움 등의 감정적인 것이다. 이는 분명하고 실제적인 위험에 반응을 느끼는 공포와는 구별되는 심리학적 용어이다. 다시 말해서 대적하여 극복 가능한 구체적인 것이 아닌 정신적인 반응일 뿐이다. 불가항력적인 현상이 뭉크의 삶을 지배하고 있었던 것이다. 이러한 뭉크식 불안에 이승하가 공감하고 있다.

> 다시 저녁이 와 저 검붉은 노을
> 아래 우리는 부유하고 있다 부패하고 있다
> 전쟁이 일어날지 모른다 밀고 내려올지 모른다
> 암으로 죽을지 모른다 암암리에 블랙 리스트에 오르고
> 우리의 암거래가 언제 발각될 지 모른다 별안간
> 구속될지 모른다 게게 풀린 눈으로 저마다
> 내려오고 싶지 않은 고향으로 내려오면
> 누가 누군지 모른다 몰라야 한다
> 겁에 질려 쉬쉬하면서 주위를 두리번거리고
> 목적지도 없이
> 끌려가듯이
> 몰려가듯이
> 휩쓸리듯이
> 시뻘겋게
> 충혈된 소리들이 신음 토하며 다가온다
> 죽어가면서, 죽는 그 순간까지도 우리는
> 교환가치에, 섹스에, 신제품에, 명분에다
> 넋을 팔겠지 끝끝내 전체를 보지 못하겠지
> 사람이 사람을 때려 죽여도 그저 가슴 조이며
> 상복을 꺼내 입겠지 우우 몰려나간 한강
> 다리 아래로 방류한 80년대

> 그 긴 시간의 쓰레기를 데불고
> 거무튀튀한 강이 흘러간다 기만의 강
> 아아 우리는 지쳐 있다, 나날이 녹슬고 있다.
> ― 이승하, 「불안― 에드바르트 뭉크의 그림 2」

 이승하는 「불안-에드바르트 뭉크의 그림 2」에서 지속적으로 "-지 모른다"고 외치고 있다. 확정이나 확실한 정보가 아닌 소문 혹은 심리적 떨림에 불가한 것에 의해 흔들리고 있다. 그야말로 '불안' 이다. 뭉크의 불안이 자신에게서부터 기인한 것이 아닌 외부, 대자연에서 기인한 것처럼, 이승하의 불안도 자신에게서 기인한 것이 아니다. 전쟁, 암, 구속, 겁, 교환가치, 섹스, 신제품, 명분 등의 80년대가 방류한 쓰레기는 이승하의 내부에서 만들어진 것이 아니라 외부에서 그에게 씌우려 하는 것이다. 그러나 그 주체나 정체는 알 수 없기에 불안할 뿐이다.
 우린 여전히 뭉크의 〈절망〉, 〈절규〉, 〈불안〉, 이승하의 「불안-에드바르트 뭉크의 그림 2」, 「화가 뭉크와 함께」에 열광하고 있다. 오늘날 우리는 무엇에 불안해하는가, 이 세계에 불안요소가 없다면 더 이상 뭉크나 이승하의 작품들은 읽히지 않을 것이다. 참으로 아이러니다.

3) 뭉크여, 당신의 병든 아이는 우리랍니다 - 이승하

 뭉크에게서 죽음은 생과 더불고, 사랑과 더불어 영원이 함께 가는 동반자다. 그의 사랑은 필연코 죽음으로 연결되기 때문이다. 죽음을 피해갈 자가 어디 있겠는가. 하지만 뭉크에게서 죽음은 자연사가 아닌 사유가 전제한 죽음이기에 더욱 애통한 것이다. 뭉크가 5살에 어머니의 죽음을 맞고, 14살에 어머니와 같은 누나의 죽음을 맞는다. 그는 두 번

뭉크, 〈병든 아이〉, 1886, 캔버스에 유채, 119x122cm,
노르웨이, 오슬로, 뭉크 미술관(Munch-Museet)

째로 맞은 누나의 죽음을 앞에 놓고 〈병든 아이〉를 그려내기 시작했다.
〈병든 아이〉는 죽음을 앞에 둔 소피에와 죽어가는 소피에를 바라보는 이모 카렌을 중심으로 엮어져 있다. 두 인물에 모든 시선을 집중시키고 배경은 과감하게 생략하여 오로지 '죽음의 강렬한 기운'에 시선을 고정시키고 있다. 이처럼 자신의 슬픔, 두려움, 삶과 죽음의 거리를 고개 숙인 이모를 통해 우리에게 전달하고 있다. 이승하 시인은 이를 자신의 경험과 자신의 언어로 우리에게 전달해주고 있다.

손꼽아 기다린 날 어린 날의 설날 아침
누이는 설빔을 입고 방구석에 오도카니 앉아 발갛게
한 자루 촛불로 떨고 있었다 먼 곳에서 밀물처럼
몰려온 친척들 썰물처럼 떠날 때까지 한마디 말이 없던

수줍음 많은 누이, 어둠의 심연으로 왜 숨고 말았을까
왜 숨쉬고들 있을까 내 철없이 죽음을 실험하려 했을 때
─작은오빠, 다시 집 나가더라도 자살은 하지 마
약 빼앗아 품에 넣고 한사코 안 주더니 회복 불가능한
수동형의 삶을 내처 살고 싶었던 게지 스물세 살부터

두 눈의 초점을 잃어갔다 심야에 부나방처럼 돌아다니고
창문에다 쾅쾅 담요를 치고, 식사 도중에 저 혼자서
킥킥 웃기도 하고 퉁퉁 부은 눈으로 일어나기도 하고
고려대 부근 아무개 신경정신과병원
─가족이라도 3개월이 지나야 만날 수 있습니다

술병을 깨 들고 외치고 싶었다 웃통을 벗고서
심판할 테야! 너한테 폭력을 가한 우리 아버지를!
폭력을 사주한 우리 어머니를! 안암동에, 제기동에
서울역 앞까지 파도가 쳤다 무너지는 건물들,
떠다니는 사람들을 보았다 수많은 상처 받은 혼을

─작은오빠, 부모님을 그만 용서하자 우리도 죄가 많으니
차라리 곱게 미쳐 용서하고 만 내 누이야, 하나뿐인
이 지상은 명백히 꼬여 있는 질서로 움직이는데
너는 허공만 보고 있을래 멍하니, 그렇게 멍청하니
　　　　　　　─ 이승하, 「병든 아이─ 에르바르트 뭉크의 그림 1」

　이승하는 고흐의 그림을 보면 가슴이 뜨거워지고 뭉크의 그림을 보면 눈시울이 뜨거워진다고 한다. 특히 뭉크의 〈병든 아이〉를 가만히 들여다보고 있으면 설움과 슬픔이 가슴을 태우고 서서히 시야가 흐려진다고 한다. 이승하가 본 병든 아이는 자신이 죽을 운명임을 알고 있었다고 한다. 아마도 이 '병든 아이'는 뭉크가 가장 좋아했던 누나 소

피에이자 뭉크의 엄마이자 이승하의 여동생일지도 모른다. 이승하의 고백에 젖어보자.

흡혈귀가 사람의 목에 이빨을 박고 있고 해골을 껴안고 있는 소녀가 나온다, 강렬한 색채를 사용하고 있지만 그의 그림은 음습하다. 뭉크의 그림을 응시하고 있으면 가슴이 그야말로 뭉크-ㄹ해진다. 생의 가장 밑바닥까지 내려간 자의 신음소리가 들려오는 듯하고, 소리 죽인 울음이 들여오는 듯하다. 그 신음소리와 소리 죽인 울음이 끝내 터져 나오는 자리에 '절규'가 있다. (중략)
"내가 그리는 것은 숨을 쉬고, 느끼고, 괴로워하고, 사랑하며, 살아있는 인간이어야 한다."
"나는 결혼을 안 했다. 나의 유일한 자식은 그림이다. 그러니 제발 혼자 자유롭게 있도록 내버려달라."
뭉크의 이 말이 나를 나태의 늪에서 건져 올린다.

'나의 유일한 자식은 그림'이라는 뭉크, 그로 인해 나태의 늪에서 건져 올려진 이승하, 이것이 바로 소통임을 새삼스럽게 느낀다. 그럼 나에게, 우리에게 뭉크의 그림, 이승하의 작품은 무엇인가. '각성'이다.

4) 사춘기, 오늘 여인임을 기억하게 되다
　　　　　　　　　　　　　　　　- 오태환, 장석주, 전기철

살아가면서 여자임을 문득 기억할 때가 있다. 오늘 새벽이 그런 날이다. 붉은빛이 돌때, 나는 여자임을 실감하고 고개를 떨군다. 여기 한 소녀가 여자임을 인식한 채 불안해하고 있다.
〈사춘기〉는 1886년에 제작되었으나 1890년에 불에 타 없어져 1894년에 다시 재작되었다고 전해지는 작품이다. 침대 중앙에 앉아, 멍하니

뭉크, 〈사춘기〉, 1895, 캔버스에 유채, 151.5x110cm, 노르웨이, 오슬로, 뭉크 미술관(Munch-Museet)

정면을 바라보고 있다. 자던 중 초경의 시작을 경험하여 놀랐던 것일까. 여전히 〈사춘기〉에도 뭉크식의 불안이 드러나 있다. 다만 그 불안이 정면을 바라보고 있는 소녀, 커다란 눈망울, 꼭 다문 입술, 왜곡된 그림자로 드러나 있을 뿐이다.

우리에게도 초경의 경험이 있다. 중학교 때 친구들보다 조금 일찍 경험했기에 부끄러웠고 당황스러웠지만, 둘째 언니가 파티를 열어주어 축하받아야 할 큰 일로 넘긴 적이 있다. 그때 친한 친구 몇 명을 불러놓고 과자를 먹으며 영웅담 이야기 하듯 담소를 나누었다. 언니가 담소의 공간을 내주기 전까지 놀란 가슴, 상의할 만한 대상을 찾아가야만 하는 떨림들은 자연스러운 현상이지만 동시에 불안한 그 무엇이기도 했다. 뭉크의 〈사춘기〉 모델도 그러했을 것이다.

재미있는 현상이 있다. 〈사춘기〉를 그린 것도 남성이요, 그를 시화한 것도 남성이다. 진정 초경은 여자의 몫인데, 이를 통해 소통을 원하는 자들은 남성들이다. 우린 그 흔한 자웅동체설에 휩쓸리는 것인가! 여기 남성 시인 오태환이 뭉크의 〈사춘기〉 소녀를 만났다.

더러운 벽면에 투명한 그늘을 비치며 아슬아슬 매달려 있는 것은 상傷한 물방울이 아니었어요 치사량만큼 수경재배水耕栽培된 제 슬픔이었어요
  허리가 아팠어요 그날 맨 처음 생리를 하는 날 달빛 희미한 썰물 때의 빈 바다가 절 덮쳤거든요 어쩔 수 없었어요 저는 그 희미한 빈 바다 앞에서 그만 살을 열고 말았어요 뜨겁게 가랭이 사이를 비집고 들어오는 머나먼 파도소리를 엿들으며 어지럽고 허리가 끊어지는 듯이 아파 왔어요 허벅지 위를 빼짓이 흘러내리는 핏물 나는 어금니를 깨물며 한 손으로 이름도 모르는 풀꽃의 모가지를 하나씩 똑, 똑, 부러뜨렸어요
  그 뒤로 저는 어둡게 식은 바다를 한 포기씩 해산했어요
  그러나 흰 시트 위에 앉아 있는 것은 그날 썰물 때의 빈 바다였어요 겁먹은 표정을 지으며 여린 두 팔을 X자로 포개고 누드로 달빛처럼 희미하게 앉아 있는 것은 그 빈 바다였어요
  무, 무서워요 발갛게 부풀어오른 제 귓볼을 보세요 무화과無花果 잎눈처럼 잔털 고운 제 흰 목덜미를 만지세요 아아 두려움에 경련을 일으키는 제 머리칼의 연보라 향기를 아주 가만가만 쓸어 올리고 해말간 초燭불을 환히 켜든 제 유두乳頭의 연분홍 언저리에 따뜻하고 까끌한 입술을 비비세요 그리고 희미한 달빛 아래 철썩철썩 제 심실心室을 밀고 들어오는 머나먼 썰물때의 치사량만큼 푸르고 슬픈 파도소리를 들어보세요
  — 오태환,「사춘기思春期·에드바르트 뭉크 1894~1895-가위로
  양달과 응달 틈새를 따라서 오린 밑그림 또는 불길한 전조前兆 1」

오태환은 누구인가. 1960년에 태어나 1984년에 《조선일보》, 《한국일보》에서 신춘문예로 등단한 시인이다. 그의 시집은 『북한산』, 『수화手話』, 『별빛들을 쓰다』 등이 있다. 그는 현재 계간지 《시안》의 편집을 맡고 있으며, 시인으로서, 비평가로서 열심히 활동을 하고 있다. 뭉크의 소녀를 만난 오태환을 마주하기 위해 그의 최근작 한 편을 소개한다.

  필경사筆耕師가 엄지와 검지에 힘을 모아 철필로 원고 위에 글씨를 쓰듯이 별빛들을 쓰는 것임을 지금 알겠다
  별빛들은 이슬처럼 해슥하도록 저무는 것도 아니고 별빛들은 묵란墨蘭

잎새처럼 쳐 있는 것도 또는 그 아린 냄새처럼 닥나무 닥지에 배어 있는 것도 아니고 별빛들은 어린 갈매빛 갈매빛의 계곡 물소리로 반짝반짝 흐르는 것도 아니고 도장圖章처럼 붉게 찍혀 있는 것도 아니고 더구나 별빛들은 반물모시 옷고름처럼 풀리는 것도 아니고

별빛들은 여리여리 눈부혀 잘 보이지 않는 수평선을 수평선 위에 뜬 흰 섬들을 바라보듯이 쳐다봐지지도 않는 것임을

지금 알겠다 국민학교 때 연필을 깎아 치자 열매빛 재활용지가 찢어지도록 꼭꼭 눌러 삐뚤삐뚤 글씨를 쓰듯이 그냥 별빛들을 아프게, 쓸 수밖에 없음을 지금 알겠다

내가 늦은 소주에 푸르게 취해 그녀를 아프게 아프게 생각하는 것도 바로 저 녹청綠靑기왓장 위 별빛들을 쓰는 것과 하나도 다르지 않음을 지금 알겠다

— 오태환, 「별빛들을 쓰다」

이러한 오태환이 뭉크와 뭉크의 〈사춘기〉에 대해 다음과 같이 말하고 있다.

내 최근의 시선은 죽음 또는 인간의 근원적 공포에 쏠려 있다. 에로스적 고뇌와 희열이 정서의 양달이라면 타나토스적 좌절과 유쾌는 정서의 응달이다. 죽음과 공포를 향한 탐닉은 그 맞은편에 있는 것을 향한 흠모와 같은 값을 지불한다.

나는 그것을 그림에서 도모하려 했다. 내가 화집에서 찾아낸 것은 에드바르트 뭉크, 프란시스 베이컨, 월터 시커드, 에곤 쉴레, 빈센트 반 고흐가 그린 몇 점이었다.

그들의 그림은, 이글과 나란히 있는 다섯 편의 시들을 완성한 1박2일 동안 내 신경의 촉수를 붉은빛과 회청색과 누른빛이 빚어내는 죽음과 공포(그들이 창출한 공포는 죽음 이상의 어떤 것이었다)의 고통스러운 和聲으로 완벽하게 제압했다. 그들의 방법론은 빈센트 반 고흐를 제외하면 한결같이 육신에 대한 가학적 충동으로 채워져 있었다. 내 신경의 촉수는 이틀 내내 屈地性植物처럼 그것들이 예언하는 죽음과 공포를 향해 칼날처럼 벼려졌다. (중략) 에드바르트 뭉크의 소녀는 이틀 내내 내 귓바퀴

에 입술을 대고 살려 달라며 창백하게 속삭였다.

— 오태환, 「그리운 시」

살려달라고 소리를 지르는 것이 아니라 속삭였다는 것, 참으로 공감이 간다. 더 이상 무언가 할 수 없을 때 읊조리지 않은가. 적어도 뭉크의 〈사춘기〉 소녀는 오태환에게 그렇게 읽혔던 것이다.

여기 또 한 시인이 〈사춘기〉의 소녀와 마주하고 있다. 오태환이 서정주와 궁합이 잘 맞는다고 한 장석주, 그가 오태환과 다른 뭉크의 〈사춘기〉를 마주하고 있다.

> 희망은 절망이 깊어 더 이상 절망할 필요가 없을 때 온다.
> 연체료가 붙어서 날아드는 체납이자 독촉장처럼
> 절망은
> 물빠진 뻘밭 위에 드러누워
> 아무것도 보고 싶지 않아 감은 눈 앞에
> 환히 떠오르는 현실의 확실성으로 온다.
> 절망은 어둑한 방에서
> 무릎 사이에 머리를 묻고
> 서랍을 열어 서랍 속의 잡동사니를 뒤집어 털어내듯이
> 한없이 비운 머릿속으로
> 다시 잘 알 수 없는 아버지와 두 사람의 냉냉한 침묵과
> 옛날의 病에 대한 희미한 기억처럼
> 희미하고 불투명하게 와서
> 빈 머릿속에 불을 켠다.
> 실업의 아버지가 지키는 썰렁한 소매가게
> 빈약한 물건들을
> 건방지게 무심한 눈길로 내려다보는 백열전구처럼.
> 핏줄을 열어, 피를 쏟고
> 빈 핏줄에 도는 박하향처럼 환한

현기증으로,
환멸로,
굶은 저녁 밥냄새로,
뭉크 畵集의 움직임 없는 여자처럼
카프카의 K처럼
와서, 살고 싶지 않은 마음의 주인을
달래서, 살고 싶게 만드는
절망은,

— 장석주, 「희망은 카프카의 K처럼」

장석주에게 〈사춘기〉의 소녀는 카프카 『성』의 K와 함께 왔다. 장석주가 바라본 그들은 절망의 끝에 서 있다는 공통분모에서 시작된 듯하다. 절망의 끝에서, 더 이상 절망할 수 없을 때 희망이 온다는 것은 너무도 가혹한 현실이다. 뭉크의 절망은 앞서 많은 시인과 함께 공감한 바 있다. 그렇다면 카프카 K의 절망은 어떤 것인가. 뭉크의 절망과 함께할 수 있는 정도인가. 『성』의 K는 성으로 들어가고자, 혹은 성을 아는 그 누군가와라도 접촉하고자 애를 썼지만, 피로에 지쳐 죽은 후에야 성에서 연락이 온다는 것이다. 죽음에 이르지 않고서는 얻지 못한다는 것만큼 절망스러운 것이 또 있으랴. 적어도 장석주에게는 그렇다.

여기 카프카 K에게 보내는 또 다른 시가 있다.

K를 떠나지 못하고 있다.
K에게 이제 가족이라고는 물고기 한 마리밖에 없다
새가 되고 싶어 하는 물고기 K에 불시착한 뒤 물고기는
바다 꿈에 사로잡혀 있다
물고기를 위하여 K를 떠나야 한다.
K는 지문의 끝, 부서진 난간에 걸린 해처럼 지도에 없는 도시다
완벽한 보완의 도시, 도서관과 인터넷으로 무장한 K에서

내 물고기는 새를 꿈꾸는 것조차 들키고 만다.
물고기를 위하야 K를 떠나야 한다.
도시의 심전도를 읽을 수 있는 도서관의 비밀스런 문서를
빼낼 기회만을 엿보며 시그마 빌딩에서 잔고 바닥난 신용카드처럼
깊이 숨어 있다가 창문을 통해 종이 비행기를 날린다.
물고기의 꿈을 가득 실은 채 산돼지처럼 어디에서도 안주하지 못하며
내 그림자들이 꾸미고 있는 속임수를 따라 물고기를 닮은 눈동자를
빛내면 바다를 가장한 스타벅스에서 사이렌이 울린다.
무균처리된 도시를 벗어나기는 힘들 것 같고 물고기에게 바다 냄새라도
맡게 하려고 도서관 깊은 곳 창가에 서면 창밖에 목매달고 있는
무수한 편지들
저 멀리 십자가를 주렁주렁 단 교회들이 엉금엉금 걸어오고 있다.
소독내 퍼진 하늘이 파랗게 질린다
K는 우주의 어느 은하를 떠돌고 있느냐 지금 내리고 싶다

— 전기철, 「K-프란츠 카프카에게 바침」

5) 뭉크씨, 미역감는 여자는 감히 엄두를 못냈나요? - 이승하

1907~1908년 여름 북 독일의 바르네뮌데에서 대단한 작품이 제작되었다. 이른바 〈바르네뮌데 트리프틱〉이다. 〈미역감는 남자들〉, 〈청년〉, 〈바르네뮌데의 노인〉이 그것이다.

미역감는 남자라…… 익숙하지 않은 표현이다. 요즘말로 하면 '목욕하는 남자'가 될 것이다. 건강이 썩 좋지 않았던 뭉크에게는 건장한 남자들의 형상은 부러운 것일 수도 있다. 특히 요양 중에 그렸던 작품이니 더욱 그럴 수 있다. 남자들이 정면을 향하여 걸어오는 듯한 상황, 남자들의 건장한 몸이 밝은 톤으로 처리된 것들에서 짐작할 수 있다. 요양원에서 내겐 없는 건강함, 밝음, 진취적인 모습들을 그린 뭉크의 심정은 어떠했을까. 이 뭉크를 따라간 시인을 통해 그 마음을 엿보자.

뭉크, 〈바르네뮌데의 노인〉, 1907, 캔버스에 유채, 110x85cm

뭉크, 〈미역감는 남자들(Manner am Meet)〉, 1907, 캔버스에 유채, 206x277cm, 필란드, 아테늄 미술관(Athenaeum Art Museum)

그대 광물성의 육체가 눈부시다
원인 모를 공포가 그대 성기를
일으켜 세우리 바다를 배경으로
멍든 하늘을 향해 발기하는
미사일에 탑재된 핵탄두처럼

 그대 발사 기지의 위치나
 미사일의 수를 모르나
 알면서 모르는 척?
 모르면서 아는 척?
 페트리어트 미사일
  스커드 미사일
  피할 수 없어
  일시적인 육체
  일회적인 육체
  그대 언젠가는
  수포가 돋아나
   죽게 되리
   콘크리트에
   그대 영혼
   섞게 되리
   눈부신 빛
    속에서
   시들고 말
    그대 육체

 대뇌 깊숙이로
 뜨거운 광선이
 들어가고 있어
  하늘에는
  버섯구름
  그리하여
   落塵

  — 이승하, 「미역감는 남자들— 에르바르트 뭉크의 그림 3」

보편적으로 누드화하면 여성의 그림이 떠오른다. 이는 선입견이기에 앞서 작품 수와 인식의 문제이다. 그런데 뭉크가 한 낯설음을 제안했다. 남성 누드, 목욕하는 남성들을 통해 남성 누드화를 제작했다. 여기 이승하 또한 남성의 상징물을 통해 한 낯섦을 제안했다. 시의 모양을 남성의 성기처럼 혹은 남경우의 지적과 같이 미사일처럼, 구체시 혹은 형태시의 모습으로 배열했다. 그런데 문제는 미사일과 성기의 끝이 "낙진"이라는 것이다. 낙진이 무엇인가. 이는 핵폭발이나 핵실험으로 대기 중에 흩어지거나 떨어지는 방사선의 물질로, 이른바 죽음의 재이다. 결국, 남성으로 상징되는 성기는 광물성의 미사일로 연결되어 죽음으로 이끄는 폭력을 보여주는 것이다. 역시 뭉크의 시대, 이승하의 시대는 남성, 전쟁, 폭력으로 이어지는 절망의 시대였던 것 같다. 만약 뭉크가 미역감는 여자, 혹은 여신들을 그렸다면 어떻게 표현했을까. 그 또한 〈사춘기〉의 소녀였을까!

6) 멜랑콜리, 키스, 흡혈귀, 사랑의 흔적들이여 – 한영옥

뭉크에게 삶과 죽음 그리고 사랑에 대한 주제는 각별했던 것 같다. 그래서 그는 '생의 프리즈' 연작을 이어갔을 것이다. 생, 삶에 죽음과 같은 중량으로 깃들어 있는 것이 사랑이다. 죽음에 이르게까지 할 수 있는 것, 죽음까지도 초월할 수 있는 것이 사랑이지 않겠는가. 그 생의 연작이 바로 〈여름밤〉 혹은 〈목소리〉, 〈키스〉, 〈흡혈귀〉, 〈마돈나〉, 〈멜랑콜리〉 혹은 〈질투〉, 〈절망〉이다.

생의 프리즈 연작 중, 〈멜랑콜리〉를 바라보자.

뭉크, 〈멜랑콜리〉, 1891, 캔버스에 유채, 72x98cm

　Melancholy, 우리에겐 울병鬱病으로 익숙한 우울함이다. 여기에는 불안, 염세적, 절망, 자살 등의 용어들이 연이어 연상된다. 뭉크에게도 다를 바가 없다. 뭉크에게는 절친한 친구 두 명이 있었다. 한 친구는 스웨덴 극작가 '스트린드베리', 다른 한 친구는 폴란드 작가 '프시비지예프스키'이다. 그런데 문제는 이 세 친구가 동일한 여자를 사랑했다는 것이다. 음악공부를 하기 위해 베를린에 온 '다그니 유을'을 뭉크와 그의 친구들이 사랑했다. 사랑과 우정 사이를 넘나들고 있을 때, 다그니 유을이 프시비지예프시키를 선택하고 말았다. 그래서 뭉크는 우울증에 시달릴 수밖에 없었던 것이다. 앞서 언급했지만 뭉크가 사랑한 여인들은 병, 죽음, 불륜 등의 이름으로 결국 뭉크를 떠나고 말았다. 이보다 더 큰 비극이 있을까. 뭉크에겐 더 큰 비극이 있었다. 자신이 사랑한 여인에게 그리고 친구에게 질투와 원성의 소리를 채 다하기 전에, 더 큰 비극이 오고야 말았다. 사랑하는 다그니 유을이 친구 프시비지예프시키와 결혼하였다. 그런데 얼마 지나지 않아 뭉크의 연인 다그니 유을이 죽고 말았다. 한 러시아 청년의 총에 의해서……. 진정 뭉크의 사랑은 죽음과 한 치도 떨어져 있지 않음을 기억하게 된다. 이젠 뭉크의 사랑을 받는다는 것 자체가 두려울 지경이다.

이 같은 뭉크에게 겁 없는 소통을 시도한 한 시인이 있다. 한 여자가 있다.

> 내 마음 돌덩이 듬성듬성 내가 박은 바다 한 끝이
> 그 날은 불현듯 깊어지고 불현듯 너는 뛰어 내렸다
> 멍멍하기만 하고 나는 너를 잡을 수 없었다
> 내 심장을 훑으며 뛰어나간 네 발자국마다
> 핏물이 고여 넘쳐 바다로 질질 흐르고
> 네가 끌고 들어간 하늘 자락이 벌겋게 젖는다
> 젖어가던 그 한 자락이 재빨리 내 몸을 덮쳤다
> 스르륵 내 몸은 삭아내리고 거기서 뭣이 피었다
> 멜랑콜리 꽃, 생애生涯 안쪽에선 가장 수려한 꽃
>
> — 한영옥, 「뭉크로부터 2-멜랑콜리」

한영옥, 올해 쉰아홉의 여성이다. 무엇보다 그녀가 '천상병시상'을 받았다는 점을 기억하고 싶다. 천상병이 누구인가. 「귀천」으로 알려진 시인이자 동백림 사건에 연루되어 갖은 고문 속에 목숨만 건진 시인, 거리에서 쓰러져 서울시립정신병원에 입원 중 행방불명으로 알려져 유고시집 『새』(조광출판사)가 발간되는 웃지 못할 일화를 남긴 시인이다. 정처 없이 떠돌다 그를 존경하는 문순옥(천상병 시인의 친구 문순복의 여동생)과 김동리 선생의 주례로 결혼한 시인이다. 여전히 대학로 한 쪽에 그의 '귀천'이 사모님에 의해 열리고 닫힌다. 학생들과 가끔 찾아가보면, 누구를 더 존경해야 할 지 헷갈리게 된다. 우리는 이 같은 일화를 남긴 천상병을 기억한다, 되새긴다. 그 방법 중의 하나가 '천상병시상'이다. 그런데 그 '천상병시상'을 받은 한영옥이 천상병처럼 많은 일화를 남긴 뭉크와 소통을 시도한다.

뭉크, 〈키스〉, 1897, 캔버스에 유채, 99x81cm, 노르웨이, 오슬로, 뭉크 미술관(Munch-Museet)

모든 키스는 첫키스다! 라고 한다면 고수일까? 그러나 키스마다 색깔이 없다면 그처럼 지루하고 소모적인 행위는 없을 것이다. 여기 한 키스가 있다. 사랑의 표현, 하나가 될 수 있는 시간, 남과 여의 뚜렷한 얼굴은 필요하지 않다. 왜냐하면 우린 이미 둘이 아닌 하나가 되었기 때문이다.

> 캄캄한 돌덩이가 되려고
> 몸부림친다
> 몸부림 끝나야
> 돌덩이 되는데
> 무작정 돌덩이 되겠다고
> 서로가 서로를
> 돌덩이로 앉히겠다고
> 몸부림을 시커멓게
> 몸부림을 친다
>
> ― 한영옥, 「뭉크로부터 3-키스」

그러나 문제는 키스 이후이다. 키스를 다한 후에는 균형잡힌 감각으

뭉크, 〈흡혈귀〉, 1895~1902, 목판(Combined woodcut and lithograph), 38.7x55.9cm, 노르웨이, 오슬로, 뭉크 미술관(Munch-Museet)

로 돌아서야 하는데, 한 남자가 한 여자에게 먹히고 있다는 것이다. 서로가 하나가 될 때에는 각각의 성향이 사라지고 새로운 하나를 생성해야 한다. 정반합처럼 말이다. 그런데 〈키스〉, 〈흡혈귀〉에서는 그렇지가 못하다. 여성의 기가 강하여 남성이 서서히 무너지는 것처럼 보인다. 이것이 바로 뭉크가 경험한 절망적인 사랑이다. 그렇기에 뭉크의 '생의 프리즘'의 끝이 〈절망〉 연작인가보다.

> 너는 나의 애달픔
> 이 애달픔, 짓이겨버리려면
> 나 너를 먹을 수밖에 없다
> 내 치렁치렁한 머리칼 올올이 너의 피 부르는
> 장미나무 관 속보다 두렵고 황홀한 이 밤
> 보이는 것은 오직 너 하나뿐
> 이제 서서히 너를 파내려가겠다
> 저 관 속에 눕던 그날의 절망과 희망,
> 또 뒤범벅으로 끓는구나
> 이것아 나의 모진 애달픔아
> 사실은 나 네게 먹히는 것이다, 이것아.
> ― 한영옥, 「뭉크로부터 1―뱀파이어」

이 모진 사랑의 연장선에 한영옥이 서고 있다. 한영옥 시인은 뭉크의 여자 역을 맡고 있다. 물론 뭉크의 그림 속 여자가 아닌 또 다른 여자다. 아마도 뭉크가 그린 여자는 한 여인일 터인데, 한영옥은 그 여인을 다중인격자로 만들어내고 있는 것이다. 그래서 뭉크를 먹고 있는 그 여인을 통해 한영옥 자신이 뭉크에게 먹히고 있음을 역설적으로 드러내고 있다. 그렇게 뭉크가 좋은가!

7) 뭉크와 함께 시인의 첫발을 딛다 - 조현석, 박정식

뭉크는 자신의 스튜디오에서 두 장의 사진을 남겼다. 그 중 한 장은 자신이 죽기 한 해 전의 것이다. 80세 가까이 죽음에 시달리다 기어이 죽음을 맞이한 뭉크, 누군가에겐 80이 간절한 세월일 수도 있지만 뭉크에겐 어쩌면 너무도 가혹한 생이었는지도 모른다.

아틀리에, 참으로 멋스런 발음이다. '한국대표시감상'이라는 강좌를 처음 맡았을 때, 난 학생들에게 우리의 강의실을 '302아틀리에'라고 부르자고 했다. 아틀리에의 사전적 의미를 굳이 따져가면서 억지를 부렸다. 이젠 더 이상 그렇게 하지 않아도 될 듯하다. 이젠 그들의 아틀리에를 내 글 속으로 옮겨왔으니 말이다.

뭉크와 함께 자신의 방을 가진 시인들이 있다. 자, 지금부터 뭉크로 떠난 첫 작품들을 만나보자. 이승하 시인이 「화가畵家 뭉크와 함께」(《중앙일보》, 1984년)로 시인의 첫 발을 디뎠다. 이승하의 뭉크는 앞서 다루었으니, 이젠 이승하의 후배들을 만나보자.

조현석이 뭉크와의 소통을 통해 시인이라 칭함을 받았다.

뭉크, 〈담배를 든 자화상〉, 1895, 캔버스에 유채, 110.5×85.5cm, 노르웨이, 오슬로, 뭉크 미술관(Munch-Museet)

뭉크, 〈기둥시계와 침대 사이의 자화상〉, 1940, 캔버스에 유채, 149.5×120.5cm, 노르웨이, 오슬로, 뭉크 미술관(Munch-Museet)

1
　한밤의 심한 갈증, 깨어나, 얼어붙은 빗장을 연다. 꿈꾸는 철길, 달빛 내리고, 이상하다 숨죽인 나는, 오랜 갈등을 느끼며, 소양교 난간 나트륨 등빛의 겨울을 뒤집어쓴 화가, 만난다 바람이 지난 후

　저절로 닫히는 덧문, 내 혀가 끼인다

2
　달빛 없는 밤
　서럽게 운다, 절반의 어둠이 가리운 문 틈에 기인 붉은 혀와 초저녁부터 바람에 술렁이던 마을을, 문 밖 세상으로 돌아간 화가의 뒷모습을 생각하면
　애당초 말을 하고 싶었다
　짧은 혀 끝으로 더듬거리는
　말을 하고 싶었다
　겨울은 언제 시작하였는지, 눈을 감자
　잠의 바닥에 깔린 들판을 가로질러

밤새워 폭설이 덮이고, 이미 낮은 세상은 더 낮아지고, 길눈의 거리에
서 오도가도 못하며 몇 겹의 죄를 이고 지금 나는 섰는가

3
입을 굳게 다물어도 나의 고백은 쏟아지고
얼어간다, 놀라운 폭설이 그친
하늘은 고요하다, 붐비던 개찰구를 빠져나간
나의 꿈은 검은 비듬처럼 잎 지는
텅 빈 驛舍에서 겨울로 지고 있다

4
불투명한 유리가 깔린 땅 속으로 녹아내리는
내 속울음이
뿌리내리는 겨울숲 사이
얼지 않은 물소리가 조심스레
한 옥타브 낮게 늦은 오후를 가득 메우고
짓눌린 오후를 떠다니는 아, 그, 그
화가의 떠나지 않는 겨울
숲, 낮게 내려온 하늘을 깡마른 손으로 더듬는
겨울숲, 찾아드는 밤새떼, 종일 알 수 없는
말만 하는 나무, 또 눈이 내리고

숲에서 잃어버린 말이여
나의 근시안에 각질의 어둠이 배고
순간, 온 마을이 일제히 켜드는 불빛
살아 있을 누군가의 지상에 덮인
눈이 부시다 눈이 부시다
　　　　　　— 조현석, 「에드바르트 뭉크의 꿈꾸는 겨울 스케치」

조현석은 「에드바르트 뭉크의 꿈꾸는 겨울 스케치」가 1988년 《경향
신문》에 당선되던 그날, 시인으로서 한 발을 내디뎠다. 조현석 시인이

뭉크를 만나지 못했다면 시인이 될 수 있었을까. 물론 다른 무엇으로 시인이 될 수도 있었을 것이다. 그러면 무엇하랴. 오늘날의 조현석은 뭉크와 대면한 시인이고, 뭉크로 인하여 시인이 되었는데 말이다. 조현석은 세 권의 시집을 갖고 있다. 첫 시집은 『에드바르트 뭉크의 꿈꾸는 겨울 스케치』(청하, 1992), 두 번째 시집은 『불법, …체류자』(문학세계사, 1995), 세 번째 시집은 『울다, 염소』(한국문연, 2009)이다. 이러한 시인 조현석이 만난 뭉크, 궁금하다. 조현석이 만난 뭉크는 어떠한 뭉크일까…….

조현석의 시제는 참으로 따뜻하게 느껴진다. 그런데 그 속에 등장하는 뭉크는 오슬로 해변에서 소양교 난간으로 이동한 뭉크이자 저녁노을의 공포에서 나트륨 등빛의 써늘함으로 이동한 뭉크이다. 결국 조현석이 만난 뭉크는 〈절규〉 속의 뭉크였던 것이다. 그러기에 조현석 자신은 혀가 끼이고 더듬거리는 말일지언정 할 수밖에 없었던 것이다. 19세기말의 절규를 21세기의 절규로 이어내려 한 조현석의 면모가 보인다. 조현석의 최근 작품 하나를 더 소개하고 싶다.

   비어 있던 속, 기름기 없던 뱃속으로
   푹 삶아진 염소가 갈기갈기 찢겨져 들어왔다
   술 몇 잔과 더불어 신선한 공기도 몇 됫박
   소독되지 않은 단양 하선암 생수도 몇 컵
   해체된 염소 몸이 남긴 갖은 부속물을
   소주 반 잔과 함께 목구멍으로 넘기어
   배 속 깊은 곳에 가두었다
   밤새 되새김질하는 염소가 운다
   울음이 깊을 때마다 몸이 요동쳤다
   속 편해지려고 되지도 않은 되새김질을
   나도 여러 번, 하고 또 했지만
   날카로운 뿔에 받혀 상처가 난 듯 꾸르르륵…

더부룩했다, 밤새 염소가 풀밭이 아닌
융단 같은 위 속에서 이리저리 뛰어놀았다
낮에 몸 부딪는 축구를 해서인지
왼쪽 어깨가 아파 오른쪽으로 돌아눕고
등이 배겨 배를 깔고 돌아누웠던, 아침이
다가오는 몇 시간 동안 쉬지 않고 그 놈이 울었다
비가 부슬부슬 내리는 먼동 무렵에
잠 깨어 물안개 피어오른 계곡을 거닐 때
예전에 잠시 그곳에서 뛰놀던 염소가
세차게 방파제를 때리던 태풍 속 파도처럼 요동쳤다
빠르게 달려간 구식 화장실에 엉덩이를 까고 앉아
시끄럽게 괴롭히던 염소를 끄집어냈다
쫘르르 쏴아아아아아… 자신이 놀던 곳으로 염소는
회오리 물살에 묻혀 돌아가려던 것이다
찬바람 불고 찬비 내리는 단양 하선암 계곡
물가에 자리 잡고 앉아 몇몇이 두런거렸던 그날

— 조현석, 「울다, 염소」

이 작품은 2009년에 출판한 『울다, 염소』에 실린 작품이다. 두 번째 시집이후 15년 만의 시인의 흔적에서도 뭉크의 울음이 느껴진다.

여기 또 한 시인이 뭉크와 함께 했다. 바로 고 박정식 시인이다.

1

그동안 내가 머물렀던 집은 헐리고 내 이름도 잊어버렸다 나는 화산을 지나 빙하에 이르렀다 나를 지켜준 체온계는 빈혈을 앓고 심장에서 외출 나간 핏줄은 돌아오지 않았다 멈춰진 시계가 발걸음을 붙잡고 나침반은 약속을 저버렸다 소실된 바다 위로 하얀 얼굴만이 증표로 떠 있었다 나는 빙산의 모서리에 귀를 대고 내 주소를 물었다 가늠할 수 없이 커버린 내 몸의 틈새로 어둠이 스며들어 나는 나를 지웠다 내가 어둠에 검게 타 버려 어떤 빛도 나를 찾을 수 없었다 나는 나로부터 한없이 멀어져갔다

2

　육교를 내려오자 세상의 날카로운 기울기는 비틀거리는 무릎을 잘랐다 보이지 않은 사슬에 이끌려 밖으로만 치달았던 그들에게 저 육교는 한 발자국도 오르지 못한 구름다리였거나 까마득한 날 거대한 공룡으로 새겨졌다 핏빛나무 아래 작은 사람들은 제 키보다 큰 손으로 실족한 햇살을 받아내고 있었다 하늘과 가슴 사이 등불 하나로 엮은 길은 어둠이 차단되고 있었다 나는 작아진 몸에 긴 그림자를 떠메고 걸었다 문득 내 몸이 녹아내리고 닫힌 말문이 열린 이유를 묻지 않기로 했다 무너질 듯 지워지지 않은 얼굴들이 제 길을 그리고 있었다 등 뒤로 부석거리는 뼈를 적시는 빛의 소리가 들렸다

― 박정식, 「에드바르드 뭉크의 여행」

　박정식은 뭉크와 긴 여행을 시작했다. 2001년 3월 「에드바르드 뭉크의 여행」으로 《시안》 신인상을 받으면서 시인이라는 임무를 부여받았다. 그는 비록 2005년 2월 병마로 인해 이 세상을 떠났을지언정, 유고시집 『마이너스 통장』(황금필)의 독자를 통해 시인으로서의 긴 여행 중이다. 그를 추모하는 뜻에서 유고시집 『마이너스 통장』에서 한 편을 소개한다.

　　사흘씩 비가 내리고
　　무게를 이기지 못한 물방울이
　　풀잎 위에서 중심을 잃어버렸다
　　장마는 다리의 목에 걸려 있었다
　　하늘까지 다다른 흙탕물이
　　허공에 빗장을 채우려
　　안간힘을 다하고 있었다
　　마지막 남은 길은 호흡이 거칠어지고
　　살가운 바람도 고개를 돌렸다
　　강둑의 허리에 정박하려는 부유물들이

억지를 부리고 있었다
강은 비가 오는 동안
아무에게도 관심을 두지 않았다
닥치는 대로 쓸어버리는 강물과
그것을 가로막으려는 풀잎
이대로는 한 방울 눈물이 될 수 없어
부레도 없는 풀잎은
붉은 강물에 제 몸을 섞었다
죽음보다 가파른 강을
풀잎은,
푸덕이며 건너가고 있었다

— 박정식, 「풀잎은 불안하다」

    그의 시 「에드바르드 뭉크의 여행」, 「풀잎은 불안하다」에서는 죽음이 넘치고 있다. 뭉크의 그림에서 죽음의 그림자가 넘치듯 그의 시에도 죽음이 넘치고 있다. 다만 그의 죽음은 뭉크식의 두려움에 절인 절규가 아닌 절망적인 상황 속에서도 뭔가 찾아내려는 의지가 엿보인다는 것이다. 지금 박정식은 뭉크와 함께 기나긴 여행 중이다. 서로 담소의 장이 마련될 수 있을지 모르겠다.

3. 렘브란트 하르먼스 판 레인(Rembrandt Harmenszoon van Rijn), 너에게 다가갈 때가 있었다

렘브란트, 〈양손을 엉덩이에 댄 한 남자의 반신 초상화〉, 1658, 캔버스에 유채, 107.4x87cm

렘브란트(1606.7.15~1669.10.4), 그는 어떤 화가인가? 빛의 화가! 바로크 시대의 네달란드 화가! 382억 원의 화가! 등 일반적으로 널리 알려진 수식어이다. 그런데 382억 원의 화가란 무엇인가. 최근 보도된 바(2009.12.9. YTN)에 의하면 그의 그림 한 점이 2천 20만 파운드에 낙찰되었다고 한다. 우리나라 돈으로는 약 382억 원이라 한다. 대단한 금액이다. 무엇이 그토록 그의 그림을 값지게 하였던 것일까?

경매에 나온 옛 거장의 작품들 가운데 〈양손을 엉덩이에 댄 한 남자의 반신 초상화〉는 네 번째로 높은 가격으로 책정되었다고 한다. 그리고 렘브란트의 작품 중에서는 2000년도에 1,980만 파운드, 우리 돈으로 370여억 원에 낙찰된 〈60대 여성의 초상화〉보다 월등한 금액으로 매매되었다. 한 예술가의 혼이 담긴 작품을 화폐가치로 환산한다는 것이 참으로 비극적이기는 하지만, 자본주의 사회이기에 어쩔 수 없는 상황이다.

렘브란트, 〈노파〉, 1629, 캔버스에 유화, 60×45.5cm, 윈저성 왕실 컬렉션(Windsor Castle Royal Family Collection)

렘브란트는 1606년 7월 15일에 암스테르담 부근에서 방앗간 주인의 아홉 번째 아들로 태어났다. 아홉 번째라…… 참으로 대단한 순서이다. 얼마 전 TV를 통해 13남매를 본 적이 있다. 너무도 놀랍고, 동물성이 짙게 느껴져 고개를 절래절래 흔들었다. 그런데 이보다 더 놀랄 일이 생겼다. 13명의 자녀를 둔 그분들이 내가 다니는 교회의 형제, 자매님이시란다. 어찌 그런 일이 생겼냐고 물었더니, 하나님께서 주신 생명을 어찌 없앨 수가 있느냐고 하셨다. 그 말씀도 맞다. 그러나 나로서는 감당하기 어려운 말씀이었다. 나는 지금 외아들을 키우면서 한 명만 더 있었으면 하는 바람은 갖고 있지만 열세 명은 상상도 해본 적이 없다. 그렇다면 누군가 나에게 물을 것이다. '당신은 몇 남매 중 몇 째냐'고 말이다. 그것이 말이다, 나는 2남 4녀 중 막내딸이다. 그러나 이 시대는 렘브란트가 살았던 17세기는 아닐지언정, 자녀를 많이 낳던 시대였다라고 돌려 말하고 싶다. 왜냐면 난 우리 가족을 너무도 사랑하니까. 사실 9남매, 13남매 은근히 부럽기까지 하다.

하여간 렘브란트는 아홉 번째 아들로서 어린 시절부터 학교공부보다는 그림 그리는 일에 더욱 관심을 가졌다. 그래서 그의 부모는 3년 동안 야콥 판 스바넨뷔르흐(Jacob van Swanenburgh) 아래에서 그림을 배우게끔 해주었다. 참으로 선견지명이 있는 부모님인 듯하다.

우리 집에도 그림에 소질이 있는 남매가 있었다. 큰 오빠는 그림, 도면, 설계에 소질이 있어서 건축학을 전공했다. 둘째 언니는 그림에 소질이 있어서 목포에서 가장 유명한 목포여자고등학교 미술반 장학생으로 뽑혀갔으며, 전국 미술대회에서 각종 상을 타오기도 했다. 그러나 둘째 언니는 끝내 대학교 원서도 써보지 못했다. 그 당시 우리나라에서 여자가 대학을 간다는 것은 특혜를 받은 자들이거나 독립적인 여자들이었다. 언니는 일주일 동안 단식을 했지만, 엄마의 결론은 요지부동이었다. 큰 딸이 대학을 가지 않았는데 작은 딸이 대학에 가면, 큰 딸이 기죽는다는 것이다. 얼마나 당황스러운 이야기인가. 지금은 상상하기 힘든 상황이다. 엄마는 후에 이 일을 두고두고 후회하셨다. 그 이후 엄마는 '공부하고 싶으면 마음껏 해라' 하셔서 나는 박사과정까지 수월하게 다녔다. 이제와 고백한다.

"언니, 미안해요. 엄마 늦게라도 돌이켜 주셔서 고마워요."

렘브란트는 1625년, 그의 나이 19살에 개인화실을 열었다. 오늘날 우리나라 실정으로 보면 미대에 입학할 나이이다. 그러나 렘브란트는 개인화실을 가진 화가였다. 그럼에도 불구하고 그의 삶은 그리 화려하게 진행되지 못했다. 무엇보다도 초상화가로서 그리 좋은 평을 받지 못했다. 둘째로 세 아이와 사랑하는 아내가 그보다 먼저 저세상으로 가버렸다. 셋째로 나이 50에 파산선고를 하게 되어 끼니마저도 챙기기 어려운 지경에 이르렀다. 마지막으로 남은 아들마저도 먼저 저세상으로 보내게 되었다. 끝내 렘브란트가 죽었을 당시에는 그가 쓰던 붓 몇 자루만이 남아 있을 정도였다. 아내와 자녀들을 먼저 보내고 뒤따라가는 가장의 마음을 그 무엇으로 측량할 수 있겠는가.

그럼에도 불구하고 렘브란트는 작품에 대한 열의가 대단하였다. 우리가 알고 있는 많은 종교화, 유화, 수채화, 동판화, 데생 등 무려 2천여 점이나 된다. 양으로도 대단하지만, 그의 대단함은 바로 시대를 앞서 이끌어나갔다는 것이다. 당시 활발히 활동하던 루벤스를 비롯한 동시대 화가들은 신화적, 종교적 주제로만 그림을 그렸다. 그리고 그들의 초상화는 당연 귀족들의 것이었다. 그런데 렘브란트에 의해 새로운 물결이 일기 시작했다. 그것은 초상화인데, 초상화의 모델이 시민, 부르주아지라는 것이다. 사회적으로, 역사적으로 귀족과 천민 사이에 새로운 인간형이 등장했던 것이다. 그것이 바로 시민, 부르주아지였다. 그런데 이 변화의 시기에, 변화하는 인물형을 그림으로 담아낸 자가 바로 렘브란트이다.

뿐만 아니라 〈니콜라스 튈프 박사의 해부학 강의〉를 볼 것 같으면

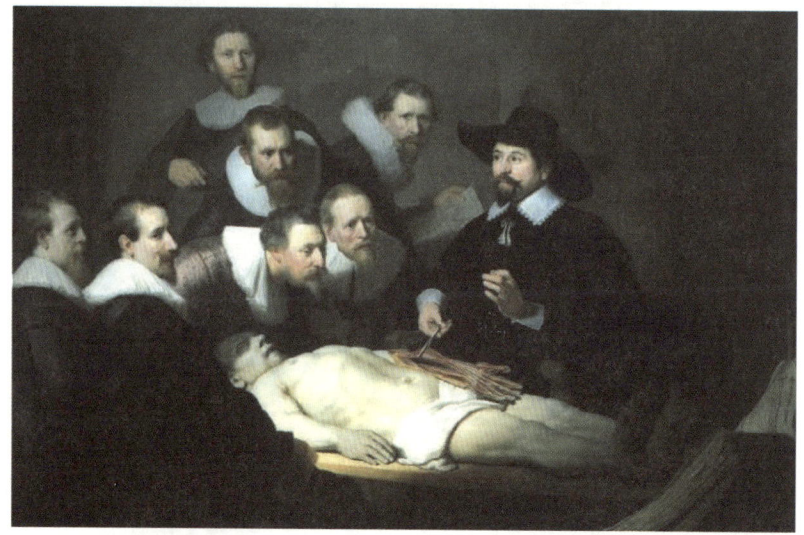

렘브란트, 〈니콜라스 튈프 박사의 해부학 강의〉, 1632, 캔버스에 유채, 162.5×216.5cm, 헤이그, 마우리츠하위스 왕립미술관(Royal Picture Gallery Mauritshuis)

그림 속에 해부하는 장면이 연출되기도 한다. 레오나르도 다빈치 시대에는 해부실습이 금지되었다고 한다. 그런데 렘브란트에게는 해부학 강의를 그려달라는 섭외가 들어올 뿐만 아니라 렘브란트는 그 강의를 직접 수강하고 작업에 임했다. 그의 나이 20대에 말이다.

오늘날 20대에 하는 일은 무엇일까. 대부분 선거를 할 수 있다고 좋아라 할 것이다. 내가 뽑은 대통령, 혹은 내가 뽑은 국회의원이라고 하면서 좋아한다. 또 20대 대학생이라면 미팅, 과팅, 소개팅, 각종 팅팅팅으로 즐기거나 학점관리, 취업준비 등으로 마음이 분주할 것이다. 그런데 렘브란트는 섭외 들어온 그림을 완성하기 위해 직접 강의를 수강하고 작업에 임하는 전문성까지 보여주고 있다. 천재는 노력도 천재답게 하는가 보다.

렘브란트를 잊지 못하게 하는 것은 바로 1642년에 그린 〈야경〉일 것이다. 단 한 번도 외국으로 반출된 적이 없다는 〈야경〉, 오직 네델란드

렘브란트, 〈야경〉, 1642, 캔버스에 유채, 363×438cm,
암스테르담, 국립미술관(Rijksmuseum Amsterdam)

암스테르담 국립미술관에서만 관람할 수 있다는 〈야경〉, 그만큼 이 작품은 네델란드의 자랑거리이자 그들의 역사를 담은 대작이다.

〈야경〉이라는 제목에 얽힌 뒷 이야기는 재미있다. 원래 '야경'을 그린 것이 아니라 '대낮'의 상황을 그린 것이란다. 그런데 보관상태가 좋지 않아 시커멓게 되어 '야경'이라는 제목이 붙여졌다고 한다. 이같이 웃지 못할 속내가 있는 〈야경〉의 제작 동기는 여왕방문 기념이다. 1637년 프랑스 여왕 마리 드 메디시스(Marie de Médicis)가 암스테르담을 방문하자 시민경비대가 동원되었다. 당시 군인들은 성대한 환영행사를 무사히 잘 수행한 것을 스스로 기념하기 위해 렘브란트에게 의뢰한 것이다. 가운데 있는 검은 제복을 입은 군인은 이 그림을 의뢰한 반닝 코크 대위이며, 노란 제복을 입은 군인은 부관 반 로이텐부르크이다. 이처럼 그림 속의 인물을 밝힐 수 있으니 네델란드에서는 더욱더 귀히 여기지 않을 수 없을 것 같다.

또한 렘브란트는 자화상을 많이 그린 화가로도 유명하다. 그의 63년의 생애 동안 약 100여 점의 자화상을 그렸다. 이처럼 많은 자화상을 그린 화가가 또 있을까 싶다. 모딜리아니는 죽기 전에 단 한 편의 자화상을 남겼는데 말이다. 모딜리아니는 36년의 생애동안 단 한 작품, 렘브란트는 63년의 생애 동안 100여 편의 작품

렘브란트, 〈자화상〉, 1628, 목판에 유채, 23.5×17cm, 암스테르담, 국립미술관(Rijksmuseum Amsterdam)

을 남겼다.

1628년의 〈자화상〉, 가장 젊었을 때의 초상화이다. 최초의 초상화로 알려져 있는 작품이기도 하다. 이 자화상 속에는 아직 어린 소년의 모습이 보이기도 한다. 그려진 연도가 정확히 제시되지는 않았지만, 학자들은 1628년경으로 추정하고 있다. 그렇다면 그의 나이 22세 때의 모습이다. 20대 초, 가장 아름다운 육체를 지닐 때일 것이다.

렘브란트, 〈자화상〉, 1629, 캔버스에 유채, 37.9×28.9cm, 헤이그, 마우리츠하이스 왕립미술관(Royal Picture Gallery Mauritshuis)

1629년의 〈자화상〉은 23살 렘브란트의 모습이다. 확실한 이미지를 보여주는 것으로 보아 자신감으로 가득 차 있었던 것 같다.

1669년 〈자화상〉은 렘브란트가 죽어가던 해에 그린 것이다. 그리고 결국 죽었다. 죽기 전에 그린 작품이라고 하니 참으로 마음이 짠하다. 자화상을 그리지 않던 모딜리아니도 죽기 전에 자신의 모습을 그렸다. 렘브란트는 자신의 자화상이 그토록 많은데, 꼭 죽기 전의 모습까지도 그려야만 했을까. 이처럼 자화상에 주목한 렘브란트, 그에게

렘브란트, 〈자화상〉, 1669, 캔버스에 유채, 86×70.5cm, 런던, 국립미술관(National Gallery)

있어서 자화상의 의미는 과연 무엇일까. 자화상을 그린다는 것은 자기 자신을 바라보겠다는 것일 텐데, 무엇을 그토록 바라보고 싶었을까.

렘브란트의 자화상이 유독 감상자들에게 돋보이는 이유는 무엇일까. 작품 수 때문일까. 아마도 이런 이유일 것이다. 자신이 성공했을 때, 소위 사회에서 인정받고 잘 나갈 때가 아니라 파산선고가 나거나 늙어 버거운 현실에 처해 있을 때 자화상을 그렸기 때문이다.

렘브란트에게 있어서 자화상의 의미는 이처럼 컸다. 그래서였을까. 런던 국립미술관에서 렘브란트의 자화상만을 모아 전시회를 열었다. 미국, 유럽 전역에서 렘브란트의 자화상을 빌려왔다고 한다. 그래서 60점 이상을 한 자리에서 전시했단다. 참으로 대단한 작업이다. 런던 국립미술관 주체측이 렘브란트의 자화상을 정말로 좋아했나보다.

1) 렘브란트의 〈도살된 소〉를 기억하다 - 최승호

최승호, 그는 강원도 춘천에서 태어나 춘천교육대를 졸업하고, 강원도 벽지에서 초등학교 교사, 전업시인, 대학교수에 이르기까지 시와 교육계에 몸담은 시인이다. 그는 시집도 많고 상도 많이 수상한 시인이다. 그의 시집은 『대설주의보』, 『고슴도치의 마을』, 『진흙소를 타고』, 『세속도시의 즐거움』 등등이 있다. 또한 그가 받은 상은 오늘의 작가상, 김수영문학상, 이산문학상, 대산문학상, 현대문학상, 미당문학상 등이 있다. 여러 시집과 여러 상 중에 최승호가 가장 아끼는 시집과 가장 자랑스러운 상은 무엇일까. 또 독자들이 기억하고 싶은 최승호의 작품과 상은 무엇일까.

사람마다 기억하고 싶은 최승호의 시는 제각기 다를 것이다. 마찬가지로 기억하고 싶은 렘브란트의 그림도 제각기 다를 것이다. 최승호는 렘브란트의 많은 작품 중에서 〈도살된 소〉를 기억하고자 하였다.

렘브란트의 〈도살된 소〉! 참으로 참혹한 형상이다. 도대체 무엇을 드러내려고 한 것인지 알 수 없는 이 작품, 렘브란트 자신도 설명을 붙이지 않았다. 그럼에도 불구하고 파리 루브르 박물관에 전시되어 있는 이 작품은 여러 화가들에 의해 모사되기도 하였다. 들라크로아, 도미에, 수틴, 베이컨 등이 그들이다. 특히 프란시스 베이컨은 이 작품에 감동을 받아 진짜 소를 잡아서 걸어놓고 연습을 했다고 한다. 그렇게 갖은 노력으로 만들어낸 작품이 바로 〈십자가형〉인데, 이 작품은 프란시스 베이컨을 화가의 반열 위에 세워준 작품이기도 하다.

이같이 많은 화가들이 모사한 작품, 〈도살된 소〉가 오늘날 우리나라 최승호에 의해 새롭게 태어났다. 이렇게 말이다.

렘브란트, 〈도살된 소〉, 1655, 목판 위의 유채, 94x69cm, 파리 루브르 미술관(Le musée du Louvre)

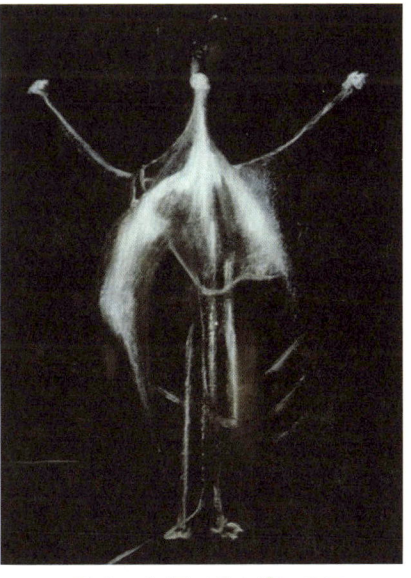

프란시스 베이컨, 〈십자가형〉, 1967, 캔버스에 유채, 198×147.5cm

고깃덩어리가 피를 흘린다
칼로 친 핏물들의 구멍을 다 털어놓고 도마 위에 남은 피를 내붓는다
수술대 위에서 제왕절개 수술로 꺼낸 붉은 핏덩이
화사한 봄날 각혈하고 죽은 시인
누구나 피를 흘리면서 살아가는 것이다.
칼이 심장을 베지 않아도 조용히 마취의 피를 쏟으면서 살아가는 것이다.
붉은 고깃덩어리여
그렇게 그렇게 죽어가는 것이다
발이 묶인 채 꽥꽥거리다 조용해지는 도살용 돼지들과
시퍼런 낙인이 찍힌 채 도살장에서 굴러나오는 살덩어리들
나는 기름 걸레 같은 창자를 입에 물고 서로 찢느라 퍼덕거리는 까마귀들의 싸움을
인간의 마을에서 본다.
그렇게 그렇게 서로 물고 찢으며 죽어가는 것이다.
붉은 고깃덩어리여
피가 뚝뚝 떨어지는 황소의 두개골을
늙은 백정이 강물에 헹구듯이 나의 피가 어쩔 수 없는 흐름을 따라 흘러가는 것을
그러나 지금은 핏줄들이 칼을 떨고 있는 밤이다
고깃덩어리가 피를 쏟는다
칼로 친 핏줄들이 구멍을 다 열어놓고
남은 피를 내뿜는다 칼금이 무수한
도마 위에서

— 최승호, 「붉은 고깃덩어리」

최승호의 작품은 참으로 강렬하다. 렘브란트의 작품만큼이나 강렬하다. 화가는 부연설명이 필요 없으니 참으로 속편하겠다. 물론 시인도 자신의 작품에 대한 부연설명이 필요 없다. 다만 미끄러지는 언어로 자신의 생각을 정립해나간다는 것이 얼마나 어려운 일인가를 생각해볼 때, 그의 노고에 고개를 숙이고 싶다.

최승호는 인간 마을에 심한 회의를 느끼고 있다. 그래서 인간 마을이란 서로 물고 찢고 죽이는 세상이라는 것이다. 그 속에서 도살되는 돼지, 돼지로 대유되어 죽어가는 생명들이 있을 뿐이다. 참으로 참혹한 세상을 바라보는 최승호다.

최승호의 시 「붉은 고깃덩어리」는 렘브란트가 아내, 아이들, 그리고 자신이 죽어가는 마지막 순간에 붓 한 자루를 쥐고 미처 다 그리지 못한 성화를 보는 듯하다.

렘브란트, 〈돌아온 탕자〉, 1662~1668, 캔버스에 유채, 264.2x205.1cm, 러시아 상트페테르부르크, 에르미타주 미술관(Hermitage museum)

4. 마르크 샤갈(Marc Chagall), 너와 함께 그리워하고 싶다

샤갈(1887.7.7~1985.3.28), 내겐 참으로 의미 깊은 화가다. 그 첫 사건은 이렇게 시작된다. 누구나 졸업의 경험을 갖고 있다. 유치원, 초등학교, 중학교, 고등학교, 그리고 대학교, 대학원, 노인대학 등등의 곳에서 졸업을 한다. 유치원, 초등학교, 중학교, 고등학교는 졸업자들의 의사보다 부모님의 의사가 더 강한 시기이기에 그리 개성적일 수 없다. 그러나 대학교 졸업 이상은 자신의 의사가 중요하고, 개성을 드러낼 기회이기도 하다. 그렇지만 여전히 공통적인 것은 아름답게, 멋지게 보여야 한다는 명제이다. 그래서 대부분의 대학생은 결혼식 예복과 같은 정장을 준비하게 된다. 남학생들은 검정색 정장이 일반적이고, 여학생들은 흰색과 검정색의 조화를 꿈꾸거나 흰색 투피스, 검정색 투피스를 선호한다. 자신의 체형에 따라서 말이다.

이 같은 졸업식 전에는 꼭 졸업사진을 찍는다. 그래서 대학교 4학년 봄학기부터 대부분의 학생이 분주해진다. 엄마랑 함께 졸업사진용 정장을 사러 다니고, 미용실에 가서 머리도 하고, 화장품도 새로 구입하면서 멋진 화장법을 배우기에 바쁘다. 향수도 한 번 뿌려야 하지 않겠는가…… 하면서 웃고 떠들어댄다. 친구들 중에는 헤어디자이너를 공동으로 불러서 당일 머리 손질을 하기도 한다. 그렇다. 그렇게 대학을 마감하는 사진, 나도 그런 졸업사진 촬영을 준비하고 있었다.

일반적으로 대부분의 학생들은 대학졸업사진 촬영에 최선을 다한다. 특히 여학생인 경우 맞선용 사진이 되기도 하고, 대학 동창들이 기억하는 일반적인 사진이 되기도 하며, 혹여 나 몰래 나를 짝사랑한 그 누구에게 남겨질 사진이기도 하기 때문이다. 그래서 나 또한 보통의 졸업생처럼 옷을 사고, 화장도 하고, 여러 준비를 했었다.

그런데 끝내 난 대학졸업사진 촬영을 하지 못했다. 아니 하지 않았다. 졸업사진 촬영보다 더 중요한 약속이 있었다. 그 중요한 약속이란…….

내겐 바꿀 수 없는 선생님 몇 분이 계신다. 그중의 한 분이신 독일어 선생님! 그분과의 선약이 있었다. 물론 시간변경을 요청하면 반드시 들어주실 분이지만 그렇게 하고 싶지 않았다. 그저 만남이 좋았고, 그래서 만나고 싶었고, 공식적으로 가장 아름답게 신경 쓸 수 있는 날이었기에 만나야만 했다. 여대생이 존경과 사랑의 애매한 선 위에 있었다고 하면 과장일까. 그분은 내게 그런 분이셨다. 평범한 여대생의 대학원 도전기에 제2외국어를 담당해주시겠노라고 먼저 말씀하시며 다가오신 분, 우리나라 최고의 대학을 나오시고 대학에서 교수로 재직하셨던 분이 과외비로 새우깡 한 봉지를 제안하셨다. 그러나 독일어 공부는 30여 분, 문학 강연은 2시간 정도를 하셨던 분이시다. 사모님과 나를 독일어 마지막 제자로 받아주신 그분과의 약속이었던 것이다.

샤갈전 팜플렛(2004년)

난 졸업사진을 촬영하러 갈 것처럼 꾸미고 약속의 장소로 나갔다. 나는 시간 약속을 중요하게 생각한다. 그래서 항상 5분 정도 일찍 나가는 습관이 있다. 그런데 웬일인가. 그날따라 30여 분 일찍 나가게 된 것이다. 너무 일찍 나가서 기다리는 것이 왠지 초라하게 느껴지기 시작했다. 이때 운명의 만남이 째깍째깍 다가오고 있었다. 그 운명의 대상은 샤갈이었다.

"색채의 마술사, 샤갈전"이란 플래카드가 펄럭이고 있었다. 서울시립미술관에서 2004년 7월 15일부터 2004년 10월 15일까지 "색채의 마술사, 샤갈전"을 기획한 것이다. 당시 내가 알고 있었던 샤갈은 유대인! 독특한 그림세계! 러시아, 프랑스 국적! 등등의 극히 피상적인 이해가 전부였다. 그래서 샤갈전에 꼭 가야겠다는 생각을 하지 못했다. 그러나 운명은 내게 그것을 허락하지 않았다. 독일어 선생님과의 약속시간보다 일찍 나간 것이 속상해 있는 터에 샤갈전을 한다는 홍보문구를 보자 마음이 솔깃했다. 그래서 누군가의 설명이나 안내도 필요하지 않았다. 다만 한 30분 정도만 시간을 보내야겠다는 생각으로 발을 옮겼다. 그저 시간을 때우기 위해 들어갔던 것이다.

그런데 이것이 웬일이란 말인가. 일반인들이 샤갈의 작품을 전반적으로 쉽게 감상할 수 있도록 연인, 상상, 파리, 서커스, 성서이야기, 호메로스의 『오디세이』, 지중해의 세계 등 7개의 테마로 나누어 전시하고 있었다. 서울시립미술관의 친절한 전시에 난 푹 빠져들었다. 급기야 난 샤갈 때문에 내가 존경하는 독일어 선생님과의 약속시간을 지키지 못하고 말았다. 샤갈이 나의 발목을 잡아 독일어 선생님과의 약속을 까맣게 잊어버렸지 뭔가. 약속시간보다 1시간이나 늦게 나와버렸다. 이를 어찌하랴. 독일어 선생님을 버리고 샤갈을 만나버린 게 아닌가. 잔뜩 꾸미고 간 것이 본의 아니게 독일어 선생님을 위해서가 아니라 샤갈을 위한 것이 되었다. 그것이 바로 인간이 어찌할 수 없는 운명이라는 것이 아니겠는가. 그렇게 샤갈을 처음 만났다.

샤갈, 그는 참으로 어려운 시기에 많은 경험을 한 자이다. 먼저 그는 유대인이자 러시아인이자 프랑스인이다. 참으로 복잡하다. 혈통으로는 유대인이요, 태어난 곳은 러시아요, 현 국적은 프랑스이기 때문이다. 그는 비록 프랑스 국적을 갖게 되었지만 여전히 러시아를 사랑했다. 아니 러시아에서의 삶을 사랑했다. 그래서 고향 러시아에서 경험한 통나무집, 어린 시절, 서커스 등의 행복한 추억을 그림으로 묶어냈던 것이다. 그리고 절실한 유대교도로서의 신앙도 중요하게 생각했기에 작품에 역력히 드러나고 있다.

두 번째로 그는 역사적 곤경을 다수 경험한 자이다. 한 사람이 두 차례의 세계대전을 경험하기가 그리 쉬운가. 그는 1차 세계대전, 2차 세계대전을 경험한 자이다. 이로 인해 사회주의 리얼리즘의 이념문제로부터 자유롭지 못해 러시아에서 프랑스로 건너가 다년간 살았다. 급기

샤갈, 프랑스 랭스 대성당 창문

샤갈, 오페라 로미오와 줄리엣 포스터, 1887~1985

샤갈, 다프니스와 클로에 삽화 1　　　샤갈, 다프니스와 클로에 삽화 2

야 2차 대전 중에는 미국으로 건너가 6년 간 머무르기도 했다. 다시 말해서 그는 역사적 질곡 속에서 러시아, 프랑스, 미국 등 다국적인 활동을 하게 되었던 것이다.

 세 번째로 그는 다양한 장르의 작품을 형상화한 예술가이다. 무대미술, 판화제작, 유화, 발레복제작, 무대 배경막, 프랑스 랭스 대성당 창문, 오페라 극장의 천장, 루이 아라공의 시집『아무 말 없이 말하는 사람들』의 삽화 등 다양한 작업에 관여를 하였다.

 우리는 예술과 상업성을 별개로 취급하길 원하는 마음이 있다. 이는 그 누구도 부인하지 못할 것이다. 그런데 샤갈은 여러 활동을 한 것에도 만족하지 못하고 유명 레스토랑의 메뉴판까지 제작하였다. 더 나아가 와인회사 에티켓까지 제작하였다. 물론 프랑스 와인인 '샤토 무통 로쉴드'의 레이블을 만든 화가는 샤갈뿐만 아니라 살바도르 달리(1958), 헨리 무어(1964), 후안 미로(1969), 피카소(1973), 칸딘스키(1974), 앤디 워홀(1975) 등 우리가 알고 있는 유명한 화가들이 이런 일에 동참했다. 그런데 우리가 놀랄 일은 그 대가들이 그 대단한 회사들의 에티켓 제작을 하고선 보수를 받지 않았다는 것이다. 이것이 우리에게 배신이 아닌 새로운 장르로의 산책이라는 명분을 제공한다.

 네 번째로 샤갈의 여인은 셋이다. 첫 여인은 애인의 친구, 벨라 로센펠트(Bella Rosenfeld)였다. 샤갈은 23세, 벨라는 10대 초. 상당한 차이에도 불구하고 그는 사랑에 빠져버렸다. 그는 자신의 자서전에서 "그녀는 마치 전부터 나를 지켜보면서 내 가장 깊은 생각들을 읽고 있었던 듯하다. 전에 만난 적이 없음에도 나는 그 사람이 내 아내라는 것을 알았다."라고 털어놓고 있다. 가난한 노동자의 아들, 부유한 보석상의 딸, 어딘가 모르게 상투적이고 힘든 관계인 것만은 틀림없는 사실이다. 그러나 그는 파리 유학길에 오르면서도 잊지 못했다. 그래서 그의 누이의 결혼식날 벨라를 다시 만나 서로의 사랑을 확인하고 결혼을 약속하였다. 샤갈의 유명한 작품 〈생일〉(1915)은 결혼하기 전에 벨라에게 선물한 작품이다.

샤갈과 벨라는 결혼식을 올렸다. 그러나 그들을 기다리고 있었던 미래는 1차 세계대전, 2차 세계대전이라는 역사의 질곡이었다. 샤갈은 그토록 사랑한 아내, 그토록 잊지 못했던 아내를 2차 세계대전 당시 미국으로 건너간 뒤 잃게 되었다. 샤갈은 인후염에 걸린 아내에게 아무런 약도 구해주지 못하고 그저 바라만 보다가 떠나보냈다. 전쟁 통에 약을 구한다는 것은 그리 쉬운 일이 아니었기에 샤갈로서는 불가항력적이었을 것이다. 아내를 떠나보내고, 슬픔에 잠겨 있던 샤갈은 다시 그림을 그리기 시작했다. 그들의 결혼식과 행복했던 순간들을 말이다.

두 번째 여인은 버지니아(Virginia Haggard)인데, 그녀는 대가와의 삶을 견디지 못하고 아들 하나를 낳고 도망치듯 떠났다.

마지막 여인은 바바(Vava)로 불리운 발레니타 보르드스키(Valentine Brodsky)이다. 샤갈이 바바를 만나게 된 것은 딸의 공이라 한다. 전 처의 딸이 아버지의 새 애인을 소개한다는 것은 우리나라의 문화로서는 익숙하지 않은 상황이다. 더군다나 그 딸은 샤갈이 가장 사랑한, 가장 먼저 사랑한 벨라의 딸이다. 그런데 그 벨라를 닮았을 딸이 소개한 여자와 결혼까지 하게 되었다. 참으로 납득하기 어려운 상황이다. 그러나 이것이 바로 예술가의 운명일지도 모르겠다. 하여간 샤갈은 딸의 소개로 만난 바바와 그리스로 신혼여행까지 다녀왔다. 그 당시에 제작한 작품이 바로 〈다프니스와 클로에 삽화〉(1953)다.

다섯 번째 샤갈은 예술가들의 일반적인 요절의 운명과 빈곤과도 싸우지 않았다는 것이다. 그는 부와 명예, 명수를 다 누리고 1985년 98세로 세상을 떠났다. 아마도 이 같은 예술가는 피카소 외 또 누가 있을까 싶다. 그는 마지막 유작으로, 죽기 전날 〈또 다른 빛을 향해〉(1985)를 남겼다.

이 같은 샤갈을 만난 우리의 문인들이 있다. 그 대표적인 시인은 김영태, 이승훈, 김춘수이다. 김영태의 『유태인이 사는 마을의 겨울』(1965), 이승훈의 『시집 샤갈』(1987), 김춘수의 『샤갈의 마을에 내리는 눈』(1993)은 그들이 샤갈을 어떻게 만났는지를 잘 보여준다.

샤갈, 〈또 다른 빛을 향해〉, 1985, 색채 석판화, 64×47.5cm

1) 나에게, 사랑하는 벨라에게 - 샤갈

샤갈은 자서전을 남길 정도로 글에도 소양이 깊었다. 그는 여러 종류의 글을 남겼는데, 시도 남겼다. 그의 시를 감상해보자.

> 홀로인 것은 나의 것.
> 내 영혼에 존재한 나라.
> 나는 나의 모국에서처럼
> 여권 없이 그 나라에 입국한다.
> 그 나라는 나의 슬픔과 고독을 바라본다.

그 나라는 나를 재워주고
향기로운 돌로 나를 덮어준다.

나의 내부에는 꽃이 만발한 꽃밭이 있다.
내 꽃들은 내가 만든 것들이다.
거리는 모두 나와 관련이 있지만,
그곳에는 집이 하나도 없다.
그곳은 나의 유년시절 이후 파괴되었고,
주민들은 살 집을 찾아
공중에서 떠돌아다닌다.
그들은 내 영혼 속에서 산다.

내가 미소를 짓는 것은
나의 태양이 빛날 때이다.
내가 눈물을 흘리는 것은
밤에 보슬비가 오는 것과 같다.
한때 나는 머리가 두 개였다.
한때 그 두 얼굴들이
사랑의 장밋빛으로 물들었고,
장미의 향기처럼 갑자기 사라졌다.

지금 나는 뒤로 물러설 때조차도
높다란 대문을 향해
앞으로 나아가는 것 같다.

그 문 뒤에는 벽이 죽 이어져 있는데
그곳에는 소리를 죽인 천둥과 빛이 꺾인 번개가 잠들어 있다.

홀로인 것은 나의 것
내 영혼에 존재하는 나라.

— 샤갈, 「홀로인 것은 나의 것」

샤갈, 〈비테프스크의 하늘에서〉, 1914, 캔버스에 붙인 판지에 유채, 70.8×90.2cm, 토론토, 온타리오 미술관(Art Gallery of Ontario)

"홀로인 것은 나의 것"이란 참으로 고독의 절정이다. 더 나아가 나의 것은 나의 영혼에만, 나의 기억 속에만 있다는 것은 참으로 슬프고도 슬픈 이야기이다. 샤갈에게 있어서 고향은, 집은 러시아 비테프스크이다. 그는 그곳에서 서커스 집단을 만났고, 사랑하는 여인을 만났고, 자기의 영원한 업을 만났다. 그래서 그는 고향을 생각할 때만큼은 행복하고 편안하고 꿈같았다. 그래서일까. 그는 자신의 화폭에 고향을 남겼다.

그렇다. 그것은 꿈이다. 러시아가 1차 세계대전을 일으키자 샤갈은 이념의 문제로 고향 러시아를 떠나버렸다. 전시회를 계기로 러시아에 다시 방문했을 때에도 자신의 고향만은 돌아가지 않았다. 왜냐면, 왜냐면 말이다. 확인하고 싶지 않아서였을 것이다. 무엇을, 무엇을 말인가. 이미 그가 자랐던 그 분위기, 그 고향마을이 아니라는 것을 말이다. 이런 점에서 샤갈은 참으로 강하면서도 약한 사람인 듯하다. 대부분은 방문할 것이다. 왜냐면 도저히 그리움을 견딜 수 없기 때문이다. 자신에게 그토록 행복을 안겨준 곳이라면 실망할 줄 알면서도 가보게 되는 것이 인지상정이 아닌가. 적어도 나는 그랬다.

사랑내음에 흠뻑 취해
하늘로 오릅니다.
비테프스크의 시간이 멈추고,
촉촉히 젖어든 사랑의 빛깔들이
녹녹히 우리를 축복합니다.

그대여! 놀라지 마세요.
따가운 태양은 그댈 위해 부셨습니다.
거센 바람도 한켠으로 몰았습니다.
꼭 껴안은 두 손은
영원히 그대를 놓지 않습니다.

함께 짊어진 인생이라는 캔버스 위에,
설레임이라는 붓으로
행복이라는 팔레트에 갠 후
사랑이라는 물감으로 그려갑니다.

그대의 이름만으로도 나를 미소 짓게 만드는
나의 사랑 벨라여……

— 샤갈, 「도시 위에서」

이토록 사랑을 고백하는 이가 또 있을까. 누구나 사랑을 한다. 누구나 가슴에 깊이 새길 사랑을 한다. 그러나 표현을 어떻게 하느냐에는 개별적인 차가 있다. 그녀를 위해서 유일한 태양을 부셔버리고, 그녀를 위해서 바람도 한켠으로 몰아버린다. 유대인들에게 있어 자연이란 그리 만만한 것이 아니다. 하나님이 움직이는 것이고 하나님의 계획 가운데서만 가능한 것이다. 샤갈도 유대인이기에 잘 알고 있을 것이

샤갈, 〈도시 위에서〉, 1914~1918, 캔버스에 유화, 139×197cm, 모스크바, 트레티야코프 국립미술관(The State Treyakov Gallery)

다. 그런데 벨라라는 이름 하나만을 위해 움직여버린다. 이는 샤갈에게는 사랑에 한에서는 신도 자연도 승하지 못한다는 것을 강조하는 것이 아닐까. 적어도 샤갈에게 있어서 벨라는 그런 존재였다.

"벨라여, 그래서 당신이 단명했을지도 몰라요. 가늘고 길게 받을 사랑을 단번에 굵게 받아버렸잖아요."

2) 샤갈에게 보내는 헌정시 - 알뤼아르, 기욤 아폴리네르

샤갈에게 시를 헌정한 시인들이 있다. 알뤼아르, 기욤 아폴리네르가 그들이다. 그들의 시를 따라가보자.

당나귀, 암소, 수탉, 말,
그리고 바이올린까지

노래하는 사람, 한 마리의 새
아내와 함께 날렵하고 춤을 추는 사람

봄에 흠뻑 빠진 연인들

황금빛 수풀, 납빛 하늘
푸른색 불꽃으로 갈가리 찢긴,
이슬과 같은 건강함
피는 무지개 빛을 내고 심장은 튼튼하다.

연인들이 제일 먼저 빛을 반사한다.
그리고 두텁게 쌓인 눈 밑에
포도가 열린 포도나무가 그림을 그린다.
밤에도 결코 잠들지 않는
달의 입술을 지닌 얼굴을

— 알뤼아르, 「마르크 샤갈에게」(헌정시)

알뤼아르의 헌정시는 마르크 샤갈의 행복했던 나날을 연상케 한다. 그토록 샤갈에게 있어서 고향과 벨라는 의미 깊은 존재였을까. 1연은 고향, 벨라, 샤갈, 그 이상도 그 이하도 아니다. 다른 시행들은 그 부연 설명일 뿐이다.

샤갈의 그림에게
당신의 진홍색 얼굴, 수상 활주정으로
변할 수 있는 날개가 둘 달린 비행기,
당신의 둥근 집에서 훈제 청어가 헤엄친다.
나는 눈꺼풀을 열어줄 열쇠가 필요하다.
다행스럽게도 우리는 파나도 씨를 보았다.
그리고 우리는 저쪽에 가서 조용히 한다.
친애하는 D씨에게 당신은 뭘 원하는가.

90 또는 324, 공중을 떠다니는 남자,
에미의 배를 통해 밖을 내다보는 송아지.
나는 오래 전부터 길을 찾고 있었다.
길가에는 감겨진 눈들이 많이 있다.
바람이 불자 버드나무들이 운다.
눈을 떠라, 떠라, 떠라.
그러나 보아라, 그러므로 보아라.
노인네가 대야에 발을 씻고 있다.
나는 어린 시절을 생각하며 눈물 흘린다.
당신은 나에게 강렬한 보라색을 보여준다.
자동차가 그려진 이 작은 그림은 나에게
그날을 기억나게 해준다.
그날은 보라색, 노랑색, 파랑색, 초록색,
그리고 붉은색 조각들로 이루어졌다.
그날 나는 멋진 길을 따라 벌판으로 갔다.
그의 개는 줄에 묶인 채 함께 갔다.
나는 프랑스 최고의 지위와도 절대 바꾸지 않을
갈대피리를 하나 갖고 있었다.
나는 이제 그런 걸 갖지 못할 것이다.
저쪽에서 러시아 담배 연기가 피어올랐다.
그의 개는 백합꽃을 보고 으르렁거렸다.
그리고 옷 위에 피워놓은 작은
등잔불에서는 꽃잎이 지고 있었다.
당신의 머리칼은 오색의 작은 전구를 단
유럽을 누비는 트롤리 전차 같았다.

— 기욤 아폴리네르, 「로초추」(헌정시)

아폴리네르의 위 시는 샤갈에 대한 묵념을 하게 만든다. 샤갈이여,
당신은 그림으로 남아 우리와 늘 함께 있음을 기억하리이다.

3) 난 당신을 꿈꾸었습니다 - 김영태

김영태(1936.11.22~2007.7.12)는 1930년대 다시 말해서 일제강점기에 서울에서 태어났다. 그는 기구한 역사 속의 산 증인이다. 태어나 가장 아름다운 소년기인 10대를 일제강점 하에서 보냈고, 혈기 왕성한 20대를 전쟁과 피난으로, 성숙하고 의사 표현을 확실하게 할 수 있는 30~40대를 독재정치 속에서 보냈다. 쉽지 않은 인생이다. 그렇기에 그는 미술을 전공했을지도 모르겠다. 민감한 예술가의 혼을 지닌 자가 이 혼란한 시대를 소리 소문 없이 보내기가 더 어렵기 때문이리라. 그는 기어이 1959년 《사상계》를 통해 시 「설경」, 「시련의 사과나무」, 「꽃씨를 받아둔다」로 등단하였다.

김영태가 태어난 1930년대 후반부터 시인으로 등단하던 시기는 세계사적으로는 2차 세계대전의 발발과 그 후유증으로 고통 받던 때이다. 그리고 그가 그토록 좋아했던 샤갈의 인생사를 보면 가장 사랑하는 아내를 전쟁 통에 힘 한 번 쓰지 못하고 보낸 시기이다. 2차 세계대전, 샤갈의 부부이별의 시기에, 김영태는 10대를 보냈다. 그리고 그의 20대 마지막 순간에 샤갈에 공감하는 작품을 써냈다. 이보다 더 샤갈에 대한 마음을 잘 표현해낼 수 있을까. 자신의 20대, 청춘 마지막 순간에 발간한 시집이자 그의 첫 시집이 바로 『유태인이 사는 마을의 겨울』이며, 그 속에 샤갈을 기리는 연작시가 실려 있다. 그러기에 김영태의 친구들은 김영태의 방을 '샤갈의 집'이라 부를 수밖에 없었을 것이다.

"샤갈을 좋아하게 된 것은 언제부터인지 잘 기억이 안 나지만 친구들은 내 방을 샤갈의 집이라고 불러주었다."

그뿐인가, 샤갈이 미술전공이지만 시를 쓰고, 무대의상, 공연장, 건축, 상업분야에까지 그 활동영역을 넓힌 것처럼 김영태도 미술전공자로서 시창작, 음악평론, 무용평론 등 다양한 활동을 하였다.

19세기에 태어난 샤갈, 20세기에 태어난 김영태, 그러나 이들은 20세기를 공유한 예술가이다. 그리고 김영태는 샤갈을 12년 만에 따라갔다. 현재 두 예술가는 이 세상에서 육신을 거두었지만, 그들의 작품으로 영원히 기억되길 바라고 있다.

그들이 만난 세계, 김영태가 기억하는 샤갈에게 다가가보자. 김영태가 샤갈을 떠올리며 「유태인猶太人이 사는 마을의 겨울」 연작시를 발표하였다. 「탄생일誕生日에」, 「유년시幼年詩」, 「순애純愛」가 그것이다.

겨울이 발광한다.
미쳐버린 하늘,
그리고 입속의 마지막 절규다
피 묻은 손이 하나
방 속으로 들어간다.
그리스도처럼
나는 육감六感을 잃어버린다.
새벽이면 지푸라기 속의 별들은
돌같이 굳어버린
유태인 여자의
얼은 피를 풀리게 한다
마을에서 울리는 종소리가
몽유병자의 바이올린 줄을
금金으로 오그라뜨리고
러시아의 당나귀
신음하고 있는 시계
빈사瀕死의 구름장들이
떠내려간다
향나무에 엉킨 피는 향로가 되어

연필처럼 달고 단 내장의
심지 속에 불을 켠다
예배를 보던 금송아지의 귀를
나팔꽃처럼 열리게 하고
빙원氷原을 떠난 겨울 말들의
한대寒帶에도 첫 눈이 떨어질 때,
유태인 여자의 벌거벗은 배꼽에서
단단히 뭉친
색 뭉치를 쏟아버린다
지구의 끝에서
부끄러운
해가
물을 끓인다.

— 김영태, 「猶太人이 사는 마을의 겨울—誕生日에」

샤갈, 〈생일〉, 1915, 캔버스에 유채, 80.5×99.5cm,
뉴욕, 현대미술관(The Museum of Modern Art)

샤갈의 〈생일〉은 샤갈이 결혼하기 전에 벨라에게 선물한 그림이다. 자신의 생일을 축하해준 벨라에게 고마움의 표시였을까. 벨라가 선물한 꽃다발에 감동한 샤갈의 모습이 환상적으로 보인다. 흰색과 검은색이 잘 어우러진 드레스와 검은 구두를 통해 순결함을 드러낸 벨라가 돋보이며, 붉은 바닥을 통해 그들의 열정적인 사랑을 아름답게 형상화하고 있다.

그런데 이 작품이 그려진 시대는 참혹하기 그지없던 때였다. 〈생일〉은 1915년의 작품이다. 1915년, 당시는 1차 세계대전 중이었고, 러시아에서 유대인이 추방당하던 시기였다. 유대인이자 러시아인이었던 샤갈에게는 정신적인 고통의 시간이었을 것이다. 그토록 조국을 사랑하고, 고향의 유년시절을 끝내 잊지 못했던 샤갈이었기에 그 고통은 더했을 것이다. 더 나아가 유대인으로서의 받는 고통까지 더했을 때 감히 〈생일〉이라는 작품을 상상해낼 수 없다. 그러나 샤갈은 〈생일〉을 창작해냈다. 이 사랑의 힘, 행복한 심정이 전쟁과 타향살이, 가난을 극복해낸 것이다.

그런데 김영태의 「탄생일에」는 샤갈의 행복이 자취를 감추고 있다. 절규, 육감을 잃어버림, 얼은 피, 몽유병자, 신음, 빈사, 엉킨 피, 벌거벗은 배꼽 등 단어가 그리 명쾌하지만은 않다. 이유가 무엇일까. 샤갈을 그토록 좋아했다면, 샤갈의 행복에, 사랑에 동참해주어도 되지 않았을까. 그런데 샤갈의 사랑이 넘치는 작품, 그것도 태어난 것을 기뻐하는 작품, 결혼하기 전에 사랑하는 여인과 맞은 생일의 여러 의미를 부정의 세계로 이끌어내었다. 너무 얄미웠던 것일까. 부러웠던 것일까.

청진동 선지국집 온돌방에
어린 슬라브 기사騎士는
순진한 말을 타고

대못 위에 걸린
죽은 외투를
투창으로 찌른다
유리그릇에 갇힌 아라베스크의 우중충한
별을 찌른다
성경과
기운빠진 암소를 명중한다
구두 속에 들은 신부新婦의
이쁘고 살진 발바닥을
혀가 질주하는
은혼식 날
선량한 악사들은
청진동 선지국집 온돌방의
장판지속을 뛰쳐 나온다
순진한 말을 타고
어린 슬라브 기사는
연한 잔디가
손톱 속에 돋아나는데
하얀 신부의 겨드랑이 밑에
수풀이 깔 깔 웃는다
겨울날 새벽
기울어진 예배당 위에
제일 낡은 구름이
15세기의 양탄자를 펴고
우유가 가득 들은
샤갈의 마을에는
목이 달아난 새가
푸수수 날아간다.

― 김영태, 「猶太人이 사는 마을의 겨울― 幼年詩」

위 시는 김영태의 처녀시집 『유태인이 사는 마을의 겨울』에 실린 작

샤갈, 〈농부의 생활〉, 1925,
캔버스에 유채, 101×80cm,
뉴욕, 올브라이트녹스 미술관
(Albright Knox Art Gallery)

품이자 연작시 두 번째 편으로 《현대시》 7집(1965)에 발표된 바 있다. 이 작품에서는 유태인이 사는 겨울과 김영태가 사는 겨울이 서로 마주하고 있다. 샤갈의 상징성―유태 마을, 김영태의 상징성―서울 청진동, 이 두 마을이 겹치면서 김영태의 속내가 드러나고 있다. 이 작품은 샤갈의 여러 작품이 연상된다. 은혼식날, 신부 등은 결혼을 주제로 한 〈결혼식〉, 샤갈의 마을에서는 〈나의 마을〉과 〈농부의 생활〉, 슬라브 기사의 등장에는 〈돈키호테〉가 생각난다.

　문제는 이 모든 시의 이미지가 어두운 색채로 물들어 있다는 것이다. 선지국집, 죽은 외투, 아라베스크의 우중충한 별, 기운 빠진 암소, 구두 속에 들은 신부, 기울어진 예배당, 제일 낡은 구름, 목이 달아난 새 등이다. 이보다 더 어두운 색채가 있을까. 적어도 샤갈은 자신의 유년을 아름답게 기억하고 있다. 그런데 왜 김영태는 샤갈을 통해 어둡고 힘든 유년기를 기억해내는 것일까. 이는 김영태가 샤갈의 그림을 통해 힘들었던 유년시절에 꿈을 키워나갔기 때문이 아닐까 한다.

연미복을 입은
어린 염소가
불표 연탄공장 굴뚝 위로 날아간다
19공탄 연기에도 그슬리지 않는
비단 수염을 달고
한덩어리의
순결이 날아간다
어린 염소는
몽롱하고 어진 눈에
색등色燈을 켜고
원숙한 허리는
기라성綺羅星의 꽃이 되는데
비단 수염을 단
마른 풀 속의 신랑은
단말마斷末魔를 지른다
불표 연탄공장 굴뚝 위를
칠보화관七寶花冠을 쓴
아내가 날아간다.
색신色身의 비늘들이
기라성에 부서지는
썅·쟝의 인어人魚가 날아간다
불길한 청변에서 쥐어 뜯는
신랑의 단말마는
염소의 어린 눈에
색들을 켜는데
밝은 알몸의 명암 속을
순애의 피가 흐른다
한 덩어리의
순결이 날아간다

— 김영태, 「猶太人이 사는 마을의 겨울—純愛」

샤갈, 〈결혼〉, 1918, 캔버스에 유채, 100x119cm, 러시아, 모스크바, 트레티야코프 국립미술관(The State Treyakov Gallery)

샤갈의 결혼식은 어떠한가. 처음에 샤갈은 고모의 유대인 결혼식을 그렸다. 그리고 벨라와 결혼한 뒤 〈교회 결혼식〉(1918)을 그렸다. 이 작품은 천사가 샤갈과 벨라에게 축복을 받고 아이를 가질 것을 알려 주는 행복한 정경을 드러내고 있다. 이보다 더 행복하고 편안할 수 있으랴.

그런데 김영태는 샤갈의 연작시에서 불행하고 우울한 정경을 내내 감추지 못하고 있다. 이것은 샤갈의 행복을, 추억을, 환상을 소망하는 불행한 김영태의 시기를 드러낸 것은 아닐까? 샤갈과 김영태는 모두 다 힘든 시기를 겪었다. 다만 샤갈은 자신의 행복한 기억으로 삶을 살아간 반면, 김영태는 자신의 힘든 시기를 샤갈의 아름다운 추억으로 이겨내고자 한 것인 듯하다. 그래서 샤갈과 함께 길을 떠나고 싶었던 것은 아닐까. 우리도 그렇게 샤갈과 김영태와 더불어 길을 나서자.

4) 나의 시세계로 초대합니다 - 김춘수

김춘수는 1922년에 태어나 2004년에 세상을 떠난 시인이다. 김춘수를 언급하기 위해서는 여러 키워드가 필요하다. 김수영, 군사정부, 경북대 교수, 순수시, 무의미시 등이다. 김춘수는 1960년대 본의 아니게 김수영과의 대결구도를 펼친 시인이다. 순수지향이냐, 참여지향이냐에 따라 김춘수, 김수영의 대결구도는 국문학사에서 유명한 이야기이다. 또한 군사정부 시절 장관까지 역임하였으면서도 대학에서 쫓겨난 교수, 그럼에도 불구하고 현금인출기에서 현금을 찾는 법조차 모르는 비문명인, 비사회인이기도 하다. 참으로 정치적인 삶을 살았다기보다는 정치세력에 의해 이용당했다고 보는 것이 더 김춘수를 김춘수답게 이해한 것이리라. 허나 그의 행보가 그를 말해주기 때문에 변명을 할 수 없는 것 또한 세상사이다.

그래서 그는 김수영이 죽기 전에는 서울행을 어려워했는지도 모른다. 그는 끝내 지방에서 시의 세계를 탐구하고 창작하고 그렇게 죽어 간 것이다. 공산주의 이념이 맞지 않아 고향을 버리고 나온 샤갈처럼 그가 군사정권의 요청을 거부하고 나왔다면 어떻게 되었을까.

> 샤갈의 마을에는
> 三月에 눈이 온다.
> 봄을 바라고 섰는 사나이의 관자놀이에
> 새로 돋는 靜脈이
> 바르르 떤다.
> 바르르 떠는 사나이의 관자놀이에
> 새로 돋은 靜脈을 어루만지며 눈은
> 數千數萬의 날개를 달고
> 하늘에서 내려와

샤갈의 마을의 지붕과 굴뚝을 덮는다.

三月에 눈이 오면
샤갈의 마을의 쥐똥만한 열매들은
다시 올리브빛으로 물이 들고
밤에 아낙들은
그해의 제일 아름다운 불을
아궁이에 지핀다.

— 김춘수, 「샤갈의 마을에 내리는 눈」

샤갈의 〈나와 마을〉은 러시아 유대인의 마을 비테부스크, 러시아 정교회의 신앙, 고향의 농촌생활을 드러내는 작품이다. 샤갈이 벨라와 사랑을 나누던 때이기에, 유년의 고향을 담고, 고향의 그리운 이들을 담았다. 그래서 더욱 더 평화롭게 보인다. 샤갈의 〈나와 마을〉에는 검은 하늘 밑에 다섯 채의 농가가 보인다. 그리고 정교회 건물과 그곳을 바라보는 신부, 일하러 가는 농부들, 샤갈이 주로 다룬 당나귀, 염소의 젖을 짜고 있는 여자, 얼굴이 초록인 소년이 중심인물이다. 또한 소년이 들고 있는 올리브 나무, 당나귀가 차고 있는 목걸이, 소년의 목걸이,

샤갈, 〈나와 마을〉, 1911,
캔버스에 유채, 191x150.5cm,
뉴욕현대미술관(The Museum of Modern Art)

반지 등이 보인다. 여기에는 과거와 현재, 성聖과 세상, 사람과 동물 그리고 사물 등 모든 것이 혼재해 있다. 그 가운데 샤갈의 마을이 있는 것이다.

김춘수는 샤갈의 〈나와 마을〉을 자기의 언어로 바꾸어 놓았다. 따뜻한 겨울을 맞이하는 사나이와 아낙들로 바꾸어놓고 있다. 그러나 사실 김춘수의 시는 어떠한 의미를 지향하는 것이 아니라 총체성을 바라고 있는 듯하다. 그 총체성이란 샤갈이 그린 그림 속에서 맛볼 수 있는 환상이 아닐까 한다. 사람마다 자신이 꿈꾸는 신비로운 세계, 환상의 세계는 다를 수 있다. 그러나 그것이 행복선을 그리고, 다가가기 어려운, 저 멀리 있는 관조의 세계라는 아쉬움은 동일하지 않을까 한다.

5) 실은 여섯 번째 시집입니다 - 이승훈

이승훈, 대학재학시절 참으로 좋아했던 시인이다. 하지만 가장 좋아하는 작품을 꼽아보라 하면 딱히 할 말이 없다. 당시 이승훈을 좋아한 이유를 말해보라 한다면, 내가 좋아했던 이상李箱과 한 배를 타고 있으며, 이상 연구자로서 독보적이라는 것이었다. 어떻게 보면 시인 이승훈이 아닌 비평가, 연구자 이승훈을 더 사랑했을지도 모르겠다. 그러나 이제는 더 이상 그렇지 않다. 이제는 더 이상 이승훈에게 이상을 연상해내기 위해 노력하지 않아도 된다. 그를 직접 만나보았기 때문이다.

나에게는 샤갈과 깊은 운명적인 만남들이 있다고 앞서 말한 바 있다. 그 두 번째가 바로 이승훈과의 연결맥이다. 내가 수술을 받고 투병 중일 때 나의 지도교수님이신 김영철 선생님께서 말씀하셨다. "너를 위해 한 강좌를 만들었다. 강의하거라……." 그 강좌가 바로 '한국대표시감상'이다. 다시 살아 돌아와 맡게 된 강좌, 그것이 바로 '한국대표시감상'이다. 그런데 문득 이런 생각이 들었다. 내가 한국 대표시인들을 선정하고 강의하는 것, 그것이 얼마나 학생들에게 설득력이 있을까. 학생들 개인마다 모두 대표시인을 다르게 선정할 것인데, 솔직히 말해서 중등국어교과서에서 배운 시인이 대표시인일 터인데, 무슨 대표시인인가 말이다. 그래서 문학과 그림의 연계 강의를 시도했다. 학생들에겐 너무도 어려운 시, 그것을 그림으로 풀어가며 감상하도록 해본 것이다. 그리고 우리가 대표시인들을 선정해보자라는 심정이었다.

첫 학기 수업에 샤갈을 선정했다. 그리고 그에 맞는 시인을 찾았다. 그분이 바로 이승훈 선생님이셨다. 학교 동료의 지인의 지인을 통해 소개를 받았다. 이승훈 선생님은 쾌히 승낙하셨고, 학생들의 반응은 감격 그 자체였다. 이승훈 선생님께 요청한 특강은 물론 선생님의 『시집 샤갈』을 중심으로 한 특강이었다. 그러나 이승훈 선생님은 그 시집보다 시인으로서의 일생을 말씀해주셨다. 왜냐하면 자신의 시집 중 가장 이질적인 시집이 바로 『시집 샤갈』이었기 때문이다. 이미 절판된 『시집 샤갈』, 그러나 한 학생은 전국을 수소문하여 그 시집을 구해서 가져오기까지 하였다. 선생인 내가 '갖고 싶다'고 하였지만 '죄송하다'고 할 정도로 그 학생은 이승훈 선생님에 대한 감격이 깊었다. 그렇다. 나도 선생님의 인격과 시인의 품격과 예술혼에 대해 감동을 받았다. 암투병 중이시지만 건국대에 오셔서 특강을 해주셨다. 참으로 고마운 선생님이시다. 얼마 전 추천을 부탁드렸더니 다음과 같이 말씀하셨다. "도장 하나를 만들어서 언제든지 추천인에 쓰라"고 하셨다. 참으로 뭐라 말을 해야 할지 모를 감동의 순간이었다.

자, 그럼 이승훈 선생님의 샤갈을 만나러 가보자. 이승훈 시인이 샤갈의 그림을 처음 본 것은 대학을 졸업한 뒤라고 한다. 당시에는 현대화가의 그림책을 찾아보기 어려웠던 때였기에 그렇단다. 그런데 《현대시》 동인인 김영태 시인이 샤갈을 좋아했고, 샤갈을 중심으로 시집까지 발간하자 궁금해졌다는 것이다. 도대체 샤갈이 누구며, 어떠한 자이길래 선배, 영태형이 그토록 샤갈을 좋아하는지 궁금했다는 것이다. 그렇게 연을 맺은 샤갈을 통해 이승훈은 "현실, 그러니까 일상의 논리에서 벗어나 사물을 볼 수 있는 가능성"을 배웠다고 한다. 즉 "일상적 사물들의 질서를 파괴한다는 뜻이며, 나아가 일상적 사물들의 배후나 심층에서 리얼리티를 발견한다"는 뜻이다. 현실의 배후에 있는 것이 결국 환상의 세계이지만, 그때 이승훈이 배운 것은 환상이 말 그대로 헛것, 혹은 공상같은 것이 아니라 사물의 본질일지도 모른다는 뚜렷한 의식이었다. "환상은 우연한 꼭두의 세계, 그러니까 어떤 조리도 없고 그야말로 무질서한 어지러움 같은 게 아니라, 또 하나의 현실, 그러니까 하나의 자율성을 띠고 존재하는 세계이다"라는 것이다. 샤갈을 통해, 샤갈의 환상을 통해 이승훈이 배운 것은 바로 환상은 "무의식이 밖으로 터져 나올 때 창조된다."는 것이다.

    이승훈 시인은 샤갈의 그림을 주제로 쓴 시 62편을 모아 시집을 만들었다. 그것이 이승훈 개인에게는 여섯 번째의 시집이다. 그는 책머리에 "나는 이번 시집을 샤갈뿐만 아니라, 천사를 갈망하고, 잃어버린 고향을 그리워하는 사람들에게 바치고 싶다."고 고백하였다. 성인이란 고향을 잃어버린 자, 고향을 그리워하는 자일 수 있다. 나 또한 고향을 그리워한다. 내가 태어난 곳, 자란 곳에 간다고 한들, 그 때 그 모든 사람, 환경, 추억이 다시 돌아오지 않으니 우린 영원히 고향을 잃어버린 자요, 그리워하는 자일 수밖에 없지 않은가. 그렇다면 이승훈의 『시집 샤갈』은 모두에게 의미 있는 시집일 것이다.

        꿈과 함께
        너는 산다

흐린 날이면
꿈이 너를 찾아오고
꿈은 너희 신랑
꿈은 말과 함께
너를 찾아오고
말도 너의 신랑
눈이 없는
하얀 말을 타고
너는 부채를 들고
너는 길을 떠난다
꿈의 길은
네가 손을 들 때
꿈의 길은
네가 부채를 펼 때
꿈의 길은
하얗게 타오른다

— 이승훈, 「여곡마사女曲馬師」

샤갈, 〈여곡마사〉, 1931, 캔버스에 유채, 100x82cm, 암스테르담 미술관(Amsterdam Rijksmuseum)

샤갈은 1930년대 전후에 서커스를 주제로 여러 작품을 내놓았다. 그 중의 하나가 바로 〈여곡마사〉다. 턱 밑에는 바이올린이, 입에는 꽃다발을, 등에는 빨간 부채를 든 아가씨와 초록빛 상의를 입은 남자를 앉힌 백마가 중심에 서 있다. 배경으로 러시아 마을과 곡마단, 바이올린을 켜는 남자가 준비되어 있다. 이 작품을 한마디로 표현한다면 뭐라 할 수 있을까. 사랑, 추억, 환상, 꿈, 샤갈의 유년기가 아닐까. 이승훈은 이 작품에서 꿈을 읽었다. 그리고 그 꿈속에 있는 너, 신랑, 행복이 있다. 그러나 아쉬운 것은 이것이 현실이 아닌 곡마단이라는 것이다.

하얀 벽
빨간 바닥
창문으로는
파아란 공기와
사랑이 흐른다
내가 손수 구운 과자 두 개
내가 손수 구운 생선 하나
내가 손수 끓인 우유 두 컵
꽃다발을 들고
너는 날아오고
네가 날아오면
나도 덩달아
날아 오른다
그때 나는
다시 태어난다
오오 네가
하얀 꽃과 노란 꽃을 들고
나를 찾아오면
나는 다시 태어난다
너는 나를 날게 하고
너는 하얀 벽을 부풀게 하고
너는 파아란 공기를 넘치게 한다
네가 나를 찾아오면
나는 파아란 공기
나는 하얀 구름

나는 빠알간 꽃이 된다

— 이승훈, 「탄생일」

　이승훈의 「탄생일」은 김영태의 「猶太人이 사는 마을의 겨울－誕生日에」와 같은 그림을 대상으로 하고 있다. 그러나 이승훈과 김영태가 만나는 그림세계는 참으로 다르다. 이승훈은 오로지 샤갈의 마음을 그리고 있다. 샤갈이 얼마나 행복할까. 벨라가 얼마나 행복해하는가. 이런 물음만이 지속되고 있다. 이런 점에서 본다면 이승훈의 말대로 샤갈을 기억하는 『시집 샤갈』은 이승훈의 시세계와는 사뭇 다르다.
　벨라는 자신의 글 『최초의 만남』에서 샤갈의 〈생일〉에 대해 다음과 같이 언급했다.

> 　당신은 캔버스에 다가가 붓을 들고 그림을 그리기 시작했다. 빨강, 파랑, 흰색의 색채가 나를 움직였다. 우리는 하나로 연결되어 장식된 방 위를 떠돌다가 창가에 이르자 거기서부터 날기 시작한다. 밝은 벽이 우리 주위에서 회전한다. 우리들은 밖으로 나와 꽃이 흐드러지게 피어 있는 평원 위를 날기도 하고, 문이 닫혀진 집들, 방, 정원, 교회 위를 날아가는 것이었다.

　이승훈은 벨라의 고백에 대해 샤갈의 대변인양 시를 쓰고 있다. 벨라가 찾아오면 샤갈은 '파아란 공기', '하얀 구름', '빠알간 꽃'이 된다고 한다. 더 나아가 다시 태어난다고 한다. 이보다 더 연인들의 사랑을 잘 드러낼 수 있을까.
　그러나 안타까운 것은 이승훈 시인은 정작 샤갈의 시에 다가가기에는 어려움이 있었다. 그는 스스로 고백했던 것처럼 "사물의 밝은 구석보다는 어두운 구석을 사랑하며, 인생을 긍정하기보다는 부정하고, 따라서 낙관주의자라기 보다는 비관주의자나 허무주의자, 아니 불안주의자나 절망주의자"이기 때문이다.

그래서 이승훈은 말한다. 자신은 그리워할 고향이 있는 샤갈보다 생리적으로 어두운 가정을 갖고 있는 뭉크를 더 좋아하고 더 비슷하다고 말이다. 정말일까. 이승훈 시인 자신은 그렇게 판단할지도 모르겠다. 그러나 특강 당시 이승훈은 뭉크보다 샤갈에 더 가까웠다. 샤갈에 감동하듯 이승훈에게 감동했었기 때문이다.

5. 아메데오 모딜리아니(Amedeo Modigliani), 너와 함께한 사랑과 건강에 목마르다

나의 학창시절에는 이런 말이 세간에 떠돌았다. '여자는 바람둥이 기질이 있는 남자를 선호하고, 남자는 순진한 여자를 선호한다.' 무슨 뜻일까. 곰곰이 생각해보면 여자는 다 알아서 척척 해주는 남자가 좋다는 것 아닐까. 여자의 마음을 몰라주는 남자는 싫다! 알아서 계획된 대로 나를 이끌어달라! 적어도 나의 남자에게만은 그것을 허락하겠다! 뭐 그런 뜻인 것 같다. 그럼 남자에게 있어서 순진한 여자는 어떤 의미일까? 그것은 내가 첫 남자였으면 좋겠다! 그런 것이리라. 세간에 떠도는 이야기일지언정 현대사회를 보여주는 단면이라 할 수 있다.

청년시절 한 선생님으로부터 이런 이야기를 들었다. "내가 누군가를 사랑한다는 것은 그와 같은 이를 또 사랑할 수 있는 전제다." 이는 또 무슨 뜻인가. 세상에 유일한 사람이 없으니, 그 누군가를 사랑한다는 것은 그와 같은 범주의 연인을 다시 만날 수 있다는 것이란다. 그렇다. 어쩌면 이 말이 더 현실적이고 본질적인 것일 수 있다. 내가 한 사람을

모딜리아니, 〈잔느 에뷔테른느〉, 1919, 캔버스에 유채, 91.4x73cm, 뉴욕, 메트로폴리탄 미술관(The metropolitan Museum of Art)

 사랑한다는 것은 또 다른 한 사람을 사랑할 수 있는 전제일 수 있다. 사람을 유형화할 수 있다면 말이다. 참으로 이성적이나 정떨어지는 소리이다.
 그런데 여기 한 남자와 한 여자가 있다. 너 아니면 살아갈 수 없다고 외치는 한 남녀가 있다. 바로 모딜리아니와 잔느 에뷔테른느이다. 그들은 서로를 유형화하지도, 편리함과 의처증이 아닌 그저 사랑으로 기억하고자 하였다. 그래서 그들은 이 세상에서만큼은 불행한 사랑, 이루지 못한 사랑으로 삶을 마감해야만 했을지도 모른다.
 20세기의 화가, 모딜리아니. 그는 한 연인을 그리워하며 죽어갔다. 1884년 7월 12일에 태어난 아마데오 모딜리아니, 1920년 1월 24일에 파리의 자선병원에서 홀로 쓸쓸히 쓰러져가고 있었다.
 모딜리아니는 소매상을 하는 유대인 집안에서 태어났다. 태어날 때부터 연약했던지라 늑막염, 장티푸스 등 갖은 병을 안고 있었다. 그렇기 때문에 정상적인 학교 공부를 실행할 수 없었다. 그러한 그에게도 천부적인 재능이 있었으니 바로 미술이었다. 모딜리아니는 르네상스

시대의 그림을 좋아했으며, 한때 폴 세잔의 그림에는 압도당해서 영향을 받기도 했다. 예술가 친구로는 앙드레 살몽, 막스 자코브, 파블로 피카소, 폴 알렉상드르 등이 있다. 이 중 알렉상드르는 모딜리아니의 작품을 사준 첫 친구이자, 예술가이자, 관객이기도 하다.

세계대전은 예술가에게도 찾아가는 법, 1914년 전쟁으로 모딜리아니의 생활은 더욱 어려워졌다. 그림은 팔리지 않고, 몸은 아팠으며, 술과 약물남용으로 최악의 컨디션에 빠져 있었다. 그 와중에 여인들과의 연애담은 끊이지 않았다. 그러나 그러한 모딜리아니에게 적수가 나타났다. 그녀가 바로 최후의 약혼녀인 잔느 에뷔테른느(Jeanne Hébuterne, 1898~1920)이다. 잔느 또한 모딜리아니의 사랑고백에 흠뻑 취하여 집안의 반대에도 불구하고, 1917년 3월부터 지중해 연안의 코트다쥐르에서 동거를 시작했다. 그리고 첫 딸을 낳았다. 모딜리아니는 비록 몸 상태는 힘들었지만 사랑하는 아내와 딸과 함께 행복하게 살았다. 가난과 질병을 견디어가며 그들은 1919년 7월 7일 결혼하기로 약속까지 하였다.

그러나, 그러나 그들의 인연은 그리 쉽게 맺어지기 어려웠던가보다. 당시 잔느는 임신 중, 그렇기에 더더욱 가난이라는 고통을 견딜 수 없었다. 나는 굶을지언정 내 뱃속의 아이는 무언가 공급을 받아야하지 않겠는가. 그러기에 잠시 친정에 갈 수밖에 없었다. 그러나 그 잠시의 이별이 영원한 이별이 되고 말았다.

잔느의 부모님은 자신의 딸이 모딜리아니와 만나는 것을 극구 반대했다. 생각해보라. 나의 귀한 딸을 가난한 그림쟁이, 병약한 그림쟁이, 연분소문이 자자한 외모 멀쩡한 그림쟁이, 술, 마약, 방탕한 사생활로 익히 유명한 그림쟁이에게 줄 수 있겠는가. 세상 어느 부모가 그럴 수 있겠는가. 그건 너무도 자연스러운 일이자 흔한 3류 드라마 대본처럼 정해진 수순이었다. 가난하고, 몸 약하고, 세상에서 인정받지 못한 화가였던 모딜리아니는 당당하게 잔느의 부모님 앞에 나설 수가 없었다. 모딜리아니가 할 수 있는 유일한 일은 그저 잔느의 집 앞에서 홀로, 기약 없이 기다리다 지쳐 돌아가는 것뿐이었다. 기다림에 지친 모딜리아니는 결국 잔느와의 결혼약속을 지키지 못하고 떠날 수밖에 없었다. 저세상으로 말이다.

 7월 7일의 결혼식, 그것은 그리 쉬운 일이 아닌가보다. 우리 엄마와 아버지를 제외하면 말이다. 우리 아버지는 우리 엄마가 좋아서 엄마네 집에 가서 누우셨다고 한다. "장인어른, 장모님, 결혼을 허락해주십시오. 그렇지 않으면 계속 누워 있겠습니다." 하하하, 결혼을 허락해야 일어나겠다는 것이다. 오늘날 같으면 경찰서행일텐데, 당시로서는 멋진 남성의 패기로 받아들여졌나보다. 그래서 엄마와 아버지는 결혼을 하셨고, 아버지가 살아계시는 내내 우리 어머니는 아버지의 발을 씻겨주셨다. 물론 우리 아버지는 어머니의 손톱정리를 쭉 해주셨다. 이것이 옛 사람들의 사랑표현인가보다. 그래서 나도 첫 아이를 낳기 전까지, 임신 10개월에 이르기까지 남편의 발을 씻겨주었다. 우리 남편은 자신의 발을 씻겨주는 내가 너무 신기하고, 신이 났는지, 시부모님께 자랑까지 했다는 사실!!! 그러나 우리 남편은 참으로 순진하다. 시어머니가 시아버지의 발을 씻겨드리지 않으신다는 사실, 하나밖에 없는 아들이 자기의 아내를 끔찍이 사랑하고 자랑할 때 외아들에 대한 배신감을 느끼는 어머니, '나도 발 씻겨주었으면 좋겠다'라고 생각할 아버님의 마음 등등을 헤아리지 못한 것이다. 또한 아내의 난처함을 미처 생각지도 못했던 것이다. 그러나 난 그런 내 남편이 더더욱 좋다! 이럴 때 부창부수夫唱婦隨란 말을 하는 것일까.

 7월 7일, 칠월칠석이면 빼놓을 수 없는 이야기가 또 있다. 견우와 직녀의 사랑담! 1년에 단 한 번만 만나는 견우와 직녀, 그들의 슬픔과 인내의 깊이는 참으로 깊고도 깊다. 그래서일까. 7월 7일에는 자주 비가 오곤 했다. 그래서 옛 어르신들은 이 비를 '견우와 직녀의 환희의 눈물'이라고 부르기도 하셨다.

아, 어찌하랴. 모딜리아니가 잔느와의 결혼식을 7월 7일로 잡은 것을 말이다……. 그토록 어려운 날에 말이다. 우리 아버지께서는 일찍 돌아가셔서 우리 어머니 홀로 6남매를 키우셨다. 이제 더 이상 우리 어머니는 옷장에 새로 지은 밥을 넣어둘 필요가 없어졌고, 누군가의 발을 씻길 번거로움도 없어졌다. 아침 일찍 일어나 가장의 옷과 신발을 정리할 필요도 없어졌다. 참으로 여유로운 하루가 시작된 것이다. 과연 그러한가. 견우와 직녀, 오늘날 같으면 1부1처제 참으로 따분한 생각이다. 요즘 젊은 세대뿐만 아니라 40~50대 분들도 유부녀, 유부남 모두 남친, 여친이 있어야 한다는 생각을 갖고 있다. 사우나, 찜질방에서 건네는 대화들은 '헉' 소리를 내면 유치할 정도의 수위에 다다라 있었다. 참으로 그래야 하는가. 모딜리아니와 잔느, 우리 아버지와 어머니, 견우와 직녀는 참으로 버거운 날에 사랑을 다짐하고 지켜나가려 한 자들이다. 이에 감사할 뿐이다.

모딜리아니의 죽음은 많은 예술가들에게, 모딜리아니의 부모님과 형에게 알려졌다. 형은 로마 사회당 국회의원이었기에 모딜리아니를 왕족처럼 매장해달라고 부탁했다. 그래서 성대하게 치러졌다. 이윽고 모딜리아니의 죽음은 잔느에게도 전해졌다. 모딜리아니의 둘째 아이를 가졌던 잔느는 모딜리아니와의 마지막 만남을 위해 시체 안치실로 들어갔다. 만났다. 집으로 돌아왔다. 그리고 그녀는 모딜리아니를 조용히, 아주 조용히 따라나섰다. 어떻게? 이렇게…… 잔느는 조용히 자신의 방으로 돌아와 창문을 열었다. 그리고 창문 너머로 자신의 몸과 자신의 배 속의 아이를 던져버렸던 것이다. 세상의 모든 어머니여, 잔느의 이 일을 뭐라 해야 할까요? 잘했다고 칭찬해야 할까요, 아니면 이 '매정한 년'이라고 비난해야 할까요? 나는 아무 말도 할 수 없다. 다만 '헉' 소리만 낼 수 있을 뿐이다. 세상의 모든 어머니 중에 잔느의 어머니도 있다. 그 어머니의 마음은 과연 어떠할까. 배신감과 함께 밀려드는 그 무엇, 이것을 어찌하여 다 말할 수 있겠는가.

결국 모딜리아니는 아내와 배 속의 아이와 함께 길을 떠났던 것이다. 그리고 3년 후 모딜리아니는 잔느를 맞아들였다. 진정 하나가 된 셈이다. 결국 모딜리아니와 잔느의 가족이 그들의 사랑을 인정하게 된 것이다. 참으로 비극이다. 그토록 애절한 사랑을 이제와 인정하다니 말이다. 이제 모딜리아니의 묘비와 그의 사랑하는 아내 잔느의 묘비가 함께 서 있다.

"아메데오 모딜리아니, 1884년 7월 12일 리보르노(이탈리아)생, 1920년 1월 24일 파리에서 죽다. 이제 바로 영광을 차지하려는 순간에 죽음이 그를 데려가다."

— 모딜리아니 묘비

"잔느 에뷔테론느, 1889년 4월 6일생. 1920년 1월 25일 파리에서 죽다. 모든 것을 모딜리아니에게 바친 헌신적인 반려."

— 잔느의 묘비

모딜리아니와 잔느의 사랑은 후일담을 통해서 지속적으로 회자되고 있다. "천국에서도 나의 모델이 되어달라", "천국에서도 당신의 아내가 되어 주겠다" 등등의 이야기들이다. 이것이 사실인지 풍문인지는 아무도 모른다. 모딜리아니와 잔느 외에는 말이다. 그리고 그것이 사실이냐 아니냐는 이미 중요하지도 않다. 이는 그들의 사랑을 기리고자 함이었을테니 말이다. 그리고 가톨릭 교육을 받고 자란 여인이, 그것도 임신 9개월인 여인이 남편을 따라 투신자살한 것을 승화시키기 위한 것이다.

잔느는 자살하기 전 〈자살〉이라는 작품을 남겼다. 자살하기 전에 〈자살〉이라는 그림을 그린 잔느는 정말 평범한 여자가 아니다. 그러나 잔느가 사랑한 모딜리아니도 만만치 않다. 모딜리아니는 죽어가면서 유일한 초상화를 남겼다.

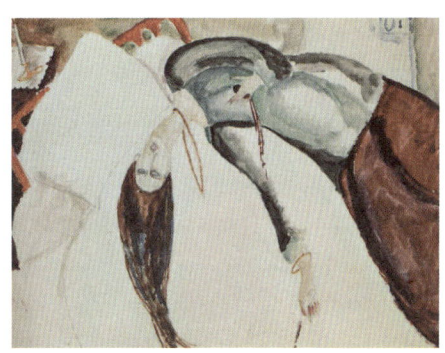

잔느 에뷔테른, 〈자살〉, 1920, 종이에 수채, 20.7x27.9cm

모딜리아니는 단 한 편의 〈자화상〉을 남겼다. 모딜리아니만큼 자화상이 귀한 화가가 또 있을까. 모딜리아니는 "나는 나를 향해 마주보고 있는 살아 있는 인간을 봐야만 일을 할 수 있다"고 했다. 나를 향해 마주보고 있는 살아 있는 인간! 그것을 봐야만이 그림을 그릴 수 있다고 하니, 모딜리아니에겐 자화상이 그리 쉽지 않았을 법 하다.

그렇다면 그가 죽기 얼마 전 자화상을 그린 것은 무슨 뜻일까. 자신의 그림에 대한

모딜리아니, 〈자화상〉, 1919, 캔버스에 유채, 100x65cm, 상파울로, 현대미술관(Museum of Contemporary Art)

입장을 전복시키는 것일까. 아니다. 그는 죽기 전에 자신을 마주보고 살아 있는 인간으로서 대상화시켰던 것이다. 아직 죽지 않았으니, 나는 살아있다고 부르짖은 것이다. 그래서 그랬을까. 그의 삶은 비참했을지언정, 그의 장례식은 화려했다. 살아생전 인정받지 못했던 그림이 그가 떠난 지 이틀만에 하늘 높은지 모르고 뛰어올랐다. 참으로 이처럼 어이없는 일이 또 있을까. 결국 돈 때문에 사랑하는 여인을 볼 수 없었고, 돈 때문에 자신의 목숨을 잃었는데, 죽고 나니 그 웬수같은 돈이 넘쳐나기 시작한 것이다.

모딜리아니는 1917년 12월에 베르트 베유가 경영하는 화랑에서 첫 개인전을 열었다. 전시된 작품은 대부분 누드화였다. 그래서 경찰들이 들이닥쳤다. 미풍양속을 해치는 이 작품들은 전시될 수 없다는 것이다. 모딜리아니의 처음이자 마지막 전시회가 이처럼 혼란 속에서 치러졌다. 그럼에도 불구하고 〈첼리스트〉를 '앙뎅팡당전'에 출품하였을 때 주목을 받았다. 그리고 《앙트랑지》에 〈첼리스트〉의 비평이 실리기도 하였다. 끝내 모딜리아니는 파리의 전위 예술계 외에는 거의 알려지지 않았다. 이처럼 비극적인 화가의 삶, 비극적인 연인인 모딜리아니는 사후에야 비로소 주목받기 시작하였다. 화가로서, 진정한 사랑을 경험한 이로서 말

모딜리아니, 〈첼리스트〉, 1909, 캔버스에 유채, 130x81cm, 개인소장(Private collection)

이다. 사후 1922년 베른하임 죈 화랑에서 다시 모딜리아니의 개인전이 열렸다. 물론 대성황이었다.

　모딜리아니 연구의 기초는 그의 딸, 잔느 에뷔테른느가 낳은 모딜리아니의 딸, 잔느 모딜리아니가 마련해놓은 것이다. 그의 딸 잔느는 미술사가가 되어 아버지 모딜리아니 연구의 기초가 될 평전 『모딜리아니:인간과 신화』를 펴냈다. 참으로 한 가족이 기억해낸 모딜리아니이다. 그리고 모딜리아니의 삶은 영화로도 제작되었다. 〈몽파르나스의 등불〉, 〈모딜리아니〉가 그것이다. 〈몽파르나스의 등불〉은 오래된 프랑스 흑백영화로서, 제라르 필립이 모딜리아니 역을, 아누크 에메가 잔느 역을 맡았다. 〈모딜리아니〉는 앤디 가르시아가 모딜리아니 역을, 엘자 질버스타인이 잔느 역을 맡은 영화로서, 2004년에 개봉된 영화이다.

　모딜리아니가 우리나라에 전시회로 소개된 것은 2007년이다. '아람미술관'에서 '열정, 천재를 그리다-모딜리아니와 잔느의 행복하고 슬픈 사랑전'을 통해 전시되었다.

　문학으로 승화된 모딜리아니는 이장욱, 이성복, 강윤미에 의해서이다. 이장욱은 「모딜리아니와 함께」, 이성복은 「모딜리아니의 여인의 두상」, 강윤미는 「모딜리아니의 방」으로 형상화하였다.

1) 7회 말의 긴장으로 만나다-이장욱

　1968년생 이장욱이 1884년생 모딜리아니를 만난다. 참으로 세월이 좋고, 시대가 좋아서 동서양을 건너, 시대를 건너 이렇게 대화할 수 있다. 또한 대중들은 그들의 대화를 엿듣기도 하고 같이 상상해보기도 한다.

　모딜리아니와 이장욱, 이장욱과 모딜리아니, 이 둘의 공통점이라면 예술가, 20세기에 활동, 남자, 사랑을 갈구하는 자 등일까. 또 무엇이 있을까. 그들의 다른 점이라 한다면, 육신의 삶과 죽음, 19세기 태생과 20세기의 태생, 20세기의 죽음과 21세기의 죽음, 그렇다. 그 둘의 차이는 삶과 죽음에 있다. 그러나 이들은 소통하고 있다. 물론 이장욱의 노력으로 모딜리아니와 소통한다. 아니다, 모딜리아니가 소통의 장을 열어놓았기에 이장욱이 말을 건넨다. 그렇다면 이장욱이 만난 모딜리아니는 어떠한 화가일까. 아니 어떤 모딜리아니를 만나고 싶었을까. 또 어떻게 언어화하고 있을까. 가만히 같이 들여다보자.

> 바람이 불었어요 오늘은 낯선 여자를 만나고 싶었어요
> 당신에 관한 긴 꿈속에 안개가 자욱했구요
> 영등포 스카이라인 위로 갈색 물감의 햇빛, 햇빛이
> 달력 속처럼 걸려 있었는데요 조간 신문의 잉크 향기
> 십구 세기 소설에 관한 지루한 독서
> 등등은 취소되었구요 바람만 불었어요 바람만 천천히
> 흐르던데요 저 멀리 먼지 덮인 화면 속으로
> 도화지 같은 구름, 오늘은 다른 生을 건너가는데요
> 하지만 6회 말의 프로야구와 모딜리아니의 신비에 대해
> 당신께 기나 긴 편지를 쓰고 싶어요 정말이지
> 여기까지 오기 위해서라면 단 몇 장의 추억이면
> 되는데요 이제 제 시야가 가 닿는 소실점 끝에서
> 색종이 같은 태양은 까우뚱한 표정으로
> 저녁 산 너머 지구요 지구본 위에 그려진 해변에는
> 지친 파도가 천천히 멀어져 가겠지요
> 무성 영화 속으로 당신과 끝나지 않는 계단을 올라가면
> 그곳에 福音처럼 붉은 햇빛, 햇빛 내릴까요
> 얘기해 주세요 당신,
> 바람이 불었어요 오늘은 낯선 여자를
>
> ― 이장욱, 「모딜리아니와 함께」

세상에서 잘 알 수 없는 것 중의 하나가 9회 말 2아웃의 야구라고 한

다. 지고 있다가도 이길 수 있고, 이기고 있다가도 질 수 있는 초긴장의 순간이다. 야구라는 것이 마지막 한 방이라는 것을 갖고 있기 때문이다. 그렇기에 선수나 관객 모두가 육체적으로는 피곤해져 있을지라도 더욱 긴장하고 더욱 초조해한다. 이장욱에게는 야구의 9회 말과 같은 긴장을 7회 말에 담았다. 왜일까. 그것은 모딜리아니에게서 찾아야 할 것 같다. 모딜리아니는 36살에 생을 달리한 화가이다. 인간에게 있어서 36세는 너무도 짧은 생이다. 우리나라의 형편으로만 보더라도 최소한 환갑, 아닌 칠순잔치를 해야 할 터인데, 36세란 웬말이냔 말이다. 그렇기에 이장욱은 9회 말의 긴장을 7회 말로 임의로 수정하지 않았을까 한다. 이장욱은 야구 9회 말의 긴장을 7회 말의 긴장으로 바꾸어 모딜리아니의 신비와 연결시키고 있다. 그렇다면 모딜리아니의 신비, 모딜리아니 풍은 어떤 것인가.

모딜리아니의 인물들은 전체적으로 갸우뚱한 표정과 눈동자가 없는 눈을 갖고 있다. 그러나 여전히 앞을 바라보고 있다는 것을 알게 된다. 그 위력은 참으로 대단하다.

모딜리아니 풍의 그림을 생각해보자. 긴 얼굴, 긴 목, 긴 코, 작은 입술, 아몬드 모양의 눈, 눈동자가 없는 눈, 갸우뚱한 얼굴, 처진 어깨, 강렬한 색채, 단순하면서도 대담한 윤곽선 등이

모딜리아니, 〈푸른눈의 여인〉, 1917, 캔버스에 유채, 81x54cm, 파리, 현대미술관 (Musee National Art Moderne)

모딜리아니, 〈검은 타이를 맨 여자〉, 1917, 캔버스에 유채, 65x50cm, 도쿄, 개인소장

모딜리아니, 〈바라노브스키의 초상〉, 1918, 캔버스에 유채

다. 혹 이렇게 설명해도 이장욱과 모딜리아니가 속상해하지는 않을런지……. 드라마 흥행 작가 김수현은 오늘날 흥행 순위 1위 영화인 〈아바타〉를 혹평하면서, 그 영화 인물들이 모딜리아니의 그림을 떠오르게 한다고 하였다. 물론 영화 비평에서는 창의력이 없다는 지적에서 비롯된 것이지만, 우리는 모딜리아니 풍의 그림을 속세의 것으로 비유하여 굳이 쉽게 이해하자면 그렇다는 것이다.

이장욱이 제시한 야구의 7회 말, 모딜리아니의 신비는 결국 알 수 없는 결과, 끝까지 주목해야 한다는 것이 아닐까. 오늘은 바람이 분다. 그리고 낯선 여자를 만나고 싶다. 모딜리아니와 함께, 모딜리아니의 사랑과 함께, 모딜리아니 풍의 열정과 함께, 야구 7회 말의 긴장과 함께 말이다. 나도 그들과 함께 하고 싶다.

2) 모딜리아니의 여인을 기억하다 - 이성복

이성복은 1952년에 경상북도 상주에서 태어났지만 초등학교 5학년 때 서울로 전학와서 줄곧 서울에서 생활한 도시인이다. 불문학을 전공했지만 현재 계명대 문예창작학과 교수로 재직중이다. 그는 고등학교 시절《창작과 비평》에 실린 김수영의 시를 읽고 감동을 받은 바 있으며, 황지우 등과 친분을 맺으며 교내 시화전을 열기도 하였다. 그러면서도『그 여름의 끝』과 같은 서정성을 잃지 않은 시인이다. 그래서 평자들은 말한다. 이성복이『그 여름의 끝』을 출판한 이후에 김소월, 한용운 풍의 연애시인이 되었다고 말이다.

이성복은 모딜리아니를 기억한다. 아니 모딜리아니의 여인을 기억한다. 물론 모딜리아니의 그림을 통해서 말이다. 그렇다면 이성복은 진정 누구를 기억하는 것일까. 모딜리아니? 모딜리아니의 여인? 그의 시를 찾아가 물어보자.

여인의 얼굴은 막 자라나는 새싹을 감싸고 있다

그러니까 눈은 연둣빛 두 장의 떡잎이고
코는 아직 상처받지 않은 여린 줄기,
또 입은 양분을 다 뺏기고 쭈그러진 씨앗

어제도 많이 힘들었겠지만
내일 걱정을 다 쓸어담을 만큼
두개골의 용적은 충분하다

혹시라도 흐르는 눈물이 덜 덥혀질까봐
따뜻한 곰보빵, 더 따뜻한 소똥 같은 머리 타래
뒤짱구 두개골 위에 덮어주고 나는 가만히 물어본다

모딜리아니, 〈잔느 에뷔테른느〉, 1918, 캔버스에 유채, 100x64.7cm, 뉴욕, 구겐하임 미술관(The Solomon R. Guggenheim Museum)

모딜리아니, 〈잔느 에뷔테른느〉, 1919, 캔버스에 유채, 100x65cm, 개인소장

"넌 열이 날 때 밤이 좋니, 낮이 좋니?"

그러면 가스라이터에 그을린 눈썹 없
는 눈으로
싫은 표정을 하는,
가루투성이 나방의 번데기 같은 여인
— 이성복, 「모딜리아니의 여인의 두상」

이성복은 모딜리아니의 여인에게 말을 건네고 있다. 모딜리아니의 여인은 진정 고난의 여인이었다. 잔느, 그녀가 겪은 고통은 일반 여성들이 쉽게 경험할 수도 없고, 그렇게 하기도 힘들다. 한 남자를 사랑하여 몸을 던지는 것은 퍼센트는 낮지만 간혹 만나볼 수 있다. 그러나 자신의 몸에 곧 태어날 아이를 갖고 자살한다는 것은 쉽지 않은 결정이자 보기 힘든 사건이다. 젊은이들은 잔느의 열정에 감동할 것이다. 그러나 아이엄마인 나로서는 감당키 어려운 일이다. 나는 죽음이 언제 찾아올지 모르기에 우리 아이의 결혼식, 우리 아이의 아이가 생길 때까지, 우리 아이의 아이가 초등학교 입학할 때까지 등등으로 욕심을 키워가고 있다. 그래서 운동도 하고 식이요법도 하고 있다. 그런데 아이를 배에 안고 자살을 하다니……. 도저히 이해하기 힘든 일이다. 이는 부모들의 보편적 심정일 것이다.

그럼에도 불구하고 이들은 예술가이기에, 모델과 화가였기에, 영혼의 결합을 늘 꿈꾸었기에, 자연사가 아닌 굶주림과 병고와 부모의 반대로 겪은 이별이기에 이토록 아픈 사연이 용납되고 회자되는 것이리라. 그렇기에 이성복도 그 여인의 두개골 속의 용적이 얼마나 되는지 궁금했을 것이다.

이성복이 모딜리아니의 여인에게 질문을 했다. "너는 열이 날 때, 밤이 좋니? 낮이 좋니?"라고 말이다. 여기에 한 여인이 이성복에게 말을 건넨다. 비록 모딜리아니의 여인은 아니지만, 모딜리아니의 열정과 비교했을 때 전혀 부족함이 없는 한 여인이 이성복에게 말을 건넨다.

> 현기증 꼭대기에서 어질머리 춤추누나,
> 아름다운 꼽추 찬란한 맹인.
> 환상이 네 눈을 갉아먹었다.
> 현실이 네 눈에 개눈을 박았다.
> (그래서 네겐 바람의 빛깔도 보이지)
>
> 가장 낮은 들판을 장난질하며
> 흐르는 물, 물의 난장이
> 가장 높은 산맥을 뛰어넘는
> 키 큰 바람, 바람의 거인
>
> 행복이 없어 행복한 너
> 절망이 모자라 절망하는 너
> 무엇이나 되고 싶은 너
> 아무 것도 되고 싶지 않은 너

영원히 펄럭이고저!
눈알도 아니 달고
척추도 없이
(가기도 잘도 간다
………………
바다의 날개……
하늘의 지느러미……)

— 최승자, 「시인 이성복에게」

최승자가 시인 이성복에게 말을 건넸다. "아름다운 꼽추, 찬란한 맹인" 그러나 "가기도 잘 간다." 최승자가 보내는 말, 편지, 시, 참으로 내가 좋아하는 최승자답다.

3) 모딜리아니의 방을 엿보다 - 강윤미

강윤미는 2005년에는 《광주일보》 신춘문예 시 「멜순」이 당선되었고, 올해 2010년에는 《문화일보》에 「골목의 각질」이 당선된 제주여자이다. 「벽에 세 들어 사는 몽골 여자」, 「오름의 봉우리마다 무덤이 사는 이유」과 「모딜리아니의 방」으로 광주일보문학상을 수상하기도 했었다. 1980년생인 그녀, 원광대에서 박사과정 중인 그녀가 모딜리아니를 만났다. 그녀가 만난 모딜리아니는 어떤 화가인가?

별들이 천장을 뚫고 들어와 나는 잠을 설친다

비뚤어진 콧날에 목을 길게 늘어뜨린 죄수들이 벽에 기대어 있다 비스듬한 증오를 품었던가 지루한 몽상을 하는가 눈에 고인 푸른빛이 미치르의 파랑새처럼 화폭을 날아갈 듯 가볍지만 날아가지 못하고 주저앉는다

연꽃이 피었다 지는 그들의 눈동자 그 심연 아래 지하실을 감추고 있다는 것은 옴팡한 눈이 증명해준다 그 안에서 먼지와 곰팡이를 키우는 죄수들 그들이 분주해질수록 연꽃은 겹겹이 문을 만들어 못질만 하고 있는데

얇은 잎을 하나씩 벗기며 안으로 들어가는 사내들 그림에 붙들린 나이는 더 이상 칠해지지 않고 세월만 늙는다 그들의 그림자가 바닥에 축축 늘어진다 화폭 안에서 뱅뱅 돌았던 그들은 심장에서 술렁거리는 표정들을 얼굴 위로 불러 모으기 바빴는데

이젤처럼 벽에 기댄 어깨를 낯선 사내가 감싸네 이 손길, 어디서 느껴봤더라 유년을 꼬투리 잡고 내리는 비는 변성기적 내 목소리 같기만 한데
— 강윤미, 「모딜리아니의 방」

강윤미의 「모딜리아니의 방」은 2007년 작품이다. 2007년 12월! 모딜리아니 전시회가 있었다. 정확히 말하면 강윤미의 작품이 조금 앞서고, 그 후에야 고양 아람미술관에서 모딜리아니 전시회 〈열정, 천재를 그리다〉를 개최했다. 그렇다면 강윤미는 유행에 따른 것이 아니라 그 유행을 직감했던 것일까. 아니면 평소 모딜리아니의 매력에 젖어 있었던 것일까.

앞서 언급한 바, 모딜리아니의 그림의 특색 중의 하나는 길게 늘어진 목, 비뚤어지듯 그려져 있지만 강한 느낌을 주는 눈이다. 이 특징을 가져야만이 모딜리아니의 초상화답다. 그런데 강윤미가 찾아간 모딜리아니의 방에도 그러한 느낌이 물씬 풍긴다. 뭔가 활짝 피고 날아가고자 하는데, 주저앉게 하는, 늘어지는, 그럼에도 애정이 느껴지기에 더욱 비극적인 느낌들이 새록새록 피어오른다. 모딜리아니는 예전부터, 우리나라에 모딜리아니 전시회가 계획되기 이전부터 강윤미에게 다가섰던 모양이다.

6. 파블로 루이스 피카소(Pablo Ruiz Picasso), 너에 대한 아득한 기억을 되살리다

중학교 2학년 1학기 여름방학을 맞이하여 친구들과 함께 신나게 놀아야 한다!? 그러나 난 서울로 전학을 왔다. 친구들과 헤어짐은 아쉽고 안타까운 일이었으나 그 아픔만큼이나 즐거운 일도 일어날 것이라 생각했다. 그리고 곧 그것은 사실로 다가왔다.

나의 고향은 예향의 도시, 목포! 예향의 도시답게 남농 등을 비롯한 많은 예술가를 배출한 곳이지만 당시로서는 문화시설이 풍족하지는 못했다. 늘 전시회, 연극, 뮤지컬 등 여러 공연에 목말라 있었다. 그렇기에 친구들을 뒤로 하고 서울로 올라온 후 이곳저곳을 돌아다니기 시작했다. 어느 날, 남산시립도서관을 찾게 되었다. 당시 그림에 관심이 많았기에 도서관 서고에서 그림에 관한 서적들을 찾아다녔다. 우연히 알게 된 남산시립도서관, 습관처럼 찾았던 화집, 이것들은 과연 우연과 습관이었을까. 서울지리를 잘 모르는 목포 촌닭, 전철표를 어떻게 구입하고 어떻게 사용해야 하는지 잘 모르는 비문명인, 여러 번 찾아갔어도 헤매는 천성의 길치, 이런 내가 홀로, 중학시절 남산시립도서

피카소, 〈아비뇽의 처녀들〉, 1907, 캔버스에 유채, 243.9x233.7cm,
뉴욕, 현대미술관(Museum of Modern Art)

관을 찾아갔던 것이 우연이었다면 이것은 천운이라 하겠다. 왜냐하면, 난 그곳에서 나의 어리석음을 깨뜨릴 수 있었기 때문이다.

피카소를 만났다. 파블로 루이스 피카소(1881.10.25~1973.4.8), 큐비즘, 〈아비뇽의 처녀들〉로만 알고 있었던 피카소의 습작기 화집을 만나게 되었던 것이다. 피카소의 습작기 작품들은 내게 커다란 충격이었다. '어쩌면 이럴 수 있는가' 라는 부르짖음과 떨림만이 있었다. 혼란스러운 그림만 그리는 줄 알았는데, 그 혼란스러운 피카소가 정도의 길을 마쳤다는 것이다. 다른 이들에게는 너무도 당연한 사실로 인식될지 모르지만 내게는 놀라운 충격이었다. 그 대단한 화가도, 그 어렵고 자신의 색깔만을 드러내는 화가도, 데생부터 시작했구나 라는 깨우침에 나는 어린 나이에 무릎을 꿇었다. 그리고 내가 얼마나 피카소를 과

1. 피카소가 9살 이후로 그림 연습작
2. 피카소가 9살 때 그린 헤라클레스, 1990.11
3. 피카소가 10살 때 투우장과 비둘기를 보고 그린 그림 1
4. 피카소가 10살 때 투우장에서 보고 그린 그림 2

소평가 했는지 반성을 했다. 중2의 눈으로 본 피카소는 어린아이의 장난과 같이 느껴졌었다. 누구나 그려낼 수 있는 그림처럼 말이다. 그러나 피카소가 정도의 길을 다 밟고 자신의 창작의 길로 향했다는 것을 안 뒤, 나의 무식함에 고개를 숙이고 말았다. 내겐 그러한 피카소이다.

피카소는 스페인에서 태어났지만 프랑스에서 주로 거주한 화가이다. 19세기 말에서 20세기 초를 살아낸 화가로서 입체주의 화풍을 선도하고, 현대미술의 영역을 개척해낸 화가이다. 또한 정치적, 사회적 관심이 지대하여 평화옹호운동에 적극 가담한 건강한 예술인이다. 그의

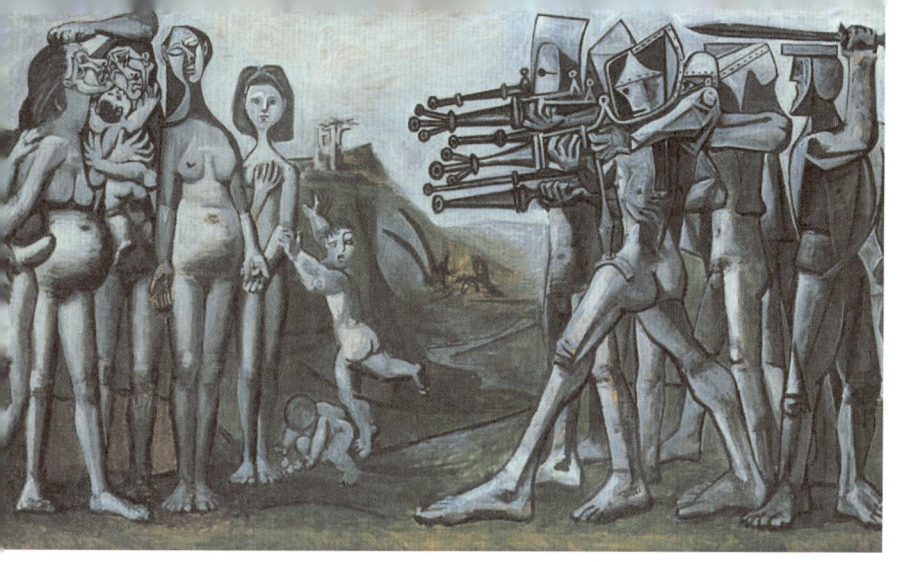

피카소, 〈한국에서의 학살〉, 1951, 캔버스에 유채, 209×109cm,
파리 피카소미술관(Musée Picasso)

  정치적 색채를 드러내는 작품은 스페인 내전을 다룬 〈게르니카〉가 대표적이다. 스페인 내전에서 힘없이 쓰러져간 민간인들을 그려낸 〈게르니카〉는 참으로 인상적이다. 그뿐만 아니라 한국전쟁의 불행도 고발하였는데, 〈한국에서의 학살〉이 그것이다.

  1951년 1월 18일! 한국전쟁을 소재로 한 〈한국에서의 학살〉의 종지부를 찍었다. 우리나라의 신천대학살사건이 전 세계에 보도되었다. 신천군 4분의 1에 해당하는 시민들이 죽임을 당했다. 이 같은 경악스러운 사실에 평화옹호주의자 피카소가 부르르 떨지 않을 수 없었다. 그래서 작업에 들어갔고, 신천대학살 보도가 난지 한 달여 만에 〈한국에서의 학살〉을 발표하게 된 것이다. 중무장한 군인들의 총칼 앞에 벌거벗겨진 엄마와 아이들, 죽어가는 영혼들을 무섭도록 잘 담아내었다.

  그는 모국의 평화문제만이 아니라 세계 평화를 원했다. 이 그림이 전시되었을 때, 유럽의 평론가들과 미국 등은 곱지 않은 시선을 보냈다. 그 이유는 너무도 명백하다. 피카소 그림의 예술성이 아니라 정치성의 문제였다. 특히 미국에서는 반공주의자들에 의해, 프랑스에서는 공산당을 비롯한 좌파진영에 의해 다른 견해들이 쏟아져 나왔다. '이

시카고 시청 앞 피카소 조각작품 – 무제

작품은 예술성이 약하다', '이 작품에서의 진정한 살인자는 누구인가' 등등의 시비논쟁이 붙은 것이다. 이러한 시비가 있을 법도 한 것이 당시 피카소는 프랑스의 공산당원이었고, 레닌 평화상 수상과 스탈린의 초상을 제작한 경력이 있었기 때문이다. 그러나 예술은 시대를 이겨내는 마력을 가지고 있다. 당시에도 경종을 울렸겠지만 오늘날에는 프랑스 파리 피카소미술관에서 자기의 몫을 담당해내고 있다.

또한 피카소는 조각가이다. 그는 700여 점의 조각품을 창작하기도 했다. 시카고 시청 광장에 피카소의 조각이 서 있다. 현재 시카고의 상징물로 알려진 위 작품도 한때는 좋은 평을 받지 못했다. 피카소가 시카고 시에 선물하여 1967년에 건립되었는데, 당시 시민들 사이에서는 여러 논란이 있었다. 위 조각을 없애고 운동선수의 동상을 세우자는 설까지 의회에 제안되었다고 한다. 더군다나 피카소가 조각의 제목을 무제로 하였기 때문에 여인의 얼굴, 애견의 모양, 말의 형체, 새의 형체 등등의 설이 난무하였다. 그러나 그러면 어떠하리······. 지금은 시카고의 상징물이 되어 있는 것을 말이다.

하여간 피카소는 여러 논쟁과 이견을 이끌어낸 독특한 화가, 조각가이다. 죽는 그날까지 부와 명성을 잃지 않은 몇 안 되는 예술가이자, 후대 문인들까지 기억해주는 예술가이다. 그러면 우리나라 문인들이 기억하는 피카소를 따라가보자.

피카소를 기억하는 시인은 함성호와 김혜순이다. 함성호는 피카소의 〈게르니카〉를 주목하고 있고, 김혜순은 피카소의 청색시대 화풍을 기억하고 있다.

1) 피카소의 〈게르니카〉와 케테 콜비츠의 〈죽은 아이를 안은 여인〉을 마주하다 - 함성호

함성호는 건축학도이다. 그래서 현재 건축평론가로 활동하고 있으며, 건축설계사무소를 운영하기도 한다. 그러나 그는 시인이다. 그가 건축평론가로 활동하기 1년 전 《문학과 사회》에 시 「비와 바람 속에서」(1990) 외 3편으로 등단하였기 때문이다. 물론 시로 등단했다고 해서 다 시인인 것은 아니다. 그가 얼마나 시심으로 꾸준히 시를 창작하고 있는가도 중요하다. 이 점에서도 그는 시인이다. 시집 『56억 7천만년의 고독』, 『성 타즈마할』, 『너무 아름다운 병』 등을 출판하기도 했다.

건축비평가이자 시인인 함성호가 화가이자 조각가인 피카소와 케테 콜비츠를 만났다. 그 지점은 전쟁이다.

게르니카는 스페인의 한 도시다. 역사적으로 게르니카는 바스크 독립국을 세우려 했으나 실패한 뒤, 독일기로 추측되는 비행기로부터 심하게 폭격을 받았다. 1937년, 폐허가 되어버린 게르니카는 전 세계에 보도되었다. 1937년 4월 스페인 내전 중, 스페인 프랑코 장군과 그를 지원한 히틀러가 3시간 동안 50톤의 폭탄을 투하하여 민간인 1654명이 사망하였고, 889명이 부상당했다. 물론 희생자의 대부분은 노인, 어린아이, 여자들이었다. 당시 도망치고 있는 난민들까지도 기관총으로 무차별하게 사살했다는 보도까지 흘러나왔다.

당시 피카소는 파리만국박람회의 에스파냐관館 벽화제작을 의뢰받아 작업중이었다. 그때 피카소는 게르니카 소식을 듣고 분노로 대벽화를 완성하였는데, 그것이 바로 〈게르니카〉다. 피카소는 평소 "그림이란 집안을 장식하는데 그치는 것이 아닙니다. 그것은 적을 공격하고 방어하는 전쟁 무기가 될 수도 있습니다."라고 말하곤 했다. 또한 "어떤 이유에서든 폭력을 바탕으로 하는 전쟁은 미친 짓이며 흉악한 죄악이다."라고 주장하였다. 그렇다. 전쟁은 인간을 궁지로 내몰다 결국 죽음에 이르게 하는 흉악한 죄악이다. 그럼에도 불구하고 피카소가 살아냈던 19세기 말부터 20세기 초는 유난히 국제적인 전쟁이 잦았다. 그 비극을 참지 못한 피카소는 두어 달 만에 대작 〈게르니카〉를 완성해 내었고, 파리만국박람회 뿐만 아니라 구미 여러 나라에 순회전을 펼쳤다. 이에 세계 지식인들은 이 그림을 통해 스페인 내전과 독일군의 망령됨을 다시 한 번 인식하고 행동하게 되었다.

이처럼 그림은 보는 즐거움, 집안의 장식품이 아니라 인간을 움직이게 하는 동력이 되기도 한다. 피카소처럼 구체적 사건의 현장을 화가의 시선을 빌어 재구성할 경우에는 시대를 초월하여 기억되고 반성하고 의미를 추스르기도 한다.

피카소, 〈게르니카〉, 1937, 캔버스에 유채, 벽화, 349X775cm, 스페인, 마드리드 소피아 왕비 미술관(Museo Nacional Centro de Arte Reina Sofia)

피카소가 재연한 게르니카는 검은색, 흰색, 회색으로 빚어진 전쟁, 분노, 공포, 비극으로 물들어 있다. 울부짖는 어머니, 그 어머니의 팔에 매달려 있는 어린아이, 부러진 칼, 스페인을 상징하는 황소의 멍한 표정, 이것들이 바로 피카소가 읽어낸 게르니카이자 20세기 초의 현실이다. 그렇다면 피카소의 〈게르니카〉는 20세기 초의 역사적 현실만을 외치는 것일까. 그렇다면 우리에게 더 이상의 감동으로 다가올 수 없을 것이다. 그것은 피카소의 고향 게르니카의 이야기이자 지난 세월의 이야기이기 때문이다. 문제는 여전히 역사는 연결되어 있으며, 그때의 인간이나 지금의 인간이나 50보 100보라는 것이다. 그래서 스페인과 물리적, 심리적으로 저 멀리 떨어져 있는 한국 강원도 태생인 함성호가 피카소의 〈게르니카〉를 다시금 불러 세우는 것이다.

함성호는 말한다. 20세기는 세르비아의 총성으로부터 시작하여 그 세르비아 총성으로 서구 이성주의의 최후를 고하고 있다고 말이다. 다시 말해서 20세기는 1차 세계대전으로 시작되어 그로 말미암아 끝을 맺는다는 것이다. 그렇다면 더더욱 피카소의 〈게르니카〉를 접할 수밖에 없다. 그런데 문제는 그의 의식 속에는 "겪는 자"와 "보는 자"의 구분이 있다는 것이다. 함성호는 「거대한 권력에서 미세한 억압으로」라는 글에서 자신은 모든 세기말적 징후들을 겪지 않고 보고 있다고 언급하고 있다. 외신에 의해서, 날아온 필름을 통해서, 전하는 자의 목소리를 통해 간접적으로 보고 있다는 것이다. 진정 겪었던 캐빈 카터는 플리처상을 수상했을지언정 그 고통을 감내하지 못하고 지하 주차장에서 자살하였다. 이 소식을 접한 시인 함성호는 이 사건을 '죄의식은 사하여주고, 분쟁, 바이러스에 의한 재난이 당신의 것이 아니니 안심하시오'라는 전언으로 받아들인다. 이에 함성호는 부르짖는다. "나는 언어를 절제하지 않는다." 그래서 장편의 시를 쏟아내고야 만 것이다.

1

나는 그때 분명히 웃고 있었는데 고개를 똑바로 고치라는 사진사의 지시와 희망찬 일간지의 신년사 같은 조명의 눈부심 속에서 분명 웃고 있었는데 삼 일 후에 와서 보는 그때의 나는 왜 이런 우거지상이냐 사진사의 심각한 얼굴이 우스워서 가만히 웃고 있었는데 분명 나는 그 빛 속에서 살고 싶었는데

(귀가 잘린 자화상 같다)

비 오는 날의 강은 결연한 초상과 같다 지하철을 타고 한강을 건너오면서 차내 방송은 다음 역이 신촌이라고 우겼다 차내 방송에 속은 잠자다 깬 사람들의 무서운 독사진

2

세기 초두의 미술사에 있어서 모든 공간의 탐구는 이 스페인 화가 파블로 피카소의 「게르니카」 한 편에 집중된다 이 회화에서는 동시성의 원리, 내외 공간의 침투, 평면의 한계를 뛰어넘어 전달하고자 하는 강렬한 시 정신을 명쾌하고 극명하게 전파하고 있다 그것은 한 예술가의 손에 의해 옮겨진 한 시대의 비극, 피에 조갈을, 살인자의 마수성을, 스페인 민중의 힘을 전사하고 있다

3

새는 손바닥만한 두 날개로 전하늘의 중량을 받치고 있다
위험한 시내에서는 악쓰는 군가 소리와 함께
대대 병력의 군사 이동이 있었고
민간 차량이 잠시 통제됐을 뿐 후방은 평온했다
가령 교회가 파산했다든가 거지가 폐업 신고를 냈다든가 보험회사가 망했다든가 영화 포스터가 반체적이었다든가 아이들이 참요를 부르며 놀았다든가 여성 잡지가 정치적인 이유로 폐간당했다든가 을지로의 빌딩들이 어이없이 무너져내렸다든가 하는 생소한 일은 영영 일어나지 않았다
군 차량이 시를 통과한 빈자리로 민간 차량들이
다투어 몰려들고 조간 신문과 석간 신문은
치칠 광고와 여성 청결제 광고를 오 단의 다소 큰 크기로 냈을 뿐
조용했다 시민들 중의 여중생들은 인기 연예인의 근황을 평전처럼 장황하게 늘어놓았고 시민들 중의 사십대들은 소득세가 터무니없이 많이 나왔다는 얘기들이고 대다수의 시민들은 텔레비전 앞에서 핏대 세우는 것으로 자신들의 무력함을 보상받았다
찬바람이 불기 시작했지만 여자들의
정성들여 빗질한 머리를 헝클어놓은 것을 제외하곤
일상은 변화 없이 꾸준했다 최전방의 친족에게서 편지가 왔지만
잘 있다는 얘기뿐이고, 철책 너머 임진강이 아름답다는 간단한 감상이 전부였다
답장을 써놓았지만 우표 값이 십 원 올라 아직
못 부친 채였다
인공위성에서 보내온 구름 사진대로
오월의 둘째주 일요일은 흐린 날씨에 바람이 약간 불었다
풍향계가 몸을 푼 여자처럼 가뿐하게 돌고
하늘이 무너지면 솟아날 구멍은 아예 없는 것처럼 보였다

4

그 색조 속에서 보여지는 표현된 것 이상의 살아오는 죽음의 표현은 큐비즘의 공간 영역을 극대화하고 있다 나의 죽음을 헛되이 말라, 거기

에는 색채가 없다

　암흑과 암흑의 그림자만이 캔버스를 가득 덮고 있다 어떤 화려한 전시장의 조명도 이 대중적 의미와 행동의 양식을 도색할 수 없다 확고한 구성 속에 보이는 혼미.

　　「죽은 아이를 안은 여인」, 부식 동판 43×49cm, 1903, 캐테 콜비츠

5

　죽지 말자 한 시대의 살의가 네 살점을 한 근씩 두 근씩 베어가더라도, 그 역사의 반동이, 그 불덩이가, 네 복부를 쑤시고 들더라도, 죽지 말자. 천안문 광장의 붉은 벽돌 앞에 거꾸러진 뜨거운 도살의 피여,
　아르메니아의 인민들이여
　삼색기 흔들며 흙먼지 속에 선 팔레스타인의 어린 전사여-부디, 오늘 아침도 신께 예배하고 다시 총을 잡을 수 있길.
　나는 종종 ⚲ 얘와 ⚲ 얘를 만난다
　⚲ 얘는 날더러 안심하고 가라 하고
　⚲ 얘는 날더러 위험하니 가지 말라 한다
　⚲ 얘의 말을 너무 믿는 것은
　신문을 광신하는 것같이 위험하다
　그러나 ⚲ 얘는 독재자다
　항상 옆구리에서 우리를 위협한다
　일전이다
　우리는 여기서 몰살한다
　통성명도 없이 친해진 우리들

6

　혼란과 테러, 죽은 아이를 안은 모친, 불타는 집 속의 쓰러진 여자, 두부처럼 잘려나간 어여쁜 너의 젖가슴, 부러진 칼, 무표정한 황소, 한껏 비틀려 펼쳐진 손가락, 아이의 머리, 울부짖는 엄마, 엄마, 엄마, 말 달리던 선구자는 쓰러져 있고, 빈 말 만, 빈, 말, 만, 필라멘트로 엮어진 전구, 물고문, 씨발년 불어, 허위의 조서 위로 떨어지는 지하실의 잔향들, 꽃잎처럼 스러져간 우리들 어여쁜 젊은 넋이었다.

7

　미물의 탈을 벗고 부디 극락왕생하거라 공수부대 곤봉에 맞아 죽은 집게벌레여 군홧발에 눌려 죽은 나의 어린 땅강아지여 지금쯤 어느 생으로의 환생을 다시 꿈꾸는지 청춘의 고뇌여 이제 이승 짐 모두 벗어버리고 펴나안한지 누이야 죄없는 어린것을 잃고 원통해 두드리던 네 가슴속 피멍 생생히 더욱 또렷해오는 아이의 핏물 얼굴 울지 말자 어떤 인연으로 우리는 만나 한세상 같이 웃고 울었을까 웃음 머금은 얼굴로 마치 생시처럼 이승의 스냅 사진 속으로 간, 이름모를, 식별할 수 없는 벗이여 어느 흙구덩이 속에서 두 눈 부릅뜨고 살아 있는지 소식 전해다오
　저 혼란 속에서 흔들리고 있는 등불을 빌어

8

　누군가가 오고 있다 이 테러와 비이성의 야만 속으로 황소는 무표정하다 피카소와 같이 큐비즘을 출발시켰던 브라크는 다시 세잔느로의 회귀를 보여주는 듯하다 황소는 무표정하다

　　　　아, 아 버 버, 으 으
　　　　버… 버… 아 아 아
　　　　으으, … 버 버 아, 으 으
　　　　냐 흐 으으, 버, 버 버
　　　　으 아 아, 으으 버, 아 으
　　　　아으, 아, 으, … 이, 이,
　　　　… 나 … 쁜 … 놈 …

9

　미친 듯이 휘날리고 있었어
　갈대들이. ― 수로를 어지럽히고 바람이 불고 있었어
　바다 쪽으로. ― 작은 섬들을 잇는 다리가 호올로 서 있었어
　철새가 깃들이던 둥지엔 없었어
　아무도. ― 소리를 내고 있었어

숲 저편에서. - 억새들의 반란이 일어났어
흑과 백의 세계에서. - 하필,

10

아 야 어 여 오 요 우 유 으 이 - 바람이 불고 있었지 유리문 저편에서. 총알이 내 너무 가벼운 머리통을 관통하며 면사포 쓴 너의 오랜 사진에 가 박힌다 아내여, 네 아이들의 세상은 반드시……
아들아 참으로 징그러운 세월이었잖느냐 너무 오래 기다렸다 미륵의 번한 세상. 살아서만 돌아오너라, 살아서만,
대검이 내 배를 갈랐어요 어머니,

11

전사여 이것은 성전이다
우리들의 아픔은 전도되지 않는다
절연체이고
비명횡사의 단말마다

12

의료보험증 번호 2396-114

피부양자

성 명	주민 등록 번호	관 계	확 인
장미자	590104-2279313	배우자	81023
김석녀	720115-2279323	자녀	781023
김석진	741130-1279218	자녀	781023

(일요일 아침의 공중 목욕탕은 광란의 아우슈비츠 같다)

13

「단두대 위에서의 춤」, 부식 동판 57×41cm, 1901, 캐테 콜비츠

난 궁그는 파도가 될래요, 해일 같은 산맥으로 누울래요, 빛의 폭풍으
로 달려갈래요, 삼천대천 세계에 피에 이슬진 그 어여쁜 꽃으로 피고 질
래요, 목숨이 하도 질겨서 우리는 징헌 놈의 시상도 사요. 누나, 치마에
피가, 시대가 내 정조를 유린했어 ― 그 미친 황소가,
　　　　아아 어머니 눈 못 감겠어요.

― 함성호, 「게르니카」

함성호의 다음의 말은 참으로 주목할 만하다.

　　나는 새로운 세계를 창조하고자 하는 것이 아니다. 무엇보다도 나의 관
심사는 이 세계를 구성하고 있는 내밀한 풍경을 훔쳐보고 싶은 것이다.

함성호가 "모든 진리가 쉽게 말해질 수 있다는 헛된 상상을 버린 지 나는 오래다."고 고백했듯이, 그는 지속적으로 외치고, 표출하고, 드러내고 있다. 그가 드러낸 「게르니카」, 그가 피카소에게 덧입은 〈게르니카〉, 이들이 역사의 현장 '게르니카'에서 끌어낸 것은 무엇일까.

함성호의 「게르니카」는 지하철 내의 '속임'으로 시작되고 있다. 분명 신촌이 아닌데 신촌이라고 차내 방송은 우겼다는 것이다. 위에서부터의 우김질

케테 콜비츠, 〈단두대 주위에서의 춤〉, 1901,
부식 동판, 58x41cm, 맨하튼,
세인트 에티엔느 갤러리(Galeric St. Etienne)

로 아래에서는 속을 수밖에 없다. 속아서 깨어난 뒤 바라보는 것은 피카소의 〈게르니카〉이다. 함성호는 피카소의 〈게르니카〉를 소개할 때, "한 예술가의 손에 의해 옮겨진 한 시대의 비극, 피에 조갈을, 살인자의 마수성을, 스페인 민중의 힘을 전사하고 있다"고 하였다. 함성호의 「게르니카」을 읽고 있는 2010년, 함성호가 「게르니카」을 창작한 1991년, 피카소가 〈게르니카〉를 제작한 1937년 6월 4일, 역사의 현장 게르니카의 비극이 일어난 1937년 4월 26일, 모두 다르다. "겪은 자"와 "보는 자", 과연 누가 겪은 자이고 누가 보는 자인가. 불행하게도 함성호, 피카소, 오늘날의 감상자 모두 다 "보는 자"이다. 그래서 우리는 자살하지 않아도 되기에 안심해야 할까. 그렇다면 함성호는, 피카소는, 우리는 더 이상 작업을 지속할 수 없을 것이다.

 그래서 함성호는 우리에게 한국의 80년대 사회, 광주항쟁을 시로 말한다. 시내에서의 군가 소리, 대대 병력의 군사 이동, 민간차량의 통제 등 엄청난 일이 벌어졌을 때 세상은 너무도 '조용했다.' '일상은 변화 없이 꾸준했다.'라는 것이다. 이러한 비극을 견디지 못해서 함성호는 4연에서 케테 콜비츠를 불러 세우고 있다.

케테 콜비츠, 〈죽은 아이를 안은 여인〉,
1903, 동판화, 41.7x47.2cm,
워싱턴 미국국립미술관(National Gallery of Art)

케테 슈미트 콜비츠(Käthe Schmidt Kollwitz, 1867.7.8 ~ 1945.4.22)는 독일의 화가이자 판화가이며 조각가이다. 그녀는 전쟁으로 불행해진 여인이다. 아들과 손자를 각각 세계대전 당시 잃었기 때문이다. 아들 페타는 제1차 세계대전 때, 손자는 2차 세계 대전 때 전사하였다. 18살의 아들을 빼앗긴 어머니의 심정, 손자를 빼앗긴 할머니의 심정이란 그야말로 함성호의 말따라 "겪은 자"가 아니고서는 알 수 없다. 우린 다만 추체험할 뿐이다. 겪은 자는 말없이 그림을 그렸다. 전쟁 통에 죽은 아이를 안은 여인, 자신의 모습을, 전쟁 통에 굶어 죽어가는 아이들을 드러내고 있다.

케테 콜비츠,
〈독일 어린이들이 굶고 있다〉, 1924,
석판, 40.5x27.5cm

인간으로서 가장 기본권인 생존권, 그 기본권이 박탈되어 호소하는 아이들을 어떤 언어로 설명 가능할까. 그저 보여줄 뿐이다. 이 같은 참여미술의 선각자, 콜비츠의 미술이 우리나라 1980년대 민중미술에 큰 영향을 미치지 않을 수 없었을 것이다. 가난한 노동자와 함께 하면서 작업했던 콜비츠는 우리나라 1980년대 노동자와 함께 했던 지식인들의 모습을 연상케 한다. 의사 콜비츠의 아내로 편안하게 살 수 있었던 케테가 부당한 권력과 전쟁의 폭력에 저항하며 살았다. 그것은 자식의 죽음을 '겪은 자'이기에, 더 나아가 게르하르트 하우프트만의 〈직조공들 The Weavers〉(1892)이라는 연극을 관람한 이후 '보는 자'였기에 가능했던 것이다. 그래서 결국 그녀는 〈전쟁은 이제 그만〉이란 작품을 제작하였다.

끝내 히틀러에 의해 모든 권한을 박탈

케테 콜비츠, 〈전쟁은 이제 그만〉,
1924, 석판, 94x70cm, 워싱턴 국립
미술관(National Gallery of Art)

당하고 작품전시도 금지 당했지만 오늘날까지 기억되고 살아있는 영혼이 된 것이다. 그래서 오늘날 함성호도 그녀를 기억하는 것이다.

6연에 이르러 함성호는 피카소의 〈게르니카〉를 소개하면서 은근히 한국의 현실로 돌아오고 있다. 함성호의 시작은 신촌역의 속임이었다. 이제 함성호는 서서히 그 막을 내릴 준비를 한다. 피카소의 〈게르니카〉를 연상케 하는 보도 속에서 한국의 현실을 잔잔히 드러내기 시작하여 7연에 이르러 공수부대 곤봉에 맞아 죽은 집게벌레, 군홧발에 눌려 죽은 땅강아지 등으로 광주항쟁을 되살려내고 있다.

광주항쟁이라는 사건을 두고 '겪은 자' 와 '보는 자' 로 나눈다면 나는 '겪은 자' 에 가깝다. 나는 어린 시절 광주와 차로 1시간 거리에 있는 목포에서 살았다. 너무도 어렸던 탓에 두려움과 위압감을 채 느끼지 못했다. 우리 집은 큰길가에 있었고, 옥상이 있었기에 길가를 내려다 볼 수 있었다. 광주에서부터 태극기를 들고 시가행진한 대학생 오빠, 언니들이 지나가자, 얼마쯤 되었을까, 다시 한 무리가 지나가고 있었다. 그 무리는 태극기가 아니라 죽은 시체를 끌면서, 지나가고 있었다. 죽은 시체의 가슴을 도려내어, 팔다리를 질질 끌면서 상가들의 유리창을 깨뜨리고 있었다. 전자는 광주시민과 대학생이요, 후자는 공수부대 군인들이었다. 현재 나의 둘째 형부는 이 당시 광주에서 목포까지 숨어서 내려왔다고 한다. 공수부대 출신이기에 이 상황이 어떤 상황인지 직감했던 것이다.

기어이 함성호는 12연에서 광주항쟁 당시 죽은 이의 부양자들을 제시하고 있다. 더 이상 피부양자가 될 수 없는 현실, 이젠 부양자가 되어야 함을 보여주고 있는 것이다. 이젠 더 이상 머물 곳이 없다. 단두대에 서 있는 항쟁만이 있을 뿐이다.

그럼에도 불구하고 눈을 감을 수 없다고 호소하는 자녀. 어머니들은 안다. 그래서 함성호는 피카소의 〈게르니카〉에서도 얻어낼 수 없는 그것을 케테 콜비츠에게서 잠시 빌린다. 세상의 어머니들은 안다. 그것이 사소한 문제이든 거대한 문제이든, 자녀에게 미칠 영향은 항상 절박하다는 것을……

2) 피카소의 청색시대를 주목하다 - 김혜순

현재 서울예술대학 문예창작과 교수인 김혜순은 건국대 국문과 재학시절 《시문학》 주최의 〈대학생문학상〉 시부분에서 장원을 했으며, 《동아일보》 신춘문예에 평론 「시와 회화의 미적 교류」가 당선되었다. 또한 그녀는 1997년 16회 김수영문학상, 2000년 현대시작품상, 소월시문학상, 2006년 미당문학상, 2008년 대산문학상을 수상한 시인이다.

김혜순이 만나러 간 피카소는 함성호가 만난 〈게르니카〉의 피카소가 아니다. 그녀는 우울의 시대, 청색시대의 피카소이다.

> 파리로 날아가기 전 바르셀로나의 피카소는 청색시대를 난다
> 하늘과 바다가 맷돌처럼 맞붙어
> 갈아낸 푸른 가루가 식구들 위로 풀풀 날린다
>
> 오늘 일 끝내고 이불을 끌어올리면
> 바다를 오래오래 구워
> 내 뼈를 만들어주신 하나님이
> 나를 또 바다로 부르시네
>
> 뭉글뭉글 피어오르는 바다 나무 한 그루
> 바다 나무 이파리들이 바다 커튼처럼
> 커튼을 걷고 안으로 걸어 들어가면
>
> 저 세월의 바다에 잠긴 내 푸른 시간들
> 푸른 이끼 퍼진 얼굴이 껴안은 푸른 내 애인

퍼내도 퍼내도 푸른색은 퍼지지 않아
(이불을 들썩거리며 돌아누우며)
누가 저 바다를 꺼다오

수천 개의 수상기들이 철썩거리는 소리
내 애인에게 푸른 옷 입히는 소리
꺼다오

(내 뼛속 어딘가 그 어딘가 아직도
출렁거리는 바다 있어
쉴 새도 없이
상영중인 바다가 있어)

피카소는 어떻게 뼛속의 바다를 건너
장미 빛 시대의 암술 속으로 들어갈 수 있었을까
그는 어떻게 뼛속의 바다를 건넜을까

— 김혜순, 「청색시대」

피카소, 〈자화상〉, 1901, 캔버스에 유채,
81×60cm, 파리, 피카소 미술관(Musee Picasso)

피카소의 청색시대라……, 그것은 죽음으로부터 시작되었다. 그의 단짝 친구 카를로스 카사게마스가 자살한 것이다. 친구와 함께 부푼 꿈을 갖고 파리로 온 피카소에게 비극이 벌어진 것이다. 경제적인 빈곤, 방랑 등의 비극은 시초부터 겪었던 터라 더 이상 새로운 것이 못 되었다. 피카소가 감당하기 어려웠던 비극은 절친했던 친구, 함께 예술가의 낙원인 파리로 건너온 카를로스 카사게마스가 거리의 여인 제르멘 가르가요에게 실연을 당해 권총자살한 것이다. 참으로 비극, 충격, 공포 그 외에 무슨 말을 더할 수 있으랴. 그 이후 피카소는 4년간 청색만을 고집했다. 그림만의 문제가 아니라 자신이 입은 옷색깔마저도 청색이었다고 하니 이는 광기라 할 수 있다.

피카소가 청색으로 그린 것들은 무엇일까. 그것은 알콜 중독자, 걸인, 장님, 카사게마스 등이다. 이들의 공통분모를 찾아보라고 한다면 불행, 고난, 비극, 극복되기 힘든 그 무엇이라 하겠다.

피카소는 19세에 몽마르드 언덕을 밟았다. 가난은 피카소의 예명처럼 함께 했다. 그래서 친구의 집에 얹혀 살았다. 1901년의 〈자화상〉은 그런 궁핍에 찌든 자신의 모습을 담아낸 것이다. '횡'하는 푸른 기운은 우리가 늘 바라보고 싶은 푸른 하늘빛이 아니라 냉기와 경직으로 찌들어 있는 푸르스름함이다. 그럼에도 불구하고 눈빛은 아직 살아 있으니 다행이다.

〈웅크린 여자〉, 〈장님의 식사〉, 〈늙은

피카소, 〈웅크린 여인〉, 1902, 캔버스에 유채

피카소, 〈장님의 식사〉, 1903, 캔버스에 유채, 95.3×94.6cm, 뉴욕, 메트로폴리탄 미술관(The Metropolitan Museum of Art)

피카소, 〈늙은 유태인과 소년〉, 1903, 캔버스에 유채, 모스크바, 푸쉬킨 미술관(The Pushkin Museum of Fine Art)

피카소, 〈인생〉, 1903, 캔버스에 유채, 196.5×129.5cm, 오하이오, 클리블랜드 미술관 (Cleveland Museum of Art)

〈유태인과 소년〉은 청색시대의 절정인 듯하다. 가난과 고통이 피카소의 청색시대이다. 그래서 피카소는 청색시대에 웅크리고 있는 여자, 사회적 약자인 장님, 인간으로서 그 기를 다한 늙은이들의 굶주림을 피사체로 삼았다. 여기에 암울한 청색을 더하였으니 비극의 극단이라 할 만하다.

급기야 〈인생〉에서는 사랑의 덧없음을 드러내고 있다. 〈인생〉의 모델은 피카소 자신에서 절친 카를로스 카사게마스로 바뀌었다. 스케치를 할 때만 해도 피카소 자신이었는데, 완성된 작품에서는 친구의 얼굴만이 남아 있었다. 이 작품이 피카소의 청색시대의 마지막 작품으로 추정되고 있다.

그러나 사람이면 누구나 인생 대전환의 시기가 있게 마련이다. 피카소도 예외는 아니었다. 사람마다 전환계기와 시기만 다를 뿐 누구에게

나 찾아오는 기회이다. 피카소에겐 사랑이었다. 카를로스 카사게마스는 사랑의 실패로 자살하였다. 그에게는 사랑이 인생전환의 계기이자 비극의 단초였다. 그러나 피카소는 이성 간의 사랑으로 사랑하는 친구를 잃은 비극에서 벗어나게 되었다. 피카소 인생전환의 주동자, 사랑하는 여인, 그녀는 베르낭드 올리비에다. 당장 먹을 음식이 없을지라도, 그림을 그릴 재료가 궁할지라도, 행복한 절대적인 이유는 바로 올리비에와의 사랑이 있기 때문이다. 그래서 피카소의 미술세계는 청색시대에서 장밋빛시대로, 불우한 거지와 병자와 노인이 아닌 즐거움을 선사하는 곡예사들로 변하게 되었다. 결국 남자에게 있어서 여자는 삶과 죽음을 주는 존재였던 것이다.

여성, 페미니즘의 선봉장인 김혜순도 바로 이것을 바란 것은 아니었을까. "퍼내도 퍼내도 푸른색은 퍼지지 않아" 하고 탄식하던 자에게 "장밋빛 시대"를 열어준 통로는 '여자' 임을 김혜순은 알고 있었던 것이다. 그리고 자신이 그 누군가의 통로가 되기를, 또한 자신에게 통로가 되는 이를 구하는 것이었으리라. 결국, 사랑이다. 사랑이여 영원하라.

7. 에두아르 마네(Edouard Manet),
너의 낙선작 영원히 기억되리

마네! 모네! 마네! 모네! 난 늘 헷갈렸다. 마네던가? 모네던가? 개인적인 취향으로 본다면 모네풍을 더 좋아한다. 그래서 대학시절 모네의 〈수련〉을 너무도 좋아한 나머지 연못가에 앉아 연꽃을 그리곤 했다. 물론 그 작품의 완성도에 대해서는 말하지 말아야 한다. 그럼에도 불구하고 마네의 그림이 더 인상적이다. 끝끝내 뇌리에 젖어 있으니 말이다. 그 이유는 무엇일까. 마네와 모네가 친구이듯, 모네를 좋아하는 나도 마네를 좋아할 수 있나보다.

에두아르 마네(1832.1.23~1883.4.30)는 19세기의 프랑스 화가이자 판화가이다. 파리에서 태어나 파리에서 죽은 오리지널 예향 파리인이다. 아버지 오귀스트 마네는 아들 에두아르 마네가 법관이 되길 바라셨다. 그러나 아들은 화가가 되겠다고 한다. 그 절충선으로 마네는 해군사관학교 입학시험을 치르지만 두 번이나 낙방하고 만다. 그러자 아버지도 마네의 희망, 화가의 길에 동의하게 된다.

낙선의 대가, 에두아르 마네……. 우리가 알고 있는 대부분의 작품은 바로 그 낙선작들이다. 마네가 죽은 다음해 그의 추모전이 열렸다. 시종일관 그의 작품과 그를 존경한 에밀 졸라가 전시회 카달로그의 서문을 작성했다. 이 전시회를 통해서 비로소 마네의 진정한 평가는 시작되었다고 할 수 있다. 이 불행이야말로 마네의 공과이다. 그토록 부르주아들에 의해 거부당했던 그의 그림들이 이젠 부르주아들의 경쟁에 의해 팔려나가게 된 것이다. 이것이야말로 세기의 아이러니가 아니면 무엇일까.

마네, 〈버찌를 든 소년〉, 1858, 캔버스에 유채, 65.4×54.6cm, 파리, 귈벵키앙 콜렉시옹 소장

그의 작품들을 잠깐 기웃거려 보자. 마네의 초기작 〈버찌를 든 소년〉의 모델은 목을 매달아 자살한 소년이다. 모델이자 자신의 시중을 들어준 알렉산드르가 목을 매어 죽자 마네는 화실을 옮기기까지 했다고 한다.

우리가 일반적으로 마네의 대표작으로 알고 있는 〈풀밭 위의 식사 Le Déjeuner sur l'herbe〉은 낙선작이다. 부르주아 비평가들은 옷을 입은 젊은 남자들 사이에 발가벗은 여인이 같이 있다는 것이 참으로 부담스러웠나보다. 그러나 이제는 부르주아가 되어야 소유할 수 있는 작품으로 변신하였다. 놀랍지 않은가. 이 놀라운 작품, 〈풀밭 위의 식사〉는 〈목욕〉이라는 화명으로 1863년 낙선전에 전시되었다. 물론 이 전시에서도 비평가들의 비난은 끊이지 않았다. 그리고 한 관객은 다음과 같이 언급하기도 했다.

마네, 〈풀밭 위의 식사〉, 1863, 캔버스에 유채, 214×270cm,
파리, 오르세미술관(Musée d'Orsay)

사회에서 버림받은 천한 여인이 정장 차림을 한 두 남자 사이에서 부끄러운 줄도 모르고 벗을 대로 벗고 건방지게 앉아 있다. 사내 녀석들은 공휴일에 성인 행세를 하는 학생들 같다. 나는 이 수수께끼 같은 어울리지 않는 의미를 찾으려고 헛되이 애썼다. 이것은 한 젊은 화가의 짓궂은 장난이며 전시할 가치조차 없는 부끄러운 상처다. 풍경은 잘 그렸으나 인물은 제멋대로다.

― 최승규, 『서양미술사 100장면』, 가람기획, 1996, p.274.

마네의 모델, 빅토린느 뫼랑(Victorine Meurent)이 순식간에 천한 여인이 되어버렸으며, 파리시 자문관으로 있었던 마네의 동생 귀스타브 마네(Gustave Manet)와 친구이자 매제인 조각가 페르디낭 렌호프(Ferdinant Leenhoff)는 철없는 학생이 되어버린 것이다.

마네가 〈풀밭 위에 식사〉를 통해서 드러내고 싶었던 것은 무엇일까. 정말 천박한 여인과 함께 놀고 있는 철딱서니 없는 학생들이었을까. 오히려 이상만 추구하는 가식이 아닌 현재 우리들의 모습을 그대로 드러낸 것은 혹 아닐까.

〈올랭피아(Olympia)〉는 어떠한가. 마네 작품답지 않게 1865년 살롱

티치아노, 〈우르비노의 비너스〉, 1538, 캔버스에 유채, 119×165cm, 피렌체, 우피치미술관(Galleria degli Uffizi)

전에서 입선한 작품이다. 그러나 마네의 작품답게 예외없이 외설적이라는 거센 비난이 몰려 왔다. 그 비난을 끝내 이기지 못한 마네는 스페인으로 도피여행을 떠나고 말았다. 이 작품은 티치아노의 〈우르비노의 비너스〉를 패러디한 작품이기에 함께 감상할 때 〈올랭피아〉의 진가를 맛볼 수 있다.

원래 이 작품의 이름은 〈고양이와 함께 한 비너스〉였다. 그러나 출품할 당시 '올랭피아'로 변경했다. 이 변경에는 여러 설이 있다. 그 첫째는 친구인 아스튀르크의 시에서 유래했다는 것이다. 아스튀르크가 살롱전 도록에 다음과 같은 시를 실었다.

> 꿈꾸는데 싫증나면 올랭피아는 잠을 깨고
> 봄은 얌전한 흑인 메신저의 팔에 들려오네.
> 낮에 볼 수 있는 감미로운 꽃을 피우려고
> 사랑의 밤같이 하녀가 찾아온다네.
> 젊고 예쁜 처녀의 가슴이 불에 탄다네

두 번째는 당시 파리인들에게 인상적이었던 뒤마피스(Duma fils)의

마네, 〈올랭피아〉, 1863, 캔버스에 유채, 130×190cm, 파리, 오르세미술관(Musée d'Orsay)

〈춘희〉에 등장하는 주인공의 연적戀敵에서 유래했다는 설이다. 이 여인은 파렴치한 여인의 대명사처럼 인식되기도 했다.

세 번째는 당시 창녀들이 '올랭피아' 라는 이름을 애칭으로 즐겨 썼다고 한다.

이 같은 올랭피아는 화면 중심에서 길게 누워 있고, 오른쪽에 흑인 여성과 검은 고양이가 등장한다.

〈올랭피아〉는 두 가지 측면에서 도드라지게 주목된다. 하나는 나체 여성의 이미지인데, 그동안 화폭에 담긴 나체의 여성은 신화속의 인물로서 신성성을 담고 있었지만, 〈올랭피아〉에서는 천박한 창녀의 이미지만 물씬 풍기고 있다. 다른 하나는 흑인, 검은 고양이의 등장이다. 흑인의 등장도 이색적이지만 방종을 상징하는 고양이의 등장은 작품의 의미해석에 직결된다. 이러한 이유에 의해서 이 작품은 비평가들에게 혹평을 면치 못했다. 그도 그럴 것이 마네가 당시로서는 좀 심하게 획기적이긴 했다. 그러나 오늘날도 기득권과 상류층의 버젓한 자태 뒤로 이뤄지는 매춘과 향락이 버젓이 존재하지 않은가. 마네는 이러한 현실을 고발하고 싶었던 것이 아닐까.

그는 51세로 세상을 떠났다. 비록 생전에는 비난의 대상이었고, 낙선작이었지만 후대에 길이길이 기억되는 작품들을 남기고서 말이다. 〈올랭피아〉는 친구 모네가 거금을 들여 경매에서 구매하여 프랑스에 기부하였으며, 〈풀밭 위의 식사〉는 한 소장자가 프랑스에 기부하였다. 그래서 이 두 작품은 오르세미술관에 버젓이 전시되어 있다. 참으로 놀라운 일이 아닐 수 없다. 당대에 그토록 비난과 혹평을 금치 못했는데, 오늘날 프랑스 오르세미술관에 전시되어 있다니 말이다. 그래서일까. 오늘날 우리시단의 시인들도 그의 작품을 기억하고 있다. 그리고 모네를 좋아하는 나도 마네를 기억하고 있다. 우리의 시인들과 함께 마네에게로 떠나보자.

우리 시인들이 기억하는 마네의 작품은 역시 낙선작이지만 길이길이 기억되는 〈풀밭 위의 식사〉이다. 이제하는 소설로 기억했으며, 이윤설, 조동범, 이금례는 시로 기억해내고 있다.

1) 마네의 현실에 동참하다 - 이윤설

이윤설은 희곡작가이자 시인이다. 이윤설은 1969년에 경기도 이천에서 태어나 명지대에서 철학을, 중앙대 대학원에서 문예창작학을 수료하였다. 그는 네번에 걸쳐 등용한 이례적인 존재다. 첫 번째는 2004년, 「새로운 도시와 시민들의 합창」으로 《동아일보》 신춘문예 희곡에 등단했다. 두 번째는 2005년, 국립극장 신작희곡페스티벌에서 당선된 것이다. 세 번째는 2005년, 거창 국제연극제 희곡 공모에서 대상을 수상한 것이며, 네 번째는 2006년, 《조선일보》, 《세계일보》 신춘문예에 시로 당선된 것이다. 다시 말해서 이윤설은 2004년부터 2006년까지 매년 한 차례 이상 그 무언가로 당선된 화려한 경력의 소유자다. 이는 마네와는 참으로 비교되는 이력이다. 마네는 살롱전에 출품할 때마다 낙선의 선고를 받았는데, 이윤설은 매번 상을 수상하였으니 말이다.

 희곡작가로 먼저 데뷔하고 시로 데뷔한 이윤설, 그가 시인으로 등단할 당시 마네를 기억해냈다.

  런닝셔츠 목살이 싯붉은 사장이 삼겹살을
  올렸다 불판은 비좁고 우리는 잔디에 엉덩이를 찔려
  움찔움찔 젓가락을 들었다 놓는 동안
  노을에 잔뜩 들러붙은 겹겹의 구름이
  유원지 놀이터 너머로 지글지글 타오르고 있었다.
  자 많이들 들자구, 고기는 충분하니까. 아버지처럼
  자상한 목소리의
  한쪽으로 너무 기울은 시소 그림자
  양갈래 머리를 쫑쫑 땋은 계집애 하나가
  반달타이어에 시소를 쿵쿵 찧다 말다
  우리쪽을 빤히 보다 말다
  피슙피슙 습기 먹은 탄이 바람 빠지는 소리
  불이 약한가 불구멍을 좀 열어놓지
  종이컵에 따라놓은 첫잔의 건배는 거품이 꺼져가고
  불완전 연소된 연기 속에서 매캐하게 상을 찌푸리며
  고깃점을 뒤집다, 이렇게 모이니 한가족 같지 않아?
  자꾸자꾸 불 밑을 살피는
  이마에 땀이 흐르는 사장의 벌건 얼굴을,
  멀거니 바라보며 둘러앉은
  우리는 한가족같이
  말이 없었다
  퇴근이 늦어지고 있었다

           — 이윤설,「풀밭 위의 식사」

이윤설의 「풀밭 위의 식사」는 제목이 같다는 차원에서 마네의 〈풀밭 위의 식사〉를 떠올릴 수 있다. 그러나 실상은 시를 읽어가면서 느끼는 불편하고 당혹스러움에서 마네가 떠오른다. 이 속의 상황은 사장과 직원의 회식자리인 듯하다. 즐거워야 할 회식자리, 단합해야 할 회식자리가 왠지 불편하기 이를 데 없다. 사장이 비좁은 불판에 고기를 굽는다. 직원들은 잔디에 엉덩이를 찔려가며 불편한 자세로 앉아 있다. 한쪽으로 너무 기운 시소 그림자, 습기 먹은 탄의 바람 빠지는 소리, 첫잔의 건배는 거품이 꺼져가고, 매캐하게 상을 찌푸린 사장, 퇴근이 늦어지는 것을 기억하고 있는 직원들, 이처럼 어색하고 불편한 상황이 또 있을까. 이들이 진정 한 가족이 될 수 있을까. 이것은 바람직한 상이 아니다. 그러나 이윤설이 바라본 현실이다. 그런 측면에서 마네의 〈풀밭 위의 식사〉가 떠오른다.

2) 마네와는 다른 식사로의 초대다 - 박남권

박남권은 《현대시》를 통해 등단한 시인이다. 그의 시 가운데 몇 편은 가곡으로 불리울 정도로 타 예술가들의 사랑도 받고 있다. 그 대표적인 작품은 〈새벽이 열린 눈꽃나무〉, 〈별이 지는가〉, 〈할미꽃〉, 〈달터〉, 〈그해 오월을 노래하며〉 등이다. 이처럼 음악과 밀접한 시인이 화가 마네에게 말을 건네고 있다. 조용히 그 말을 들어보자.

환청이었어

가끔은
내 칠월로 문을 연 산뜻한 향기
풀밭, 식사하기 직전 숨을 돌리고 문을 연다

잠시 여인은 타인의 자유에 숨어
몸 열쇄를 더듬는 소리 깜짝 놀라다가
상쾌한 비음이 녹음 짙은 파도
풀밭사랑 준비된 스릴이야
빛이 전율하는 숨결
작게 번져가는 융단 폭격 살 무늬
감성 같은 거는 아무 것도 아냐
감성 같은 것은 유치해
좀 더 직설적인 식사가 필요해
마구 게걸스럽게 먹는 식사가 필요해
순식간에 초토가 되어버리는 거야

여름을 열고 문을 열면
풀밭
식사하기 직전 순식간에 숨어
나무 아래 흔들흔들
바다 오가는 섬에서 유혹 중에 있다
너를 보면 취하고 마는 낯선 해후
아침이면 너의 안개가 방안에 햇살로 떠오르고
어제의 기억을 휘돌아 자연에 든다

먼 여행에서 돌아와 향기를 가슴에 뿌리며
젖은 사연을 말릴 때까지

항시 초록빛 대지를 닮은 우산을 쓰고
유월같이 서 있었다
사랑하는 일과 삶을 사는 노동이 정삼각형으로 배열될 때
어느 한 변은 희열로 뜨고
나머지 한 변은 시무룩한 욕망으로 가득 차 있어
날마다 성 하나 씩을 허물고 쌓고를 반복하고
욕망으로 가득한 초록 숲의 여인은

땅을 숲으로 채우는 준비를 한다

하늘 아래 우리를 두고
유월의 지평을 만드는 사랑

초록 사랑이라는 이름으로 서 있다.

― 박남권, 「풀밭 위의 점심식사」

  나에게는 단 한 명의 아들이 있다. 그 아들을 갖고, 그 아들을 낳고, 그 아들이 백일이 될 때까지 가족 형편상 홀로 지낸 시간이 많았다. 시어머니의 병환에, 남편의 타지역 근무에, 본의 아니게 홀로 지낸 시간이 많았다. 좀 더 정확히 말하면 내 아들과 함께 지내야 할 시간이 많았다. 그때마다 초보엄마로서 할 수 있는 것은 책읽기였다. 아들이 알든 모르든……, 오직 내가 할 수 있는 최선은 책읽기였다. 다른 무엇을 해줄 수 있는 능력도 없었고, 여유도 없었다. 그런데 나와 비슷한 또 한 엄마가 있었다 한다. 물론 결과만 같았다.
  박남권에게는 얘기책에 능숙한 어머니가 계셨다 한다. 박남권의 어머니는 엄격한 가문에서 성장한 덕분에 한학, 역사 등에 능통하셨다 한다. 그런데 그 어머니도 박남권에게는 옛 이야기를 들려주시곤 했다는 것이다. 밤마다 나와는 다른 이유였겠지만 아들 박남권에게 이야기를 들려주셨다고 한다. 매일 매일 새로운 이야기로 말이다. 그것이 박남권 문학의 시초라 고백하고 있다. 혹 나의 아들이 이와 같은 고백을 할까 은근 기대가 된다.
  이 같은 박남권의 「풀밭 위의 점심식사」, 과연 맛이 날까? 박남권이 혹 풀밭 위의 식사를 신청하면 거절할 것 같다. 한마디로 거절할 수는 없겠지만, 가능하다면 '마네와 같이 식사하고 싶어서'라고 말할 것만 같다. 박남권과 함께 하고픈 이는 마음껏 하시라.

3) 버거운 소풍을 말하다 - 조동범

조동범은 여러 대학에서 문예창작을 공부한 시인이다. 문예창작이라는 것이 공부가 되어버린 현대에 걸맞은 시인이라고 하면, 문예창작학과 학생들은 화를 낼까. 사실 부러워서 하는 말이다. 나에게도 문예창작이 꿈인 시절이 있었는데, 솔직히 지금도 그러한데, 감히 문예창작을 공부한다는 것을 감당하기 어렵다. 그런데 조동범은 한 대학에서만이 아니라 한신대, 중앙대에서 문예창작을 공부하였다. 이는 성실한 시인일까? 아니면 만들어진 시인일까? 이 판단은 오로지 독자들의 몫이다.

그러한 그가 2002년에 「그리운 남극」을 갖고 《문학동네》를 통해서 시인으로 등극하였다. 여러 선생님들의 가르침을 따라 열심히 배우고 훈련하여 이룬 성과일 것이다. 그래서 그도 중앙대에서 학생들을 가르치고 있다. 배운 만큼 돌려주는 정직한 사람인가보다.

　　소풍을 가야지
　　단풍이 뚝뚝 떨어지는 날
　　떨어지는 단풍처럼 뚝뚝 눈물을 흘리며
　　더러운 신파로 가득한 날들을 지나쳐
　　소풍을 가야지

　　샌드위치를 싸고
　　신선한 오렌지 주스와 과일도 몇 조각
　　즐겁고 행복하게
　　즐겁고 행복하게

소풍을 가야지

진지한 날들을 위해
건조한 휴일과 무의미한 예배의 날들을 위해
소풍을 가야지
굶주린 식욕을 창백하게 들고서
성스럽고 경건하게
텅 빈 몸과 다리를 끌고
어둡고 깊은 발자국을 따라
가고 또 가야지

굳게 다문 입술과
흉기처럼 도사린 혀를 감추고
가야지
풀밭 위의 식사를 위해
다만 화창하게 웃으며
소풍을 가야지

한 손엔 솜사탕
한 손엔 즐거운 카메라를 들고
우걱우걱 김밥을 먹으며
눈물을 뚝뚝 흘리며
가고 또 가야지

소풍을 가야지
고독한 질주와 아이들의 붉은 눈물을 위해
진지한 슬픔과 돌이킬 수 없는 날들을 위해
가야지

소풍을 가야지
절뚝이는 맨발을 끌고

맨발의 빛나는 상처를 흘리며
가고 또가야지

— 조동범, 「풀밭 위의 식사」

소풍이라. 나에게도 즐거운 소풍, 힘든 소풍들이 있었다. 즐거운 소풍이라 한다면 어린 초등시절의 소풍일 것이다. 내가 어렸을 적 바나나는 귀한 과일이었다. 지금은 흔하여 문드러져 버리곤 하지만, 내가 어렸을 적에는 소풍을 간다거나 큰 행사가 있을 때만 선물로 들어오는 과일이었다.

소풍날이다. 어머니는 김밥과 과자, 음료수를 적당히 넣어주셨다. 그리고 내 가방에만 쏙 넣어주신 것이 있었다. 그것은 다름 아닌 바나나!! 작은오빠와 셋째 언니는 내 가방에만 들어가는 것이 무엇인지를 놓치지 않고 보았다. 그랬을 것이다. 바나나, 그 귀한 것을 나에게만 넣어주셨으니 말이다. 어머니께서는 말씀하셨다. 학교에 가서 선생님 드리라고 말이다. 어린 딸의 소풍에 함께 가지 못한 미안한 마음이셨을까. 하여간 어머니는 내 가방에만 넣어주셨다. 그러나 선생님께 단 한 개도 드리지 못했다. 그 이유는?! 바로 내가 6남매 중 막내딸이었기 때문이다. 위로 언니 셋, 오빠 둘이 있다. 큰오빠, 큰언니, 작은언니와는 같이 학교에 다녀본 적이 없다. 그런즉 이 일은 작은오빠, 셋째 언니와의 일이다. 학교에 같이 가는 도중, 오빠가 먼저 말을 건네왔다. "지선아, 너 그것 가져가면 친구들이 너 미워하게 될 거다. 선생님한테 잘 보이려고 한 너를 애들이 좋아라 하겠니?" 그 말에 일리가 있다. 그러자 셋째 언니가 덧붙인다. "그냥 우리끼리 다 먹고 가자." 하하하…… 나는 오빠와 언니의 말을 진심으로 믿을 만큼 어렸다. 순진했다. 그래서 우린 학교 가는 길에 맛나게 먹어버렸다. 내겐 즐거웠던 소풍이었다.

 그런데 여긴 불편한 소풍이야기가 소개되고 있다. 조동범의 소풍이다. 그에게 있어서 소풍은 의무이자 가식 그 자체이다. 무언가 그럴싸하게 준비는 해야 한다. 그러나 내 마음만은 그렇지 못하다는 것 이상 힘든 것이 또 있을까. 현대인들의 근황을 소풍을 통해 보여주는 듯하다. 마음으로부터 우러나오지 못한 소풍, 그것은 권리가 아니라 의무에 지나지 않는다. 우리 다 함께 의무로서의 소풍이 아닌 권리로서의 소풍을 떠나는 것은 어떨까? 때로는 오빠와 언니의 유혹에 넘어가면서 말이다.

제3부

우리의 화방에 들리다

1. 이중섭, 너를 다시 만나다

이중섭(1916~1956), 어린 시절 달력에서 종종 만나곤 했다. 새해 첫 달, 어김없이 달력 첫 장 아래에서 윷놀이를 하곤 했다. 난 항상 윷 혹은 모를 던져 부러움과 시샘을 받곤 했다. 그때마다 어른들은 나더러 '복코', '소코' 라 놀리곤 했다. 그때 그 '소코' 는 바로 이중섭의 〈소〉, 그 강렬한 코였다. 그렇게 연을 맺은 후, 이제와 다시금 이중섭 앞에 서 있다.

이중섭, 〈소〉, 1956

이중섭, 그 많은 우리나라 화가 중에 이처럼 대중화된 화가가 또 있을까. 이중섭이 누구인지는 혹 모르더라도 이중섭의 〈소〉는 한 번쯤 봤을 정도로 그는 우리 일상 안으로 들어와 있다. 그러나 그의 삶을 우리의 일상으로 받아들이기에는 너무도 먼 당신이 되고 말 것이다.

이중섭을 만들어내는 키워드를 나열해보자. 단연 평양, 고구려 벽화, 오산학교, 임용련, 일본유학, 골동품, 이남덕, 소, 닭, 게, 은지화, 엽서, 제주도, 정신분열증, 무연고자 등이 손꼽힐 것이다. 이처럼 이중섭을 만날 수 있는 키워드는 다양하다. 우리가 여기서 새삼스럽게 이중섭의 생애를 살펴보고자 하는 것은 그의 생애가 곧 그의 작품 소재이기 때문이다. 그의 삶을 이해하지 않고서는, 왜 그는 이런 그림을 그렸을까 하는 의문에 사로잡히고 말 것이기에, 우리는 그의 그림을 마주하기에 앞서 그를 만나야 한다.

그는 아버지를 일찍 여의고 할아버지 밑에서 생활을 하였다. 그래서인지도 모르겠다. 그의 지독한 자녀사랑. 자신이 경험하지 못한 아버지의 사랑을 맘껏 펼치고 싶었지만, 첫 아들은 훌쩍 떠나버렸다. 디프테리아, 그 병은 비록 아들의 육신은 데려갔을지 모르나, 이중섭은 끝내 아들을 사망의 길로 홀로 보내지 않았다. 그는 자신의 익숙한 붓을 들어 길동무를 마련해주고, 천도도 따주고, 물고기도 잡아주고, 학을 태워주기도 했다. 그의 작품 속에 등장하는 무수한 아이들은 아마도 그 첫 아이의 벗이자, 자신의 아이였을 것이다.

또한 이중섭은 오산학교에서 임용련 선생을 만났다. 오산학교! 그 이름만으로도 우린 알 수 있다. 이승훈 선생이 설립한 오산학교, 일제강점기 시절 민족주의가 무엇인지를 가르쳐준 학교. 물론 우리는 그곳의 선생님과 선후배들을 기억하고 있다. 안창호의 연설에 감동받고 학교를 설립한 이승훈, 그리고 신채호, 이광수, 염상섭 등의 선생님과 김억, 김소월, 백석 등등의 학생들. 이러한 오산학교에서 이중섭은 임용련 선생을 만났던 것이다. 임용련은 3·1 운동에 참가하여 왜경에 쫓기다가 미국으로 건너가 시카고미술학교와 예일대학을 우수한 성적으로 졸업한 사상계, 미술계의 실력가이다. 또한 중국에서 동양 전통그림을 배워 학생들에게 고려자기, 한글 등 민족문화유산에 대해서도 열강 한 선생이기도 했다. 임용련 선생과의 인연 때문일까, 오산학교와의 인연 때문일까, 이중섭은 자신의 싸인을 항상 한글로 했다.

한글로 서명한 것이 뭐 그리 대단할까? 그러나 생각해보자. 오늘날 대부분의 유화가나 일반인들이라도 자신의 서명을 영어로 하는 경우가 다수이다. 더욱이 당대는 일제강점기였으며, 모두들 창씨개명을 해야만 했던 시기였다. 그러한 시기에 한글 서명이라……, 이는 작은 일이 아니다. 서명이란 자신을 드러내는 대표적인 행위이다. 자, 여러분의 사인을 한 번 해보라. 어떠한가. 8·15 이후 한글로 이름쓰기를 실천한 박수근, 일제강점기엔 한자로 표기하고 인생 말년에 한글이름쓰기와 단기연호를 실천한 박생광, 이들의 실천도 값진 것이다. 그러나 시종일관 한글 표기를 한 이중섭, 그에 대해서 뭐라 더 말하랴.

그는 부잣집 아들로 태어났지만 그가 경험한 시대는 식민지, 그것도 전쟁 중이었다. 그래서 그는 소박한 행복을 느끼고 있었다. 제주도에서 가족과 함께 보내는 사소한 일상이지만 소중한 행복, 그리고 붓 한 자루와 지면으로 엮어진 소박한 행복이다. 왜 가족과 함께 있는 일이 사소하겠는가! 다만 오늘날 우리에게 있어서 너무도 당연한 일이며 기본권이기에 사소하게 여겨지기까지 한다는 것이다. 하지만 그 사소한 일상이 너무도 버거운 이들이 있다. 그 중의 한 사람이 바로 이중섭이었던 것이다.

제주도에서 물고기와 게를 너무 많이 잡아먹어서 미안한 마음에, 속죄하는 마음에 자신의 그림에 지속적으로 함께한다는 소박한 고백, 그리고 소박하지만 의미심장해진 은지화와 엽서, 가난하고 순박했던 그 시절, '아 옛날이여-'라고 외치는 이중섭이 보인다.

부인 이남덕, 일본인이기에, 일본에 친정이 버젓이 존재하기에, 민족해방으로 적군의 딸이기에, 민족주의 화가의 아내였기에, 가난한 화백의 아내였기에, 그녀는 그와 함께 하기엔 너무도 먼 당신이 되어버렸다. 가까이 할 수 없기에 그 그리움의 깊이는 현해탄의 깊이와 같았으리라. 그 현해탄의 깊이를 감당하지 못한 이중섭은 결국 정신분열증에 시달리다 무연고자로 사라지고 말았다.

그가 활동한 시기는 그리 길지 않다. 1940년대 몇 작품 외엔 주로 1950년대 전반에 이루어진 작품들이다. 현재 우리가 볼 수 있는 이중섭의 작품은 그가 월남한 후인 1951년부터 죽기까지의 5년 정도의 작품이 대부분이다. 더 많은 작품, 좋은 작품으로 우리에게 다가오는 화가들이 있음에도 불구하고, 여전히 우리는 이중섭을 잊지 못하고 있다. 그 이유는 무엇일까. 그가 세상을 떠날 당시 무연고자라 칭해져 있었음에도 불구하고 우리는 그를 잊을 수 없다. 그것은 그 흔한 말처럼, 인생은 짧고 예술은 길기 때문이리라.

1) 이중섭의 자작시를 만나다

화가 이중섭이 시를 남겼다. 1951년 피난지 서귀포에서 그가 자신의 방 벽지에 붙여 놓았다는 시, 「소의 말」. 조카 이영진씨가 암송해서 오늘날 전해지고 있다.

> 높고 뚜렷하고
> 참된 숨결

나려나려 이제 여기에
고웁게 나려

두북 두북 쌓이고
철철 넘치소서

삶은 외롭고
서글프고 그리운 것

아름답도다 여기에
맑게 두 눈 열고

가슴 환히
헤치다.

— 이중섭, 「소의 말」

이중섭은 소를 참으로 좋아했던 것 같다. 소는 그림작품 소재로도 비중이 높고, 그의 유일한 창작시에도 등장한다. 물론 조카의 암송이기에 어느 정도 정확할까 라는 의문이 있다. 그럼에도 불구하고 한 가지 알 수 있는 것은 이중섭의 '소 사랑'이다.

이를 기념하기 위해서일까. 제주 서예가 창남 현수언씨는 2009년 5월부터 11월까지 이중섭이 제주도에 거주했던 곳에서 이중섭의 시 「소의 말」을 붓글씨로 써주었다. 이는 어찌 보면 상부상조이다. 무엇보다도 이중섭의 유일한 시가 홍보되어

이중섭, 「소의 말」(글 현수언)

좋고, 또한 제주도 중견 서예가이자, 제주불교대학의 학장으로서 제주도 홍보가 되니 이보다 더 좋을 수 있을까.

2) 시인들, 이중섭 화백을 만나다

유독 이중섭을 마주한 시인들은 이중섭의 작품 이상으로 이중섭 자체에 집중하였다. 시인들은 여러 화가들을 만나지만, 유독 이중섭에게만은 그의 작품보다 그의 삶, 그의 인간성에 깊이 천착하고자 한다.
왜일까.
그것은 아마도 이중섭 화백이 민족적, 역사적으로 가슴 아픈 시기에 더욱 가슴 아픈 사연을 갖고 있기 때문이리라. 이중섭의 작품이 가치가 없어서가 아니라, 그의 작품을 더욱 느끼게 하는 그의 삶이 있기 때문이다. 작품과 그의 생이 한 길로 걷기가 쉽지 않은 이 세상에서, 이중섭은 단연 독보적이었다.

(1) 친구, 이중섭을 말하다 - 김종삼, 김광림, 구상, 김요섭

화백 이중섭이 아니라 인간 이중섭을 그리워하는 시인들이 많다. 그의 삶에 반하고, 그의 삶에 동의하는 시인들이 많다. 그 시인들을 이 자리에 초대하고자 한다.

■ 김종삼, 이중섭과 함께 거닐다

김종삼, 그는 황해도에서 태어나 한국전쟁 이후 모더니즘 시인으로 평가를 받은 시인이다. 평양 광성보통학교, 일본 도요시마상업학교를 다닌 김종삼, 그의 생애는 한국의 역사 현장이라고 할 수 있겠다. 그는 한국전쟁 당시 월남하여 「원정園丁」, 「돌각담」을 발표하면서 문단의 주목을 받았다. 이러한 시인으로서의 삶은 전봉건 · 김광림과 함께 펴낸 『전쟁과 음악과 희망과』(1957), 문덕수 · 김광림과 함께 펴낸 『본적지』(1968) 등으로 이어졌다. 그리고 「민간인」(1971)으로 현대시학작품상을 받았다. 김종삼의 시집으로는 『십이음계』(1969), 『시인학교』(1977), 『누군가 나에게 물었다』(1982) 등이 있다.

이러한 김종삼이 이중섭을 생각한다. 그리고 시를 남겼다.

> 내가 많은 돈이 되어서
> 선량하고 가난한 사람들을 위해 맘 놓고 살아갈 수 있는
> 터전을 마련해 주리니
>
> 내가 처음 일으키는 微風이 되어서
> 내가 不滅의 平和가 되어서
> 내가 天使가 되어서 아름다운 音樂만을 싣고 가리니
> 내가 자비스런 神父가 되어서
> 그들을 한번씩 訪問하리니
>
> — 김종삼, 「미사에 참석한 李仲燮씨」

이 시를 썼던 당시 김종삼의 삶은 이중섭 못지않은 삶이었다. 인간에게서 '암'이란 죽음을 예고하는 것이고, 그것을 촉진시키는 방법 중의 하나가 음주이고, 이를 유지하는 것이 가난이다. 김종삼은 너무도 아름답게 이 쌍두마차를 몰고 있었다. 왜 그는 자신의 몸을 돌보지 않고 끝내 술로 간암을 벗 삼았을까. 김종삼이 이중섭을 생각하고 위 시를 발표할 당시에도 소주병과 함께 했다고 한다. 다방에서는 차를 시키는 것이 아니라 준비한 소주를 컵에 따라 마셨다고 한다. 자신이 죽

어가면서도 기억하고 싶은 이중섭, 이 정도면 친구라 할 수 있지 않을까 한다.

■ 김광림, 이중섭과 함께 거닐다.

김광림은 김종삼과 참으로 가까운 시인이다. 그 첫 번째 이유는 동향이기 때문이다. 한국전쟁 이후 이북 사람이라는 것만으로도 동질감을 느낄 것이다. 비록 정확한 고향은 함경남도 원산부이기에 황해도와는 다르지만 당시는 이북이라는 이유 하나만으로도 동질감을 가질 수 있었을 것이다. 두 번째 이유는 김종삼과 김광림은 3인 합동시집을 두 권 펴냈는데, 그 두 권 모두 김광림, 김종삼이 함께 하였기 때문이다. 그 시집은 전봉건·김종삼·김광림의 『전쟁과 음악과 희망과』와 문덕수·김종삼·김광림의 『본적지』이다. 전봉건이냐 문덕수냐의 차이만 있을 뿐이다. 세 번째 이유는 둘 다 이중섭을 생각한 문인이라는 점이다.

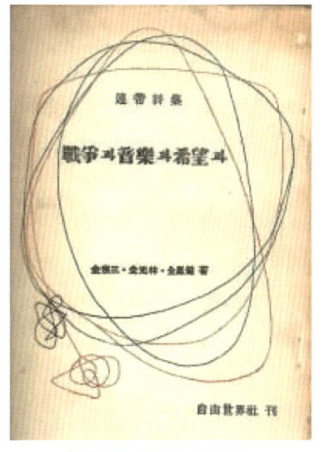
『전쟁과 음악과 희망과』
(자유세계사, 1957)

『본적지』(성문각, 1968)

그렇다면, 김광림과 이중섭과의 관계는 어떠할까. 김광림은 1947년 원산에서 이중섭을 처음 만났다고 한다. 김광림은 이중섭이 작고한 1956년까지 줄곧 그 연을 깊게 다지고 있었다. 우리가 알고 있는 이중섭의 은지화는 바로 김광림의 조력으로 이루어진 것이다. 군장교로 복무하던 시절 김광림은 외출 때마다 이중섭에게 양담배 은박지를 수집해서 전해주었던 것이다.

이뿐인가. 오늘날 우리가 이중섭 그림을 감상하는 데에도 김광림의 역할이 크다. 이중섭이 대구에서 자기혐오에 빠져 자신의 그림을 불살라 달라고 부탁했지만, 김광림은 이중섭의 그림을 받아가지고 잘 보관하였다. 그래서 김광림은 자신의 책에 이렇게 남기고 있다.

> "중섭도 고갱처럼 자신의 그림을 불살라 버리려 했는데 내가 그의 그림을 불사르지 않고 세상에 남아돌게 한 것이 지금 생각하면 잘한 일인지 잘못한 일인지 도무지 갈피를 잡을 수 없게 되었다."
> ― 김광림, 『진짜와 가짜의 틈새에서-화가 이중섭 생각』

이로 인해 김광림은 이중섭에게 재료를 더해주는 자, 이중섭 작품의 소실을 막아준 자, 이중섭을 향한 시를 창작한 자가 된 것이다. 자, 그럼 김광림의 작품으로 들어가보자.

이중섭의 그림에 나타난 아이들은 하나같이 머리카락도 없고, 발도 벗고 있다. 이는 무엇을 뜻하는 것일까. 동심, 순수함, 천진난만 등을 드러내고자 함이 아닐까. 그러나 그 아이들의 실상은 슬픔에 빠져 있다. 가난으로 인한 굶주림, 역사적 질곡으로 인한 어머니와 아버지와의 이별, 먼저 보낸 형제에 대한 아픔 등등이 그것이다. 그 진상을 김광림이 들여다 보고 있다.

이중섭, 〈아이들〉, 1950년대, 은지화, 9×15.1cm, 국립현대미술관

이중섭, 〈도원〉, 1953, 종이에 유채, 65×76cm

八朔童이 첫아들이 죽었을 때
그는 곤드레만드레가 되어
죽은 애 또래의 살아 있는 애들을
그리고 있었다

저승동무 길동무로

天桃 따는 애며
맨손으로 물고기를 잡는 애들이랑
鶴 타고 날아다니는 애도

상기도 애비 목 틀어잡는 녀석이며
여직 에미 젖가슴 뒤지는 녀석이며
오오라 개한테 물린 고추녀석이
제일 늦구나
개구쟁이 코흘리게 오줌싸개 울보랑
모두 모두 모이자
그는 잠자코 붓을 놓았다
그리고 죽은 애 목덜미에
그림을 걸어주었다

십자가보다 더 빛부신 童心을

— 김광림, 「李仲燮 생각 3」

김광림은 참으로 대단하다. 한 화백이 자신의 가장 큰 아픔을 담아낸 그림을 말로 형상화하고 있다. 다른 이의 가슴 찢어지는 부분을 언어화할 수 있다는 것은 참으로 대단한 능력이자 용기이다. 더 나아가 이중섭의 처지까지 형상화하고 있다.

살아서 못누린 주거住居를
망우리忘憂里에 와서 지녔구나

따분함도 배고픔도 그리움도 모르는
그곳에서
다시는 맥나는 일도 없을
무덤 속에서
그는 소나무로 환생還生하여
남몰래 자라며 크고 있구나

세상에 떠도는 수다한 말씀 따윈
아예 귓전에도 없구나

다만
비명非命에 간
청년 조각가 C씨가 져나른 묘비墓碑가
두꺼비마냥
우두커니
그를 지켜보고 있구나

— 김광림, 「李仲燮 생각 8」

이중섭 묘비

김광림이 바라본 이중섭은 처참 그 자체이다. 자식의 죽음을 목도한 아버지의 심정, 이를 뭐라 형용할 수 있으랴. 그리고 살아있을 때엔 자신의 주거를 갖지 못했으며, 온전한 배고픔과 그리움으로 젖어 있었던 이중섭. 이젠 그가 망우리에, 따분함, 배고픔, 그리움을 모르는 곳에 터를 닦고 소나무로 환생하였다고 한다. 차라리 무無로 돌아가버린 것이 축복일지도 모르겠다. 그러나 그는 무로 돌아갈 수 없는 인간, 인간존재인 것을…….

> 사막이 없는 나라의 메마름
> 잡음으로 그득 찬 도시에서는 햇빛을 받아들일 겨를도 없다
> 모래불을 일굴 기력도 없다 줄기찬 隊商을 거느리지도 못한다
> 하이웨이를 달리는 올훼의 잔등은 서늘하다
> 모두가 즉흥적이다 파장난 곡마단이다
> 회오리치는
>
> 사막이 없는 나라에서는 막연한 갈증에 사로잡힌다
> 일요일 때문에 목이 갈한 종소리
> 신앙을 휴대하고 다니던 종교가 익사 직전에 있다
> 가장 높은 곳에서 뛰어내린 영혼만이 이를 구할 수 있다
> 육체를 떼어버린 사람을 찾아야 한다
> 한밤중 정신병원에서는 미처 격리되지 않은 웃음이 터지고 있다
> 태엽이 끊긴 벽시계가 空間을 알리고 있다
> 화가 李仲燮은 사막으로 갔다
> 실오라기 하나 걸치지 않고
> 아랫도리를 게의 예리한 발톱에 찝힌 것이다
> 물린 순수의 피나는 異蹟을 담배 은종이에 나타내었다
>
> ― 김광림, 「沙漠」

결국 김광림은 이중섭을 사막의 신기루로 띄어 보내고 싶었나보다.

■ 구상, 이중섭과 함께 거닐다.

절친한 친구, 구상과 이중섭. 그들의 일화는 유명하다. 구상이 아파서 누워 있었다. 다른 친구들은 다 문병을 왔는데, 구상이 기다리는 이

중섭만이 오지 않았다. 화가 나기도 하고 섭섭하기도 했던 어느 날, 이중섭이 나타났다. 구상은 이중섭에게 물었다. 왜 이리 늦게 왔느냐고 말이다. 그러자 이중섭은 이렇게 말했다 한다. "어떻게 친구 문병을 빈손으로 올 수 있겠나. 이것을 가져오느라 그랬네." 하면서 두루마리를 풀어보니 천도복숭아 그림이었다. 예부터 천도복숭아를 먹으면 장수한다는 말이 있다. 그래서 이중섭이 구상에게 천도복숭아 그림을 전해 준 것이다. 구상은 이중섭의 깊은 마음에 감동을 받았다고 한다.

참으로 어른들의 세계에서 이해하기 쉽지 않은 일화다. 정말 동화와 같은 일화다. 이러한 일이 가능한 것은 바로 순수한 이중섭의 진심과 그를 읽을 수 있는 구상이 있었기 때문이리라. 이 같은 사연이 담긴 구상의 시를 감상해보자.

　　鄕友 李仲燮이 이승을 달랑달랑 다할 무렵이었다.
　　나는 그때도 검은 장밋빛 피를 몇 양푼이나 토하고 屍身처럼 가만히 누워 지내야만 했다.

　　하루는 그가 불쑥 나타나서 애들 도화지 한 장을 내 밀었다.
　　거기에는 애호박만큼 큰 복숭아 한 개가 그려져 있고 그 한가운데 씨 대신 조그만 머슴애가 기차를 향해 만세!를 부르는 그런 시늉을 하고 있었다.
　　나는 그것을 받으며
　　〈이건 또 자네의 바보짓인가? 도깨비 놀음인가〉 하고 픽 웃었더니 그도 따라서 씩 웃으며
　　〈복숭아, 天桃 복숭아
　　님자 常이, 우리 具常이
　　이걸 먹고 요걸 먹고
　　어이 빨리 나으란 그 말씀이지〉

　　흥얼거리더니 휙 돌쳐서 나갔다.

그는 저렇듯 가고 10년 후, 나는 이번에 폐를 꺼내 그 空洞을 쪼개 씻어 도로 꿰매 넣고 갈비뼈를 여섯 개나 자르고 누웠다.

마침 제철이라 날다라 주는 食床엔 복숭아가 자주 오르는데 이것을 집어들 때마다 나는 仲燮의 天桃 생각이 나며

〈복숭아, 天桃 복숭아
님자 常이, 우리 具常이,
이걸 먹고 요걸 먹고
어이 빨리 나으란 그 말씀이지.〉

그의 그 말씀을 가만히 되뇌이기도 하고 되씹기도 한다.

그런데 차차 그 가락은 무슨 영절스러운 祝文으로 변해 가더니 어느덧 나에겐 어떤 敬虔과 그 기쁨마저 주기에 이르렀다.

그리고 또한 내가 胎中에서부터 熟親한 또 다른 한 분의 음성과 한데 어울려 오는 것이다.

〈이것은 내 몸이니 받아 먹으라.
이것이 내 피니 받아 마시라.
나를 기억하기 위해
이 禮를 행하라.〉

— 구상,「秘義」

구상과 이중섭의 인연은 여기에서 멈추지 않는다. 이승과 저승의 내통을 원하는 데까지 이른다. 다음 시를 함께 감상해보자.

자네가 간 후에도 이승은 險하기만 하이. 나의 마음도 고역만 하여지고 첫째 덧정없이 이러다가 자네를 쉬이 따를 것도 같네만 極惡無道한 내가 간들 자네와 이승에서 듯이 만나 즐길겐가 하구 곰곰중일세.

깜짝추위에 요새 며칠 感氣로 누웠는데 忘憂里 무덤 속에 자네 뼈다귀들도 달달거리지나 않나 애가 달지만 이건 나의 괜스런 걱정이겠지, 어떻든가 봄이 오면 잔디도 입히고 꽃이라도 가꾸어 줌세.

밖에 나가면 만나는 친구들마다 어두운 얼굴들이고 利錫이만은 당(장)

가를 들겠다고 벌쭉이지만 그도 너무도 억차서 그래 보는 거겠지. 몸도 몸
이려니와 마음이 추워서들 불 대신 술로 난로를 삼자니 거진 매일도릴세.

자네는 이제 모든 게 아무치도 않어 참 좋겠네. 어디 顯夢이라도 하여
저승 소식 알려 줄 수 없나. 자네랑 나랑 친하지 않었나 왜.

— 구상, 「焦土의 詩 14」

위 시는 구상과 이중섭의 관계를 고스란히 보여주는 작품이다. 그러기에 이중섭이 죽기 전에 구상에게 편지를 남기기까지 하였던 것이다. 2004년 8월 18일자 연합뉴스에 새로운 기사 하나가 떴다. 이중섭이 죽기 전에 구상에게 남긴 편지! 구상은 잃어버렸는데 어느 화랑 주인이 일본에서 구했다는 것이다. 그 내용인 즉, 구상이 그토록 원했던 가톨릭에 이중섭이 귀의하겠다는 것, 그러니 성경을 준비해주고, 지도해 달라는 것이다. 그리고 성경을 매일 읽고 싶다고 적었다고 한다. 종교의 세계까지 같이 하고 픈 두 친구의 우정, 그 우정이야말로 육체를 넘어 영혼까지 함께 하고픈 깊은 우정이지 않은가.

■ 김요섭, 이중섭과 함께 거닐다.

김요섭은 이중섭에게 적지 않은 빚을 진 시인이다. 다름이 아니라 이중섭의 작품을 분실, 혹은 분실케 하는 데 일조한 시인이 되어버렸기 때문이다. 그가 의도한 것은 절대 아니겠지만 결과가 그렇게 되어버렸다. 구상이 맡겨놓은 이중섭의 작품을 시국이 혼란하고 가난한 탓에 딱히 보관할 곳이 마땅치 않아 자신의 서랍장에 넣어둔 것, 또 이중섭의 친구가 전달하겠다는 말을 믿고 주어버렸던 것이 화근이었다. 미처 전달하지 못하고 죽어버린 이중섭의 친구들에게 한탄을 할 것인가, 좋은 작품이라고 그냥 들고 간 사람들에게 한탄할 것인가. 현실은 그저 이중

이중섭, 〈흰소〉, 1953~4, 종이에 유채, 30×41.7cm,
서울, 홍익대학교 박물관

섭의 작품이 여기저기 사라져버린 것을……, 그저 미안할 뿐인 것을…….

그래서 그랬을까. 김요섭은 이중섭을 생각하며 몇 편의 작품을 남겼다.

황토빛 가죽은 벗겨졌다.
따스한 살점은 떼어졌다.
두 눈
이슬로 뭉쳐진 두 눈이다.
두 뿔
영웅시대의 고전적인 유산 두 뿔이다.
흰 뼈
장작으로 팬 흰 뼈이다

동지섣달 깊은 밤을
깊고 질긴 사연에 축여 꼰
새끼줄 같은 것은 아니다
아해가 피리 소리를 터뜨렸다.
뼈들이 일어선다
흰 뼈를 얽고 동여맨 피리소리
그것은 조직의 심줄이다

모음母音의 땅에 건축한 깃발없는 성채

아해들이 피리 소리를 터뜨렸다
고구려의 봄이 흐르는 심줄
봄에 취하여
춤추는 소

소는 춤추며 보리밭에 똥을 쌌다 종달새 울음 찌꺼기를
소는 춤추며 감자밭에 똥을 쌌다 칠월 칠석 별무데기를
소는 춤추며 콩밭에 똥을 쌌다 번개불 조각을
해와 달을 두 뿔로 굴리며
춤추는 소
금빛 해를 북으로
은빛 달을 징으로
춤추는 고구려의 소

— 김요섭, 「고구려의 소」

비록 이중섭의 중요한 작품은 잃어버렸을지라도 김요섭의 마음 밭에 이중섭의 기상, 고구려의 소, 이중섭의 작품이 절절히 남아 있음이 보인다. 황토빛의 가죽, 따스한 살점은 모두 벗겨지고 떼어졌을지언정 이슬로 뭉쳐진 두 눈과 두 뿔은 여전히 존재해야만 한다. 국가는 혼란에 빠져 있을지언정 고구려의 기상은 남아 있어야 하기에 고전적인 유산으로라도 남아 있어야만 했던 것이다. 이러한 이중섭의 간절한 바람을 김요섭이 읽어준 것은 아닌가.

조선의 눈물의 수만큼 보리들이 자란다.
한국의 눈물의 수만큼 보리들이 자란다.
중섭이네 보리밭

거름떼미 자리에는 탄약고
그 둘레는 철조망

어머니의 살결같은 무명치마빛 하늘
캔버스를 걸어놓은 철조망
쇠가시에 풀피리소리 흐르고
꽃처럼 나비가 날아와 앉은
중섭이네 보리밭

진정 전쟁은 멎었느가.

남북 탄알에 죽은 젊은이들
다시 흙 속에서 머리를 내미는 보리밭.
왜……
조국이 그리워서?
아니다 아니다 아니야.

중섭이네 보리밭
보리들이 손을 흔든다
쇠가시에 앉은 나비를 향하여
보리들이 손을 흔든다
순이야
순이야

하늘에는 권총을 찬 기러기떼 북을 향해 날고
땅위에는 중섭이네 보리밭
조선의 이슬 수만큼 반짝이는 보리들이 자란다.
한국의 이슬 수만큼 반짝이는 보리들이 자란다.

― 김요섭, 「중섭이네 보리밭」

김요섭이 말하는 "중섭이네 보리밭"은 어디일까. 조선의 눈물, 한국의 눈물을 담아낼 수 있는 중섭이네 보리밭. 그것은 바로 이중섭이 경험한, 이중섭이 살아낸 한국의 역사, 한반도가 아닐까 한다. 그 역사의 현장에서 가장 잔인한 발견은 하늘을 나는 기러기조차 권총을 차고 북쪽을 향해 날아간다는 것이다. 그러니 더더욱 조선의 눈물을 넘어 조선의 이슬에 이르기까지 맺히는 것이 아니겠는가.

(2) 소문으로 들었나요? 나의 사랑, 나의 영혼
— 김춘수, 장석주, 김승희, 이수익

■ 김춘수, 이중섭 화백 앞에 마주서다.

김춘수가 이중섭 화백을 마주한 시는 모두 9편인데, 이는 「이중섭」 연작 8편과 「내가 만난 이중섭」이다. 김춘수가 이중섭 화백과 시로 소통한 시기는 1975년부터이다. 그의 작품 「이중섭」을 《한국문학》(1975. 3)에 발표하면서부터 그들의 만남은 시작되었다. 그리고 『南天』(근역서재, 1977)으로 '이중섭' 연작을 완결하였다. 당시 김춘수는 처용, 예수, 토스토예프스키 등 구체적 인물과의 소통에 관심을 갖고 있었다. 이중섭도 그 중의 하나이자 통로였던 것이다.

김춘수는 이중섭의 생애와 그의 순수, 슬픔이 역사적으로는 효용가치가 없으나 시작詩作에는 "좋은 자료"가 된다고 하였다(김춘수, 「덧없음에의 감각」, 『의미와 무의미』, 문학과 지성사, 1978, p.204). 김춘수가 '시화한 이중섭'은 꼭 '화가 이중섭'이 아니라도 무관하다. 그저 이중섭이 느낀 덧없음, 슬픔, 순수 등이 필요했을 뿐이다.

光復洞에서 만난 李仲燮은
머리에 바다를 이고 있었다.
東京에서 아내가 온다고 바다보다도 진한 빛깔 속으로
사라지고 있었다.
눈을 씻고 보아도

길 위에
발자욱이 보이지 않았다.
한참 뒤에 나는 또
南浦洞 어느 찻집에서
李仲燮을 보았다.
바다가 잘 보이는 창가에 앉아
진한 어둠이 깔린 바다를
그는 한 뼘 한 뼘 지우고 있었다.
東京에서 아내는 오지 않는다고,

— 김춘수, 「내가 만난 李仲燮」

    김춘수에게 이중섭과 이중섭 아내와의 재회는 중요하지 않다. 다만 아내가 오지 않는다는 것, 그래도 이중섭은 기다리고 있다는 것, 그리고 이를 바라보는 김춘수만이 오직 존재할 뿐이다. 다시 말해서 김춘수가 바라보는 것은 이중섭이 아니라, 이중섭과 같은 간절한 기다림과 절망이었던 것이다.

아내는 두 번이나
마굿간에서 아이를 낳고
지금 아내의 모발은 구름 위에 있다.
봄은 가고
바람은 평양에서도 동경에서도
불어오지 않는다.
바람은 울면서 지금
서귀포의 남쪽을 불고 있다.
서귀포의 남쪽
아내가 두고 간 바다,
게 한 마리 눈물 흘리며, 마굿간에서 난
두 아이를 달래고 있다.

— 김춘수, 「이중섭 2」

김춘수는 이중섭이 가장 행복했을지도 모르는 시간과 공간을 가장 비극적으로 그려내고 있다. 서귀포는 이중섭과 아내와 아이들이 함께 한 공간이다. 비록 먹을 것이 부족하여 항상 물고기와 게를 잡아먹을 수밖에 없었지만, 가족이 함께 있다는 이유만으로도 행복했던 시절이었다. 그런데 김춘수는 왜 이중섭을 비극적인 상황으로 내몰았을까. 이는 김춘수가 이중섭 삶의 결말을 알고 있었으며, 또한 이중섭의 비극이 필요했기 때문이었을 것이다. 그러나 이중섭에게 있어서 제주도 피난살이는 행복 그 자체였다.

이중섭의 제주도 피난살이는 1951년 1월부터 시작되었다. 그리고 그해 12월, 행복했던 제주도 피난 시절은 끝이 났다. 이윽고 행복 끝, 불행 시작인 부산으로 돌아오게 되었다. 이중섭의 아내와 아이들이 가난을 극복하지 못하고 아내의 친정인 일본으로 가버렸다. 오직 가족만을 아끼고 가족으로 인해 행복을 느꼈던 이중섭에게는 참으로 가혹한 일이 아닐 수 없다. 그래서 이중섭에겐 더더욱 제주도 피난 시절은 참으로 행복한 시절이었던 것이다. 그런데 김춘수는 이중섭의 제주도 피난 시절을 홀로 견디는 시간으로 바꾸어놓았다. 왜일까. 당시 경북대 교수였던 김춘수는 학생들과 함께 제주도에 자주 갔다고 한다. 그 이유는 무엇일까.

> 아내의 손바닥의 아득한 하늘
> 새가 한 마리 가고 있다.
> 하염없이 가고 있다.
> 겨울이 가도
> 대구는 눈이 내리고
> 팔공산이 아마 빛으로 가라앉는다.
> 동성로를 가면 꽃가게도 문을 닫고
> 아이들 사타구니 사이

두 개의 남근.
마주보며 저희끼리 오들오들 떨고 있다.

— 김춘수, 「이중섭 7」

김춘수는 이중섭의 그림, 이중섭의 삶을 대구에서 기억하고 있다. 김춘수도 알고 있었을 것이다. 이중섭도 한때 대구에서 피난살이를 했다는 것을 말이다. 여기에 아이들이 등장하는 그림 몇 편을 소개하고자

이중섭, 〈물고기, 게와 노는 네 어린이〉, 1951,
종이에 유채, 36×27cm

이중섭, 〈애들과 끈〉, 종이에 유채, 32.4×49.7cm

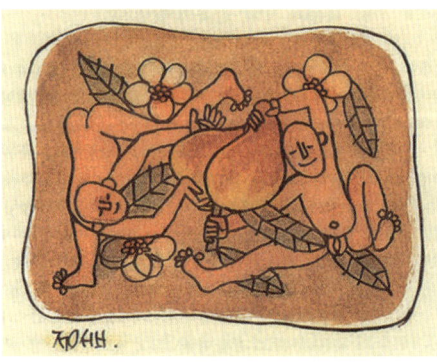

이중섭, 〈두 어린이와 복숭아〉, 1953

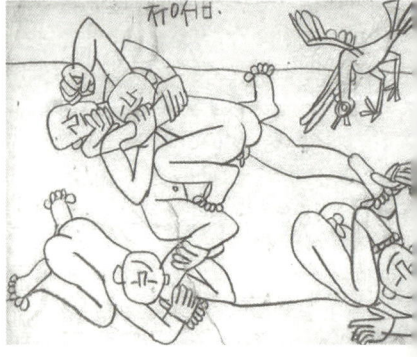

이중섭, 〈네 어린이와 비둘기〉, 종이에 연필,
31.5×48.5cm

이중섭,
〈물고기와 노는 세 아이들〉,
1952~3년, 25x37cm

한다. 〈물고기, 게와 노는 네 어린이〉, 〈애들과 끈〉, 〈두 어린이와 복숭아〉, 〈네 어린이와 비둘기〉, 〈물고기와 노는 세 아이들〉이 그것이다.

여기에 등장하는 모든 아이들은 벌거벗은 아이들이다. 그러나 그들은 저마다 "오들오들 떨고 있는" 것이 아니라 맘껏 즐기고 있다. 그런데 왜 김춘수는 아이들을 "오들오들 떨고 있다"고 형상화하고 있는 것일까. 이는 이중섭의 생애를 다 알고 있는 자의 시선일 뿐이다. 그러나 모든 결과를 아는 자는 그 과정의 잔잔한 기쁨과 희망을 간과하기 쉽다. 이중섭은 결론도 중요하지만 사랑으로 행복했던 그 순간들, 그 찰라들을 놓칠 수 없기에 그토록 아이들을 그렸을 것이다.

■ 장석주, 이중섭 화백 앞에 마주서다.

장석주와 이중섭의 인연을 굳이 만들어본다면, '종로구 효자동'일 것이다. 장석주가 《위클리경향》(2008.10)에 실은 글을 보면, 자신이 살았던 종로구 효자동 일대에 이광수도, 이중섭도, 노천명도, 이상도 살았다고 한다.

장석주가 말하고 싶은 바는 이렇게 대단한 사람들과 한 곳에서 자랐

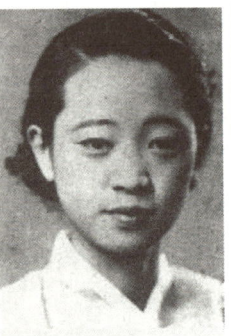

이광수　　　　이중섭　　　　노천명　　　　이상

다, 그들의 정기를 받았다는 것이 아니다. 그저 그랬단다. 그리고 장석주 자신도 그 지역의 골목길을 좋아했다 라는 정도이다. 그럼에도 불구하고 우린 장석주와 이중섭을 연결하고 싶다. 왜냐면, 장석주가 이중섭을 기억하며 연결해주길 간절히 바라기 때문이다.

내 마음 속 척박한 황지에
무슨 나빈가 그 애벌레 한 마리 살고 있었지요.
그놈은 한사코 아무것도 먹지를 않겠다고,
그저 세상이 罪스럽다고,
그저 한번 화사하게 날고 싶다고,

거부하는 몸짓으로
살다가,

1956년 9월 6일 오전 11시 45분,
간장염으로 입원가료중 사망,
이중섭 40세.

―시체라도 봅시다.
―볼 필요 없습니다. 다 썩었습니다.

　　　　　　　　　　― 장석주, 「고 이중섭 화백」

자신이 걸었던 골목길을 걸었을법한 한 화가를 생각한다. 그런데 그 화가는 척박한 곳에서 더 척박하게 살아갔다는 것이다. 한 번쯤은 화사하게 날아보고 싶었는데, 결국 썩어버리고 말았다는 것이다.

이중섭의 〈자화상〉은 죽기 직전에 그린 그림이다. 아직 자신의 건재함을 드러내기 위해 그린 그림이다. 그런 이중섭은 끝내 죽고 말았으며, 그 죽은 뒤의 쓸쓸

이중섭, 〈자화상〉, 1955, 종이에 연필로 그리고 색연필로 서명, 48.5x31cm, 개인소장

함에는 아내도 그토록 사랑하던 아들도 함께 하지 못했다. 그럼에도 불구하고 장석주는 다음 시에서 이렇게 말한다. "그대 때문에 세상이 한층 밝아진다"고 말이다.

   그대 때문에 세상이 한층 밝아진다.
   갚을 길 없는 그대에 대한 내 마음의 빚
   한국소처럼, 뿔을 치켜 세운 분노도 슬퍼
   마음의 무거움 잠시 벗고 가벼워지면,

   어제는 몹시 외로웠다고,
   오늘은 못견디게 그리웠다고,
   너를 사랑한 것은 평생 지울 수 없는 상처라고,
   사랑하는 이에게 엽서를 쓰자.

   −나는 세상을 속였어.
   예술을 한답시고 공밥만 얻어 먹고

공술만 얻어 먹고
놀았어.

후일 무엇이 될 것처럼.
나는 이 세상에 죄송해.

내 마음의 돌연한 가벼움이 믿어지지 않는다.
마침내 너는 투명한 빛의 여울목으로 떠올랐는가?
황당무계하도다, 사랑의 마음이여.

— 장석주, 「내 마음 속 龍」

위 시에서는 이중섭을 구체적으로 드러내지는 않았다. 다만 우리가 느낄 수 있도록 보여주고 있을 뿐이다. '한국소', '엽서'로 이어진 이중섭의 발자취 속에서 더더욱 그러하다. 더 나아가 외롭고, 그립고, 엽서를 쓰는 주체가 정석주든 이중섭이든 그것이 무엇 중요하랴. 다만 이중섭이 사랑에 못 이겨, 보고 싶은 그리움을 견디지 못해 그린 엽서화를 우리가 알고 있으며, 함께 하고 있는데 말이다.

이중섭, 〈환상적인 바다풍경〉, 1940년 말, 종이에 청먹지로 그리고 수채, 엽서화, 9x14cm

이중섭의 작품 중, 은지화와 비교될 만큼 재미있는 작품이 '엽서화'다. 엽서화는 이중섭이 1940년 말 원산에 잠시 머물 때 일본에 있는 마사코 양에게 보낸 그림편지이다. 마사코 양이 1943년에 한국으로 들어올 때까지 지속적으로 보냈는데, 88장으로 전해지고 있다. 이 작품들은 마사코, 즉 이중섭의 부인이 잘 간직하고 있었기에 전해지는 것이다. 이들의 사랑이 현해탄을 건너 이어질 수 있었고, 오늘날 전해질 수 있는 것은 바로 이 엽서화의 공이다. 이런 엽서화를 기억하고 있는 우리에게 그 주체는 장석주이자 이중섭이자 바로 우리들이다.

■ 김승희, 이중섭 화백 앞에 마주서다.

김승희, 참으로 여러 경력을 가진 문인이다. 학부에서는 영문학을, 대학원에서는 국문학을 전공한 학자다. 또한 미국 캘리포니아대학교에서 한국학과 전임강사를, 지금은 서강대 국어국문학과 교수를 역임하고 있는 학자이다. 그뿐인가. 그녀는 1973년 《경향신문》 신춘문예에 시 「그림 속의 물」로 등단한 시인이다. 또 1994년 《동아일보》 신춘문예에 「산타페로 가는 사람」이 당선된 소설가이기도 하다. 즉 그녀는 시인이자 소설가이고, 영문학도이자 국문학도이다. 그러한 김승희가 사랑만큼은 미술학도 이중섭에게 묻는다.

> 한 사랑 있어
> 하나의
> 사랑이
> 있어
> 사람이 미친다는 건 정말일까
> 그리움이 얼마나 컸으면
> 중섭은 그리움이 얼마나 컸으면

춘화를 그렸을까.
그리움이 얼마나 슬펐으면
중섭은 춘화를 그리다가
에덴의 가족 같은
성화를 그리다가 했을까.

한 사랑 있어
하나의
사랑이
있어
사람이 죽는다는 건 정말일까.
그리움이 얼마나 컸으면
중섭은 미쳐서 죽었을까.

— 김승희, 「사랑이여」

강성인 김승희가 이중섭의 사랑을 이해하지 못할 리가 없다. 다만 공유하고 싶었을 뿐이다.

■ 이수익, 이중섭 화백 앞에 마주서다

이수익은 사랑의 절대자에게 이중섭의 사랑을 묻는다. 사랑의 상징, 예수님께 묻는다. "예수님,/당신도 결혼을 하셨다면" 하고 말이다. 그건 다시 말하면 예수님도 이해하지 못한 사랑이라는 것이 아닐까. 다음 시를 감상해보자.

예수님,
당신도 결혼을 하셨다면
사랑하는 처자식과 생이별로 떨어져 살아야 하는
한 사내가 흘리는 땀과 오한과

마른 기침으로 얼룩지는 잠자리를
조금은 이해하시리라 믿습니다.

오늘도 나는 아침부터
바닷가로 나가
푸른 바다 화폭에 그리운 家族들의 얼굴을 그리고
그들이 마치 꿈인 듯 생시인 듯, 좋아라 흰손을 들고서
우우 우우 달려오는 모습을 보고는 그만 벅차
나도 몰래 찬 바닷물 가운데로 들어섰지요.

그러나 예수님,
내 발목까지 달려온 그들은
힘없이 추르르 부서지는 환멸의 물방울
내 허무한 화폭의 그림자일 뿐이었습니다.
바로 그때, 이 가슴에는 분명
앞으로 내가 짊어지고 가야 할
무거운 십자가 하나가 걸려 내려왔습니다.

오, 두렵고도 두려우나 확실한
예감,
이 예감을 안고 내일도 나는 바닷가로 나가
예수님 당신이 맨발로 건넜다는 물보다 더 깊고 푸른
인연의 바다를 바라볼 것입니다.

— 이수익, 「바닷가 이중섭」

    도대체 이중섭의 사랑은 무엇인가. 예수님이 자신의 제자들을 사랑하기에, 파도에 겁먹은 제자들을 구하기 위해, 바다 위를 맨발로 건너셨다. 그런데 이보다 더 큰 사랑의 바다, 인연의 바다를 만든다는 것이 가능한 것인가. 아마도 이수익은 절대자의 사랑보다 연약하지만 지켜나가는, 연약하지만 잊을 수 없는 한 인간의 사랑에 주목했던 것은 아닐까.

3) 붓으로 펜을 엮다

(1) 이중섭의 '소'를 만났어요 – 김정숙, 최승호

이중섭의 작품 중 일반인들에게 가장 많이 알려진 작품은 그 누가 뭐래도 〈소〉일 것이다. 나의 어린 시절부터 쭉 느꼈던 것이었지만, 항상 정월 달력에는 이중섭의 〈소〉가 환영받았다. 이처럼 인지도가 높은 〈소〉가 시로도 형상화되었다. 이중섭의 〈소〉를 아낀 시인들은 김광림, 김정숙, 김요섭, 최승호 등이다. 이 시인들의 작품 중 김정숙과 최승호의 작품을 찾아가보자.

> 전생에 나는 소였다
> 양지바른 언덕에 등 비비면
> 외로움은 하품처럼 찾아와 머물다 가고
> 폭염 아래 늘어지는 엿가락과 함께
> 오뉴월 땡볕이 서글프다
>
> 이젠 다 버려야 한다
> 다른 여자를 위해 연가를 쓰는 애인들
> 다른 행복을 찾아 딸을 버린 애비들
> 국기 강하식과 함께 땅에 떨어지는 애국들
> 그 모든 것을 소처럼 소처럼
>
> 큰 눈 껌벅이며 서 있으면
> 그토록 발버둥쳐도 사랑이 끝내 부질없는 이유를
> 알 수 있을 것 같은데
> 오늘도 까닭없이 하품이 나고
> 이승에서 소가 아닌 나는 떨어지는 소값에 분노하며
> 등심을 구워먹는 자들을 구워먹고 싶어

다시 소가 되리라

— 김정숙, 「나는 나는 죽어서-이중섭의 '황소'에게」

김정숙은 1960년대에 《현대문학》에 「장미」가 추천되면서 등단한 시인이다. 그의 작품 「나는 나는 죽어서-이중섭의 '황소'에게」는 이중섭의 작품 〈황소〉를 가져온 것이지만, 사실상 이 소재는 우리의 험난하고 왜곡된 현실과 직결되어 있다.

이중섭, 〈황소〉, 1953, 종이에 유채, 26×36.5cm

외도하는 자, 자식을 버린 자, 나라를 저버린 자, 이 모든 자들을 지탄하면서 변치 않는 소가 되리라고 한다. 이중섭의 〈황소〉에서 느껴지는 아우라를 가져오고자 한 듯하다

반면 최승호는 좀 다르다.

> 억울하게 뿔난 마음이
> 뿔난 짐승을 그린다
> 뿔난 짐승들은 초식이고
> 화가 치밀면
> 머리를 말뚝에나 비비지
> 땅바닥에다 얼굴을 비비지
> 울음이어라 말 이전의 말
> 거칠고 세련됨을 따지기 전에
> 마음으로 받는 그대 마음 울음이어라
> 詩를 찢어버릴까

술에 취해 세상에 오줌이나 깔겨버릴까
첫 詩心이 어찌 지금과 같았을까
코뚜레도 굴레도 고삐도 벗어던지고
울타리를 무너뜨리라 仲夒의 흰 소
뜨거운 흰 숨결이 끊이지 않고 이어진다

— 최승호,「흰소」

위 시는 이중섭의 〈흰소〉를 염두에 두고 쓴 시이다.

이중섭, 〈흰소〉, 1954, 나무판에 유화채색, 30x41.7cm, 홍익대 박물관

그런데 최승호와 이중섭 사이의 재미있는 일화가 전해진다. 최승호의 시 중에 "숫소"라는 표기가 있었다고 한다. 출판사 편집부에서 '숫소'는 한글맞춤법에 어긋나니 '수소'로 바꾸자고 제안했단다. 그런데 최승호가 말하길 '수소'가 맞는 줄 안다. 그러나 '수소'로 하면 소의 고환이 거세당한 것 같아서 안 되겠다며 비록 맞춤법에 맞지 않을지언정 '숫소'로 하자고 했다는 이야기가 전해진다.

더 나아가 최승호는 이중섭의 소의 역동성이 바로 그 수소의 고환에서 비롯되었다고 판단하였다. 급기야 수소의 가랑이 사이 고환의 표정이 흥미롭다고까지 언급하였다. 이중섭이 그린 소는 다 수소인데, 그들의 역동성은 바로 그들의 고환에서 비롯되었다는 것이다. 뿐만 아니라 최승호는 수소의 고환을 통해 이중섭의 심리를 풀어내고 있다. 부인과 두 아들이 일본으로 건너간 후 역동적인 소를 그렸고, 그 역동적인 소와 그의 고환은 바로 이중섭의 욕망을 풀어내는 기제라는 것이다.

참으로 놀라운 해석이다. 이제까지 한 번도 생각해보지 못한 견해이다. 사실 어렸을 때부터 이중섭의 〈소〉를 보아왔다. 그리고 프로이트의 이론도 학부시절부터 관심을 가졌었다. 그럼에도 불구하고 최승호처럼 이중섭의 소들을 프로이트의 이론으로 분석할 생각을 미처 못했다. 과연 최승호는 시인이다.

(2) 이중섭의 은지화를 만났어요 – 김승희, 허영자

이중섭의 은지화는 1956년, 뉴욕 현대미술관(Museum of Modern Art)에 소장되었다. 당시 평론가 디브리(Hawaed Devree)는 현대미술관에 소장된 이중섭의 은지화 세 점에 관해 다음과 같이 말했다.

이중섭, 〈가족〉, 은지화

이중섭, 은지화　　　　　　　　　　이중섭, 은지화

"이중섭이라는 한국의 작가이자 교사가 색다른 관심을 불러일으키고 있는데, 그는 전쟁 중이라 재료를 구할 길이 없어 담배갑의 은지 위를 긁는 방법으로 드로잉을 고안해냈다."

— 디브리, 《뉴욕타임스(New York Times)》, 1957.2.3

　　당시 뉴욕에서는 버려진 물건을 이용하거나 조합하는 실험이 벌어지고 있었다. 이때 이중섭의 은지화가 주목받은 것이다. 이중섭이 운이 좋은 것인지, 이중섭의 작품을 알게 된 뉴욕의 문화인들이 운이 좋은 것인지……, 사뭇 웃음이 나온다. 그러나 이러면 어떠하고, 저러면 어떠하리……. 이중섭의 작품도 보존되고 뉴욕의 시민들도 이중섭의 작품을 감상하게 되니 누이 좋고 매부 좋은 것이 아니겠는가.

　　은지화에 대한 설은 여러 가지가 전해지고 있다. 이 중 가장 신빙성 높은 것은 가난에서 비롯된 것이라는 설이다. 이중섭은 부유한 가정에서 태어났지만 한국전쟁으로 극심한 가난의 길로 들어섰다. 하지만 작품에 대한 열정을 억누를 수 없어 즉흥적으로 착안한 것이 담배갑의 은지였던 것이다.

또 다른 설은 임용련의 아내 백남순의 증언에 기댄 것이다. 이중섭이 오산고등학교 시절 임용련의 강의를 듣던 중, 담배갑 은지에 대한 아이디어를 얻었고, 마침 피난지에서 미술 재료를 구하기 어려워지자 예전의 기억을 더듬어 담배갑 은지를 활용했다는 것이다. 그래서 이중섭은 1955년에 미도파 화랑에서 개인전을 열고 임용련에게 "선생님이 말씀하신 대로 은박지로 그림을 그렸습니다"라고 했다는 것이다(백남순 인터뷰, 《계간미술》, 중앙일보사, 1981.여름). 이중섭은 문화학원에 재학중 은지화 그림을 그려 스승 쓰다 세이슈[津田正周]의 칭찬을 받은 일도 있다고 전해진다.

항상 대작 뒤에는 여러 설이 혼재한다. 그러면 어떠하리. 우리는 감상자일 뿐, 그저 이중섭의 작품에 다가가 이중섭을 마주하면 그만이지

이중섭, 〈도원〉, 은지화, 뉴욕, 현대미술관(Museum of Modern Art)

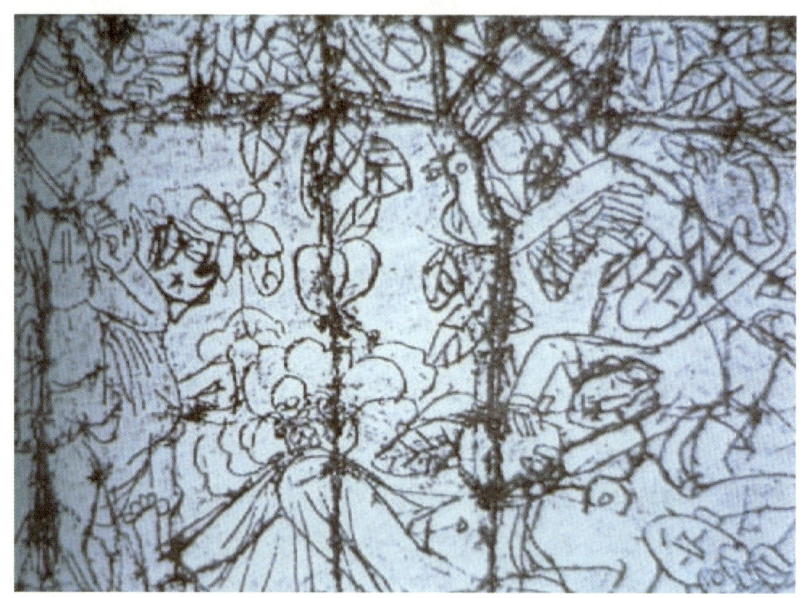

이중섭, 〈도원〉, 은지화, 뉴욕, 현대미술관(Museum of Modern Art)

않은가. 이중섭의 은지화 대부분은 한국전쟁 이후 가족과 헤어진 후에 그려졌다. 그러나 애석하게도 이중섭의 모든 은지화가 다 보존된 것은 아니다.

현재 1979년 4월 미도파 백화점에서 열린 회고전 "이중섭 작품전-미공개 200점"에서 전시된 작품만이 남아 있다. 그나마 이 작품도 1953년 겨울 일주일 동안 일본을 방문했을 때 사랑하는 아내에게 주었기 때문에 보존된 것이다. 나는 이 작품들을 1979년 전시회에서는 보지 못했으나 1999년 현대갤러리에서 열린 이중섭 작품전에서 보았다.

'김영철 선생님과 그의 아이들'로 불린 지도교수와 대학원생들이 함께 이중섭을 만났다. 문학도이지만, 이들 대부분 한때 음악, 미술, 기타 예술에 심취하지 않은 자들이 있으랴. 선생님께서는 학창시절 팝송과 클래식에 조예가 깊었다고 하셨다. 판매용 음악잡지를 만들 정도였다고 하니 더 할 말이 없다. 그리고 난 어렸을 때부터 그림을 하고 싶었다. 집안에 그림을 그리는 사람도 있었고, 건축 설계를 하는 사람도 있었다. 그래서 학부시절 흉내를 내고 다닌 적도 있었다. 또 서동수는 자신의 지도교수님 강인숙 선생님의 초상화를 그려서 선물할 정도였으니 감각이야 따로 설명할 필요가 없을 것이다. 이처럼 우린 제법 흉내를 냈던 자들이었다. 이중섭의 작품전을 보고 화집과 엽서, 그리고 복사품이지만 은지화를 사고, 모두들, 다 같이, '피앗골'에서 막걸리를 마시기 시작했다.

이중섭의 은지화에 감동을 받은 시인은 김승희, 허영자 등이다. 이들의 시를 통해 이중섭의 은지화에 다가가보자.

김승희는 참으로 이중섭을 좋아한 듯하다. 하긴 김승희도 열정적인 시인이니 열정적인 이중섭을 좋아하지 않을 수 있으랴.

> 은지화 속에는
> 해와 달과 별이 살고 있다.
> 동그란 방도 살고 있고
> 아내와 아이들도 살고 있다.
> 평생을 그런 방을 원했으나
> 아, 그래, 어머니의 자궁 같은
> 평화로운 아깃적의 포대기 같은
> 포근하고 아늑한 그런 방을 원했으나
> 이불처럼 고운 자궁을 원했으나
> 엄마-엄마는 이제 죽었을거야-
> 아내는-멀리-있고
> 문둥이와 같이
> 오 문둥이와 같이 쫓겨나서
> 세상은 어쩌다가
> 바닷가 벼랑 끝에 다닥다닥 붙어있는
> 게딱지 같이 찢어진 것이 되었을까.
> 게딱지 같이 굴딱지 같이
> 찢어져 바람새는 石胎가 되었을까

아, 그래, 빌어먹을, 난 곧 죽을거야,
하루종일 젖을 빠는 젖먹이 아가처럼
하루종일 끙끙대며 빈젖을 빨아봐도
난, 정말, 피할 수 없을 거야,
꼭지가 메마른 과일나무처럼
생명이 똑-하고 떨어져 버릴 거야,

은지화는
나의 유서입니다.
그렇잖아도 영양실조로 창백한 병색인데
철필로
유리골필로
온몸을 콕콕 파들어갑니다.
나는 위독하고
은지화는 나의 위독 위에
찬란한 로마제국 같은 피묻은 아름다움의
극락조를 방생합니다.

난
한 겹의 은지화로
창백하게 말라 죽어가면서
한 겹의 은지화로
세상에 남습니다.
은지화 속에는
내가 잃어버린 모든 것이
어쩌면 내세처럼 하얗게 표구되어 있습니다.

— 김승희, 「은지화의 유서」

　　김승희는 위 작품을 통해 일차적으로 이중섭의 생애를 정리하고 있다. 위 시에서 전해주는 정보 첫 번째는 이중섭이 해와 달과 별 속에서, 한 방에서, 아내와 아이들과 살고 싶었다는 것, 두 번째는 현실은 그렇지 못했다는 것, 세 번째는 그래서 유서를 은지화로 남긴다는 것, 네 번째는 나는 죽어가면서 은지화로 남고, 그 은지화는 표구가 되어 걸릴 것이라는 것이다. 김승희는 참으로 냉정하게 정리하고 있다. 무서울 정도로 냉정하다. 그러나 그 냉정함에 깃들어 있는 감정이입이 더더욱 무섭다.

허영자는 다른 방식으로 이중섭의 은지화를 읽어낸다. 허영자를 따라서 색다른 은지화의 세계로 넘어가보자.

> 그의 아기는
> 추워 떨고 있었지만
> 그는 벌거벗은
> 여름 아기들을 그렸다
>
> 그의 아기는
> 울고 있었지만
> 그는 까르르 까르르
> 웃고 있는 아기들을 그렸다
>
> 그의 아기는
> 앓아 누워 있었지만
> 그는 아랫도리가 건강한
> 하늘 오르는 아기들을 그렸다
>
> 마침내 그의 아기가
> 땅속에 묻혔을 때
> 외로운 그 아기를 위하여
> 한 화가의 꿈의 아기들
> 은지화의 아기들은
> 천사의 합창을 높이 불렀다.
>
> ― 허영자, 「銀紙畵」

허영자는 이중섭의 현실과 이중섭의 현실극복방안을 형상화하고 있다. 현실은 비극적이지만 이중섭의 작품 속에서는 행복하다. 행복을 바라는 이중섭의 간절한 바람이 결국 천사들의 합창으로 이어져간다. 앞서 김승희의 은지화가 냉정한 세계라면, 허영자의 은지화는 무조건적인 승화만을 형상화한 것은 아닌가 한다. 그럼 우린 무엇을 택할까. 냉정한 세계를 가슴 절이며 읽어낼 것인가, 환상에 잠시 머물더라도 눈을 감을 것인가. 이는 이중섭이라는 화가가, 인간이, 아버지가 살아가는 방법의 문제고 이와 함께 하는 감상자가, 인간이, 엄마가 바라볼 문제이다.

(3) 이중섭의 엽서화를 만났어요 - 김영태

엽서화는 엽서에 그림을 그리는 것이다. 다시 말해서 엽서의 기능인 편지에 그림을 더한 것이다. 어느 것이 더 우선순위에 있는가 라고 묻는다면 '글쎄……' 라고밖에 말할 수 없을 것이다. 엽서라는 한정된 크기에 말보다 그림으로 자신을 드러내야 한다는 것, 이것이 바로 엽서화이다.

이중섭은 1941년을 전후로 엽서화를 그렸다. 물론 수신자는 아내이며, 받는 곳은 일본이었다. 그는 화가였기에, 보고 싶은 아내에게 주저리주저리 설득하는 것이 아니라 자신의 본성으로 보여주기를 했던 것이리라.

그 엽서화에 주목한 시인이 있다. 바로 김영태이다. 김영태는 서양화를 전공하였으나 시, 산문, 음악평론, 무용평론 등 다양한 분야에서 열심히 활동하였다. 「설경」, 「시련의 사과나무」, 「꽃씨를 받아든다」가 1959년에 《사상계》에 추천되어 등단하였다. 비록 2007년에 작고한 시인이지만, 그의 시만큼은 여전히 살아있다. 다음은 김영태가 만난 이중섭의 엽서화이다.

1
달이 떠있다
송곳으로 으깬
달의 피부는
금이 많이 가 있다
늑대가 한 발 들고
발밑에 깔린 仲燮이 머리를
박살 낼까 말까 망설인다
엽서 구석에도
자라다 만 꽃나무 두 줄기
심어놓은 게 보인다

2
蓮꽃 잎사귀에
벌거숭이 童子들이 걸터 앉아 있다
생각보다
연못은 깊고
하늘은 더 넓다
아이들을 그리는
아버지 생각도 깊고 따뜻하다

3
늑대가 콧김을 뿜으며 달린다
작은 하얀 裸身을
헝겊처럼 매단 채
남덕이 보고 싶어
仲燮은 마음 한복판의
물을 자꾸만 퍼낸다

> 바닥이 드러나면 쉬었다가
> 아내의 나신을 안고 존다
>
> 구석에는 몸을 섞을 자세의
> 꽃나무 두 줄기가
>
> — 김영태, 「李仲燮 그림 葉書」

김영태도 이중섭의 아픈 가슴을 만지기에 여념이 없다. 1연에서는 세상의 험악한 늑대가 발로 이중섭을 짓밟고 있다. 머리를 박살낼 것인가 말 것인가를 망설이는 늑대 사이로 이중섭과 그의 엽서화가 보인다. 2연에서는 그 엽서화에 새겨진 아이들과 아버지의 가슴은 따뜻하다. 3연에서는 다시 늑대가 콧김을 뿜으며 달려오는 현실로 돌아와 있다. 이중섭은 작고 하얀 아내가 보고 싶어 그녀의 나신을 안고 존다고 하니, 참으로 가슴이 아플 뿐이다. 언제든지 몸을 섞을 준비가 되어 있는 두 줄기의 나무를 그린 이중섭을 김영태가 만났던 것이다.

4) 이중섭에게 편지를 띄웁니다 - 신달자

이제까지 이중섭의 삶과 그림들을 만나보았다. 그럼에도 아직 할 말이 남아 있다. 그래서 이중섭에게 편지를 띄우고 싶다. 여기에 신달자가 띄우는 편지에 우리의 마음도 같이 실어보자.

> 빈 종이만 보면 아이는 그림을 그립니다. 공책 신문 잡지의 빈 자리만 봐도 공터를 만난 아이같이 공을 치거나 토끼 닭 강아지를 불러 놉니다.
> 쓰다버린 원고지 뒷장에도 백설공주가 수만번 잠을 깨며 일어나고 달랑 달랑 남근의 난장이들이 방울소리를 내며 숲에서 돌아와 엎치락 뒤치락 합니다.

내 마음 어디에 그대 혼이 있는지 내 아이가 당신의 딸 같습니다.
― 신달자, 「편지1― 李仲燮 畵家께」

신달자 시인은 말한다. 자신의 딸이 그림을 그리고 있으면 이중섭의 딸을 보는 듯하다고 말이다. 이중섭에게 딸이 있고 없고는 중요하지 않다. 내 아이의 순수함, 동화 같은 천진난만함이 바로 당신, 이중섭의 것이 아니냐는 것이다. 이중섭의 자녀는 이중섭의 것을 물려받을 수 있다. 그런데 나의 아이가 이중섭처럼 그림을 그린다. 그렇다면 신달자의 아이가 이중섭의 아이인가? 그렇지 않다. 그렇다면 무슨 뜻일까. 이는 신달자 마음 안에 이중섭의 혼이 있어서, 내 아이가 이중섭의 혼을 닮았다는 것이다. 다시 말해서 '신달자, 나 자신은 이중섭 당신을 참으로 좋아합니다' 라고 고백하는 것이다. 그토록 신달자는 이중섭의 천진무궁함을 담아내고 싶었던 것 같다.

> 가슴에는 천도 복숭아
> 엉덩이에 사과가 익어가는
> 내 아이는
> 지금 향내는 가득합니다.
> 곧 연두빛 싹도 살며시 돋고
> 계집아이 수집음도 돋아나겠지만
> 내 아이는
> 더 자라지 않고
> 벌거벗은 채로 뛰어 노는
> 당신의 아이들 속에
> 벌거벗은 채로
> 봄을 가지고 화평을 가지고
> 영원을 가지고 놀게 하고 싶습니다.
> 찢어진 은지 속에서도

아름다운 세상 만들며
순연한 부드러움
맑은 영혼 영혼으로-.

— 신달자, 「편지2— 李仲燮 畵家께」

인간은 지속적으로 성장하게 되어 있다. 따라서 신달자의 아이도 오늘과 내일이 다르게 성장할 것이다. 그러나 지금, 현재, 더 자라지 않은 채, 벌거벗은 채, 이중섭의 아이들 속으로 들어가 '봄'을 가지고 함께 놀게 하고 싶다고 한다. 이미 성장을 마친 신달자는 그림 속으로 들어가지 못하기에, 자신의 아이들은 아직 어리기에, 꿈이 무엇인지 알기에, 이중섭의 아이들과 동심으로 하나가 될 수 있기에, 신달자는 자신의 아이를 이중섭의 아이들에게 보내고 싶어한다. 신달자는 그토록 간절히 이중섭에게 말하고 있다. "당신, 참으로 그 순수하고 맑은 영혼, 천진 무궁한 영혼과 함께 하고 싶습니다!!"라고 말이다.

2. 추사 김정희, 너의 화폭 〈세한도〉에 젖어들다

제주도의 겨울! 한 번도 본 적이 없다. 겨울뿐만 아니라 제주도에 가본 적이 없다. 대학교 졸업여행으로 선생님들께선 동기들과 제주도에 가셨지만, 난 그때 왜 그랬을까, 한려수도를 홀로 돌았다. 그래서 이제는 가보려 한다. 이 원고를 마친 후, 그러니까 출판사에서 지금 쓰고 있는 이 글을 편집하고 발행하는 동안 나는 제주도에서 추사 김정희를 만나보려 한다.

국보 18호인 〈세한도歲寒圖〉, 이는 추사 김정희 선생이 1844년에 그린 작품이다. 당시 추사 김정희 선생은 제주도에 유배되어 있었다. 유배지에서 제자 이상적에게 그려주었는데, 1974년 12월 31일, 그야말로 1974년의 끝자락에서 문화재로 지정되었다. 지금은 손창근씨가 소장하고 있다.

추사 김정희, 그의 나이 59살, 환갑을 바라보며 유배지에서 세월을 보내야 했을 때, "날씨가 차가워진 후에야 송백의 푸름을 안다[歲寒然後 知松柏之後凋也]"고 말했다. 그 이유는? 모든 세상 권력을 잃었음에도 불

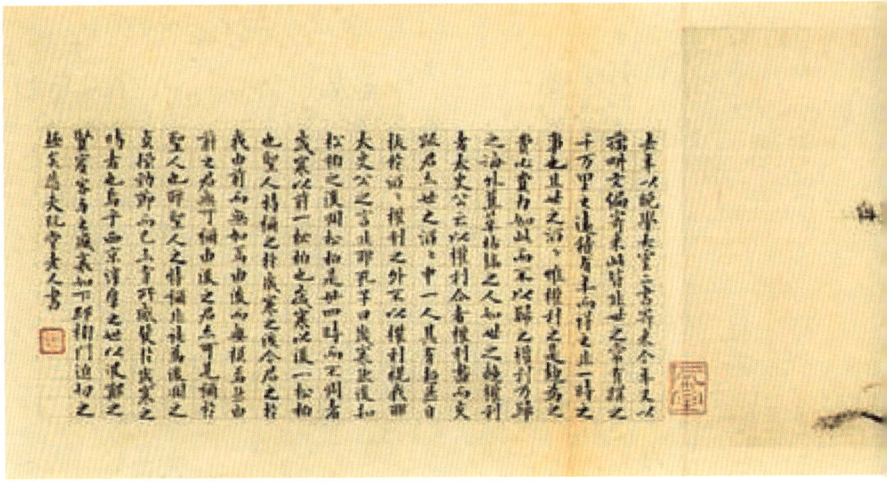

김정희, 〈세한도歲寒圖〉, 국보 180호, 1844(헌종 10년), 제주에서

구하고 자신을 찾아온 제자 이상적을 보며 감동했던 것이다. 그래서 제자 이상적을 송백의 푸르름이라 칭했고, 〈세한도〉를 그려준 것이다. 물론 그 소나무와 잣나무는 추사 김정희 자신일 수도 있다. 아니 서로 서로 하나씩 하면 어떨까. 그들의 기상이 남다르니 말이다.

허름한 집 한 채, 나무 네 그루, 이들이 모여 한 선비의 절개와 한 제자의 믿음을 드러냈다. 그런데 이 그림을 오늘날까지 지키기가 그리 쉽지만은 않았다. 한 번은 이상적이 중국에 갔을 때 오찬의 축하연에서 청나라 명사들에게 이 그림을 보여주어 16명의 제문과 발문을 받았다. 후에 제주도에서 유배살이를 하고 있는 추사 김정희에게도 보여주었다. 두 번째는 민영휘 집안으로 〈세한도〉가 넘어간 이후, 일본 후지쓰카 지카시오[藤塚鄰]에게 팔렸다. 그러나 서예가 손재형이 1944년에 아침저녁 문안인사를 드리며 끝내 다시 사왔다. 세 번째는 〈세한도〉를 일본까지 가서 어렵게 사온 손재형이 국회의원 선거자금을 얻기 위해 〈세한도〉를 저당 잡혔다. 그런데 손재형이 낙마를 하여 〈세한도〉는 미

술품수집가 손세기에게 넘어갔다. 이처럼 추사 김정희의 정치적 신념과 사제의 정을 표현한 〈세한도〉가 시대와 개인의 욕망에 의해 세파에 흔들리고 흔들리다 1974년에 와서야 국보로 지정되었다. 참으로 어려운 시대를 잘 견뎌낸 작품이다.

항간에는 이렇게들 말한다고 한다. 〈세한도〉의 가치는 그림보다 〈세한도〉 속에 담긴 정신과 추사 김정희의 글이 더 크다고 말이다. 또한 20여 명이 넘는 감상자들에 의한 발문에 의해 그 가치가 더 커졌다고들 한다. 그러나 그 무엇이든 우린 〈세한도〉를 통해 김정희 유배시절의 고고함과 그 제자의 깊은 정을 만날 뿐이다. 이에 현대시인들도 추사 김정희를 만나러 갔다. 〈세한도〉를 만나러 갔다. 추사 김정희의 〈세한도〉를 만난 시인은 강영은, 고재종, 곽재구, 김선태, 도종환, 박현수, 박희진, 백무산, 송수권, 신동호, 신현정, 염명순, 오세영, 유안진, 유자효, 이근배, 장석주, 정수자, 정호승, 조정권, 황지우 등이다. 이 모든 시인의 작품을 다 만나보면 얼마나 좋으랴. 그러나 그럴진대 추사 김정희가 너무도 힘들어할 것 같아 몇 시인들하고만 동행하고자 한다.

1) 추사 김정희, 당신을 벗 삼아 시인이 됐어요
- 박현수

박현수는 1992년 《한국일보》 신춘문예를 통해서 등단한 시인이자, 경북대 국어국문학과 교수이다. 그를 시인으로 인정하게 한 시는 〈세한도〉, 그렇기에 박현수는 추사 김정희에게 큰 빚을 진 셈이다. 아니 어쩌면 상승작용을 일으켰는지도 모른다. 잠잠하던 〈세한도〉를 다시금 불러 세웠으니 말이다.

1
어제는
나보다 더 보폭이 넓은 영혼을
따라다니다 꿈을 깼다
영원히 좁혀지지 않는 그 거리를
나는 눈물로 따라 갔지만
어느새 홀로 빈 들에 서고 말았다
어혈瘀血의 생각이 저리도
맑게 틔어오던 새벽에
헝클어진 삶을 쓸어올리며
첫닭처럼 잠을 깼다

누군 핏속에서
푸르른 혈죽血竹을 피웠다는데
나는
내 핏속에서 무엇을 피워낼 수 있을까

2
바람이 분다
가난할수록 더 흔들리는 집들
어디로 흐르는 강이길래
뼛속을 타며
삼백 예순의 마디마디를 이렇듯 저미는가
내게 어디
학적鶴笛으로 쓸 반듯한
뼈 하나라도 있던가
끝도 없이 무너져
내리는 모래더미 같은 나는
스무 해 얕은 물가에서
빛 좋은 웃음 한 줌 건져내지 못 하고
그 어디
빈 하늘만 서성대고 다니다
어느새
고적한 세한도의 구도 위에 서다

이제
내게 남은 일이란
시누대처럼
야위어 가는 것

— 박현수, 「세한도」

　박현수는 군 생활 중에 「세한도」를 착안했다고 한다. 강원도 양구에서 철책근무를 할 때, 그 깊은 어둠 속에서 시를 창작하곤 했는데, 그중의 한 편이 바로 「세한도」라는 것이다. 그러나 박현수는 군 복무 중에는 끝내 「세한도」를 완성하지 못했다고 한다. 그래서 제대 후 정리하여 신춘문예에 응모했다는 것이다. 군 복무 중, 공부를 열심히 해 검정고시에 합격했다는 사람, 군 생활에 적응하지 못해 단기 제대한 문학청년, 이런 분들은 가까이에서 본 적이 있다. 그러나 군에서 시를 써서 신춘문예에 등단한 사람은 처음 본다. 참으로 박현수는 시를 쓰지 않고는 견딜 수 없는 천성 시인인가보다. 박현수는 「세한도」를 통해 시인이 되었으나, 스스로 고백한다. 이제 그 작품을 썼던 박현수, 젊은 시인 박현수가 아니라고 말이다.

몇 년 전이었지요
당신의 블러그에서 내 이름을 발견한 날 말입니다
내 부끄러운 등단작이
그곳에서 한 사람의 삶에 개입한 사실을 알아내었지요
나는 당황했습니다
그 글은 나를 향해 있었으니까요
그 글의 부제는 '박현수 시인께' 였지요

당신의 〈세한도〉라는 시를 처음 읽던 날
내 목마름이 구체적인 소리로 다가 오더군요
그동안 뱉고 싶었던 내 안의 모든 말들이
당신의 시 속에서 분수처럼 솟구쳐 오르고 있었기에
난 이내 한기와 함께 오한을 느꼈으며,
그날부터 감기와 몸살로 며칠을 앓아야 했답니다
내가 시를 읽고 앓아 보기는 처음이었지요
우리 인간들이란 …… 시를 읽고 앓기도 한다는 사실을,
박현수 시인, 당신은 알고 계시는지요?

나는 망설였지요
섬세한 당신의 글에 어떤 대답을 해야 좋을까
행복한 고민을 하였더랬지요
우리 인간들이란, 시를 읽고 앓기도 한다는 걸
그날, 처음 안 날이기도 했습니다
그랬지요, 생각은 오랠수록 슬퍼지니까

끝내 답장을 쓰지 못하였지요
당신, 혹 기다리지는 않으셨나요

답장을 쓰려 할 때 나는 알아버렸습니다
답장을 쓸 사람이 이젠 없다는 것을,
나는 이미 그때 그 젊은 시인이 아니니까
〈세한도〉를 쓰던 초췌한 청년을 나는 너무 멀리 떠나 왔으니까
당신이 올린 그 글은
북극을 가리키는 나침반처럼
스무 해 얕은 물가에 서있던 그 청년에게로 확고하게 향해 있었지요
설령 내가 당신에게 말을 건넨다 해도
나침반의 바늘은 지금의 나를 알아보지 못할 겁니다
나도 그 사람이 낯설고
이제 나도 당신처럼 그에게 긴 글을 쓰고 싶어집니다

우리에겐 어느 시간에
남겨두고 와야 할 자신들이 있습니다
아름답다고 끌고 올 수도
더럽다고 버리고 올 수도 없는 자신들 말이지요
어느 한 삶을 연장해서
다른 삶을 복제품으로 만들 수 없어서
어느 한 시점의 사람이
다른 시간의 그 사람을 대신할 수 없어서
가지를 떠나는, 잘 익은 과일처럼
그렇게 어찌할 수 없는 자신들이 있습니다

그는 젊은 날 내게서 독립한 아름다운 청년입니다
아득한 뒷모습을 본 지 너무 오래 되었고요
답장을 써야 할 사람이 없다는 걸 깨달은 날,
동네 술집의 불빛은 많이 흔들렸답니다
낙엽들은 내가 볼 때마다 한꺼번에 떨어져 내렸지요
이젠 그 청년에게 나도 연락이 닿질 않네요

모든 길이 갈래길이기만 하던 그 때
찬바람 속에서 오래도록 울던 그 청년은
우리가 보지 못하는 세계 속에서 치열하게 살아 가겠지요

이제 더 이상 시간을 끌 수 없어서
결례를 무릅쓰고 대신 안부를 전합니다
당신, 혹 너무 오래 기다리지는 않으셨는지요

— 박현수, 「젊은 시인의 행방— 어느 독자에게」

　박현수 시인은 참으로 여러 가지 면에서 행복한 시인인 것 같다. 신춘문예 작품을 기억해주는 독자가 있고, 한 시인의 작품을 읽고 속풀이 다해서 감기와 몸살의 진통을 겪은 독자가 있고, 그리고 그 젊은 시절을 기억할 수 있는 독자가 있으니 말이다. 시인, 문인에게 가장 그리운 이는 독자가 아닐까. 물론 창작은 홀로, 외로이, 고독하게 진행한다. 그러나 그것을 같이 향유해줄 동반자가 없다면 참으로 힘 빠지는 일이다. 그런 측면에서 박현수는 행복한 시인이다. 1992년의 「세한도」에 감동받은 독자에게 2009년에 와서 답시를 보내는 시인 박현수, 당신은 친절한 시인입니다.

2) 추사 김정희, 당신으로 인해 '정지용문학상'을 탔어요
- 유안진, 유자효

　추사 김정희와 정지용은 참으로 가까운 분들인가보다. 아니다. 추사 김정희를 좋아하는 사람들이 정지용 시인을 좋아하는가보다. 추사 김정희의 〈세한도〉를 기억하는 시인들에게 정지용문학상이 돌아갔으니 말이다. 유안진과 유자효, 이들은 모두 추사 김정희의 〈세한도〉를 기

억하면서 정지용문학상을 수상한 시인이다. 역대 정지용문학상을 수상한 시인들은 이름만 들어도 알만한 시인들이다. 박두진, 김광균, 박정만, 오세영, 이가림, 이성선, 이수익, 이시영, 오탁번, 유안진, 송수권, 정호승, 김종철, 김지하, 유경환, 문정희, 유자효, 강은교, 조오현 등이다. 이처럼 대단한 시인들 사이에 유안진, 유자효가 추사 김정희의 〈세한도〉를 기억해내면서 함께 하고 있는 것이다.

> 서리 덮인 기러기 죽지로
> 그믐밤을 떠돌던 방황도
> 오십령五十嶺 고개부터는
> 추사체로 뻗친 길이다
> 천명天命이 일러주는 세한행 그 길이다
> 누구와 눈물로도 녹지 않는 얼음장길을
> 닳고 터진 알 발로
> 뜨겁게 녹여 가라신다
> 매웁고도 아린 향기 자오륵한 꽃진 흘려서
> 자욱자욱 붉게붉게 뒤따르게 하라신다
>
> ― 유안진, 「세한도 가는 길」

유안진은 1998년 「세한도 가는 길」로 정지용문학상을 수상하였다. 이 시는 노래로 재창조되기도 하였는데, 이안삼이 작곡하여 여러 성악가들이 불렀다. 시의 본성이 노래와 호흡을 같이 한다는 측면에서 자연스러운 일이다.

추사 김정희는 1884년 여름, 겨울의 〈세한도〉를 불러세웠다. 그의 나이 54세. 유안진은 그의 나이 58세에 "오십령의 고개로부터는/추사체로 뻗친 길이다"라고 말하고 있다. 여기에 공통점을 생각해볼 수 있을까. 추사 김정희도 오십령의 고개로부터 추사체 뻗친 세한행, 유안진도 오십령의 고개로부터 추사체 뻗힌 세한행으로 말이다. 공자는 나이 50에 하늘의 명, 천명天命을 알았다고 한다. 그래서 이들의 만남이 50대였을까. 그렇다면 우리 독자들은 언제 이들을 만나야 할 것인가. 육신이 오십이 되었을 때, 다시 이 시를 펼쳐야 할까! 문학이란 참으로 고마운 것이다. 문학이란 우리를 때론 지천명知天命에, 때론 백수白壽에, 때론 지학志學에 다다르게 하니 말이다.

유자효는 불문학을 전공한 문인이자 방송인이다. 그는 1968년 《신아일보》 신춘문예에 시로 입선하였으며, 1972년 《시조문학》에 「혼례」를 발표하면서 시인의 자리에 섰다. 불문학자, 시조시인, 뭔가 어울리지 않은 듯하지만, 문학이라는 점에서는 공통분모를 지닌다. 그가 되새긴 추사 김정희의 〈세한도〉를 따라가보자.

뼈가 시리다
넋도 벗어나지 못하는
고도의 위리안치
찾는 사람 없으니
고여 있고
흐르지 않는
절대 고독의 시간
원수 같은 사람이 그립다
누굴 미워라도 해야 살겠다
무얼 찾아냈는지
까마귀 한 쌍이 진종일 울어
금부도사 행차가 당도할지 모르겠다
삶은 어차피
한바탕 꿈이라고 치부해도
귓가에 스치는 금관조복의 쓸림 소리
아내의 보드라운 살결 내음새
아이들의 자지러진 울음소리가

끝내 잊히지 않는 지독한 형벌
무슨 겨울이 눈도 없는가
내일 없는 적소에
무릎 꿇고 앉으니
아직도 버리지 못했구나
질긴 목숨의 끈
소나무는 추위에 더욱 푸르니
붓을 들어 허망한 꿈을 그린다

— 유자효, 「세한도」

　유자효가 되새긴 〈세한도〉는 앞서 다른 시인들이 기억하는 〈세한도〉와는 다른 듯하다. 저 도도한 추사 김정희의 〈세한도〉가 아니라 궁색한 한 인간이 느낄 수밖에 없는 그리움, 인간냄새를 그리고 있다. 어쩌면 모든 위인들의 그림자일 수 있다. 그렇다. 그것은 그림자일 뿐 실체가 아니다. 사람이라면 누구나 느끼고 공감한다. 그러나 위인들은 일반인들의 그리움과 인간냄새를 공유하지만 행실로 옮기지 않기 때문에, 평범한 우리가 위인들의 삶에 감동받는 것이다. 그렇기 때문에 위인들은 홀로 고독할 수밖에 없다. 이 시대 우리에게 이와 같은 이가 있다면 누구일까.

3) 강원도 촌사람이자 프랑스 유학파지만
〈세한도〉에 감동 받았어요 - 염명순

　염명순, 극과 극에서 돋보이는 시인이다. 강원도 홍천에서 태어나 불문학을 전공하였다. 나는 '강원도' 하면 바로 '감자떡', '감자전'이 떠오른다. 나의 시어머니께서는 강원도에만 가면 감자떡을 잔뜩 사주셨다. 바로 먹기도 하고, 냉동실에 넣어놓고 두고두고 먹으라는 것이다. 그만큼 강원도의 상징적인 음식이 아닌가 한다. 또한 나의 대학원 동기 음영철의 고향이 강원도 횡성이다. 그곳에 대학원생들이 지도교수님과 함께 방문한 적이 있다. 동기 어머니께서 손수 갈아 만들어주신 음식이 바로 '감자전'이다. 이처럼 시골스럽고 흙냄새가 물씬 풍긴 곳에서 태어난 염명순, 그러나 그녀의 전공은 불문학이다.

　염명순은 학부시절 불문학 전공을 내공삼아 프랑스로 건너갔다. 그런데 그곳에서는 문학이 아닌 미술사학을 공부하여 박사학위까지 받았다. 그리하여 그녀는 우리가 잘 알고 있는 레오나르도 다 빈치, 반고흐, 밀레, 피카소를 소개하는 저서들을 출판한 바 있다. 그런데 문제는 꿈마저 불어로 꿀 수 있는 그녀가－시집 『꿈을 불어로 꾼 날은 슬프다』－가장 한국적인, 동양적인 추사 김정희의 〈세한도〉에 주목하였다는 것이다.

　　　내 생애는 끝내
　　　쓸쓸한 지붕 얹고 그 안에
　　　찬바람을 듣는 두 귀만 밝아
　　　들판에 가득한 달빛을 문풍지에 담는다

　　　무너진 세월의 고랑사이
　　　추억처럼 흰 눈이 내리는 날
　　　인적 없는 마음에 불을 지피고
　　　담담한 먹빛 풀어
　　　유배의 방은 물들고
　　　언뜻언뜻 끊어졌다 이어지는
　　　시린 눈발 끝에 고개 숙인
　　　나는 늙은 소나무

　　　나도 한때는 저 마을의 불빛을 그리워했으리
　　　해소기침 밭은 숨 몰아쉬며

누군들 고고 싶지 않았으랴
한 시절 꾸던 꿈과
제주 앞바다를 솟구치던 파도 잠재운 뒤
흰 화선지에 한 획씩 더해지는
젊지 않은 나이도 고마우이

나이 들어 눈 대신 밝아진 마음 하나로 심지 돋우고
밤새 난초를 치다보면
하나 둘 꽃망울로 맺히는 그리움도
이젠 아름다우니
이 마음 먼 물길을 건너
뭍을 오를 때엔 이미
환하게 꽃피어 있으리

— 염명순, 「세한도」

염명순은 추사 김정희를 곱게도 그려내고 있다. 유배지에 있는 김정희는 이제 소나무가 되어 있다. 소나무의 장점은 늘 푸른 것이다. 그러나 문제는 소나무는 홀로 존재해야 한다. 소나무는 누군가와 함께 성장할 수 없는 아픔이 있다. 홀로 있을 때 성장할 수 있고, 고고할 수 있고, 폼생폼사할 수 있다. 그렇기에 그는 외롭기도 하고 누군가가 그립기도 한 것이다. 그가 바로 추사 김정희일까. 염명순일까. 아니면 이 시를 읽고 있는 '나', '너', '우리'일까.

4) 이젠 내게도 유배령이 떨어지려나 - 황지우

황지우는 내게 용기와 부끄러움을 준 시인이다. 대학시절이다. 나는 국립중앙도서관을 매주 토요일마다 방문했다. 늘 국립중앙도서관을 들어갈 때에는 힘이 넘쳤으나 나올 때에는 거의 실신에 가까운 상태였다. 무엇보다도 자료를 기다리는 시간에 지쳐 쓰러진다. 지금만 같아도 작업장이 여러 곳으로 분리되어 있지만, 90년대 초 만해도 그렇지 않았기에 논문 한 편을 신청하면 오전에는 1시간, 오후에는 3시간 이상을 기다려야만 했다. 그보다 더 절망적인 것은 논문신청을 카드만 보고 해야 하기 때문에 내가 원하는 자료인지 아닌지를 명확히 알 수 없다. 제목만 보고 유사성에 속아 신청할 뿐이다. 그러나 어떤 종류의 글이나 다 그렇듯이 성실한 글과 불성실한 글이 있다. 후자를 만나게 되면 나는 하루를 허비하고 만 셈이다. 오늘날의 인터넷 상의 자료 검색은 과학문명이 가져다준 보기 드문 은혜이다.

그럼에도 불구하고 국립중앙도서관은 참으로 매력적인 곳이다. 각 열람실에서 만나는 사람들은 참으로 소중하고 반가운 이들이기 때문이다. 물론 사전에 아는 이를 만나서가 아니다. 그저 내가 좋아하는 것을 공유할 수 있는 이들을 마주 대한다는 것 자체가 즐거웠다. 그래서 그곳에서 스케치를 하곤 했다. 글을 읽는 이들을 살짝 살짝 '남몰래 스케치'를 했다. 그러던 중 한 사내를 만났다. 뭔가 도도해 보이는 그 눈빛과 진지한 모습에 나는 스케치를 하던 펜을 놓고 훔쳐보기 시작했다.

그러다 만난 시인이 바로 '황지우'이다. 그 사내가 읽고 있던 시집은 바로 황지우의 『새들도 세상을 뜨는구나』였다. 사실 그 전까지만 해도 나에게 다가온 시풍은 '라이너 마리아 릴케' 풍이었다. 그래서 관심 갖지 못했던 황지우, 그러나 그 사내가 읽고 있다는 이유만으로 집어 보았다. 그런데 웬일인가. 늘 영화관에서 만나는 상황, 길에서 매일매일 볼 수 있는 상황이 새롭게 다가왔다.

      영화가 시작하기 전에 우리는
      일제히 일어나 애국가를 경청한다
      삼천리 화려 강산의

을숙도에서 일정한 군群을 이루며
갈대 숲을 이륙하는 흰 새떼들이
자기들끼리 끼룩거리면서
자기들끼리 낄낄대면서
일렬 이열 삼렬 횡대로 자기들의 세상을
이 세상에서 떼어 메고
이 세상 밖 어디론가 날아간다
우리도 우리들끼리
낄낄대면서
깔쭉대면서
우리의 대열을 이루며
세상 떼어 메고
이 세상 밖 어디론가 날아갔으면
하는데 대한 사람 대한으로
길이 보전하세로
각각 자기 자리에 앉는다
주저앉는다

— 황지우, 「새들도 세상을 뜨는구나」

 오늘날 20대는 잘 모를 것이다. 영화관에서 영화가 시작되기 전 꼭 애국가가 흘러나오던 때가 있었다. 그러면 모든 관객이 제자리에서 일어나 국기에 대한 경례를 해야만 했다.
 웃지 못할 이야기가 있다. 어느 한 대학에서 벌어진 일이다. 한 과에서 단체로 답사를 떠났다. 관광을 하기 위해 과 학생들이 모두 시내를 걸어 다니고 있었다. 해질 무렵이었다. 어디선가 애국가가 들려오기 시작했다. 모든 학생들이 일제히, 누가 누구에게 명령한 것도 아닌데, 부동자세로 국기에 대한 경례를 했다. 이 사실이 지역 방송에 보도가 되자 대학에서 상을 수여했다는 것이다.
 이처럼 길거리에서나 영화관에서나 애국가가 흘러 퍼지면 가던 길도 멈추고 예를 갖추어야만 했다. 그런 시절이 있었다. 그런데 감히 황지우가 이를 비판했던 것이다. 1990년대 초, 아직 '국기에 대한 경례'가 남아 있었던 시대였다. 물론 그 의식은 군사독재를 상징하여 1994년 이후로 폐지되고 없어졌다. 그러나 그 비판의식은 여전히 황지우를 통해, 독자들을 통해 기억되고 있다.

황지우, 바로 그러한 시인이다. 그 이후 나는 황지우의 모든 글을 갖게 되었다. 그리고 이젠 그의 시 「어느날 나는 흐린 酒店에 앉아 있을 거다」를 이해하고 공감하고 사랑하게 되었다. 그래서 추사 김정희에게도, 김정희의 〈세한도〉를 좋아하는 이에게도 이 시만큼은 소개하고 싶다.

초경을 막 시작한 딸아이, 이젠 내가 껴안아줄 수도 없고
생이 끔찍해졌다
딸의 일기를 더 이상 훔쳐볼 수도 없게 되었다
눈빛만 형형한 아프리카 기민들 사진;
"사랑의 빵을 나눕시다"라는 포스터 밑에 전가족의 성금란을
표시해놓은 아이의 방을 나와 나는
바깥을 거닌다. 바깥;
누군가 나를 보고 있다는 생각 때문에
사람들을 피해 다니는 버릇이 언제부터 생겼는지 모르겠다
옷걸이에서 떨어지는 옷처럼
그 자리에서 그만 허물어져버리고 싶은 생;
뚱뚱한 가죽부대에 담긴 내가, 어색해서, 견딜 수 없다
글쎄, 슬픔처럼 상스러운 것이 또 있을까

그러므로, 어느 날 나는 흐린 주점에 앉아 있을 것이다
완전히 늙어서 편안해진 가죽부대를 걸치고
등뒤로 시끄러운 잡담을 담담하게 들어주면서
먼 눈으로 술잔의 수위만을 아깝게 바라볼 것이다

문제는 그런 아름다운 폐인을 내 자신이
견딜 수 있는가, 이리라
              ― 황지우, 「어느날 나는 흐린 주점에 앉아 있을 거다」

  황지우는 1980년대를 힘겹게, 그러나 힘차게 저항해 온 몇 안 되는 시인이다. 1990년대, 겉으로는 얼추 정리된 듯한 정치적 상황 속에서 「어느날 나는 흐린 주점에 앉아 있을 거다」를 발표하였다. 그런 그가 2000년대에 와서 흰 머리카락을 드리운 채 한국예술종합학교 총장이 되기도 했으며 옥관문화훈장을 받기도 했다. 그러나 2009년, 그는 다시 유배를 떠나야 할 지경에 놓여 있다. 그래서 그는 다음과 같은 시를 남겼는지도 모른다.

연말 연시, 휴가 떠난 아파트
우면산 겨울 나뭇가지 밑을
까치가 U字를 그리며 날아다닌다
베란다가 한 4백호(?) 새한도 한 점,
유리 기워 표구해준다
잠시 후 깃털이 떨어지는 액자 안
저 추운 집에 녹차 한잔 넣어주랴?
              ― 황지우, 「유리기운 歲寒圖」

  모두들 연말 연시라 휴가를 떠날 상황에, 황지우는 〈세한도〉 속의 추운 집에 녹차 한 잔을 넣어주고자 한다. 황지우가 혹 추사 김정희에게 녹차 한 잔을 건네며 자기가 묵을 방도 있는지 묻고 싶었던 것은 아닐까. 아닐 것이다. 그래서 "넣어주랴?"라고 묻고 마는 것이다. 황지우의 비판정신은 유배를 떠날지언정 꺾이지 않으리라 믿는다.

5) 시인이자 노동운동가로서 추사 김정희를 보다 - 백무산

백무산, 본명 백봉석은 황지우보다 2살 어리다. 그래도 1954년생이니 나보다 한참 인생 선배이다. 그럼에도 불구하고 황지우보다 어리다. 그래서였을까. 황지우가 둘러말한 것을 그토록 진하게 표현하고 싶었던 것일까. 아직 백무산은 혈기 왕성 청년인가보다.

> 왜 그랬을까
> 집을 그리워하는 마음이 앞서 그랬을까
> 목수가 보면 웃을 그림을 그렸을까
> 풍수가 보면 혀를 찰 집을 그렸을까
> 늙은 소나무 뿌리 위에 집을 짓다니
> 숲 그늘 습한 땅에 터를 잡다니
> 방위도 살피지 않고 지형도 살피지 않고
> 주위 땅이 더 높아 비만 오면 물이 콸콸
> 집 안으로 쏟아질 참인데
>
> 그는 아마도 유배지의 겨울 솔숲을
> 다 그려놓고는 못내 집이 그리워
> 집 한 채를 끼워넣었던 것일까
> 그런데 저 집은 살림집이 아니지 않은가
> 이상하게 크고 긴 건물과 낯선 문
> 궁궐일까, 그가 그리워한 것은 옛 영화였을까
> 임금이었을까, 그것이 아니면 왜
>
> 저리 기막힌 소나무 아래
> 저리 한심한 집을 생각했을까
> 그는 두 가지 욕망에 괴로워했을까
> 그렇지 않다면 왜 저런 욕망이 깊이 깔린
> 그림을 그렸을까
>
> — 백무산, 「세한도」

백무산, 그는 1984년 《민중시》를 통해 작품 활동을 시작한 민중시인이자 노동운동가이다. 그래서 그의 시집명도 『만국의 노동자여』, 『동트는 미포만의 새벽을 딛고』, 『인간의 시간』, 『길은 광야의 것이다』, 『초심』 등이다. 이처럼 소위 운동권 시인이기에 〈세한도〉의 주인공, 추사 김정희의 내심을 건드릴 수 있었을 것이다. 하긴 그러한 갈등 없이 민중운동을 한다면 더 이상 인간이 아니라 기계가 아니겠는가.

6) 《창작과비평》에 추사 김정희를 쏟아냈어요
- 신동호, 도종환, 고재종

《창작과비평》은 추사 김정희의 〈세한도〉와 밀접한 관련이 있다. 그것은 다름 아닌 그림 〈세한도〉를 소재로 한 시 「세한도」를 다수 소개했다는 것이다. 1996년에 신동호의 「通儒, 그리고 세한도」를 1998년에는 도종환의 「세한도」와 고재종의 「세한도」를 실었다. 물론 이는 우연일 것이다. 그러나 인생이 우연의 연속이고, 그것이 필연이 되는 것이 아닌가. 그런 측면에서 《창작과 비평》에서 소개한 「세한도」들을 만나보자.

먼저 신동호의 「通儒, 그리고 세한도」부터 만나보자.

> 눈 쌓인 가지가 무거워 보이네
> 추사, 언덕을 거닐며 바라보던
> 푸른 소나무도 늙어가는가
> 이놈 불호령은 어디에서 듣는가
> 세속을 버리려니
> 인연의 옷자락이 휘청 바람에 날린다
> 세상을 아는 것은 쓸모없는 일인가
> 격물치지는 세로쓰기의 한자에서 해서체로나 보이고
> 유유자적의 긴 그림자 끝으로

허송세월의 딱지가 붙어버렸다
말똥구리와 석류에서의 어떤 외경
흙으로 돌아가려니
너무 오래 토종의 흙을 모르고 살아버렸네 추사,
겨울밤 문풍지를 흔들던 바람에도
세상을 배우던 세한도의 집 한 채
지조와 의리가 사라진 전문가의 원근법
저 멀리 작은 점으로
역사가 놓인다
이 세상 그 무엇도 아닌 것
먼 길을 떠나서 가 닿으려니 눈이 날리네
눈이 날리네 추사,
이놈 불호령은 어디에서 다시 듣는가.

— 신동호, 「通儒, 그리고 세한도」

신동호는 추사 김정희에게 묻는다. 당신과 함께 했던 소나무도 늙는가, 불호령은 어디에서 듣는가 라고 말이다. 세속의 옷을 버리기 위해서는 인연의 옷자락도 버려야 하는데, 그것은 쉬운 일이 아니다. 세상을 아는 것이 쓸모없는 일인가. 이런 저런 일들을 묻는다. 결국 신동호는 추사 김정희에게 되묻는다. "이놈 불호령은 어디에서 다시 듣는가." 신동호는 이미 추사 김정희의 〈세한도〉에서 불호령을 들은 것 같다. 다만 독자들에게 같이 듣자고 제안하는 것은 아닐런지…….

그럼 도종환이 만난 추사 김정희의 〈세한도〉는 어떠한가.

소한이 가까워지자 눈이 내리고 날이 추워져
그대 말대로 소나무 잣나무의 푸르름은 더욱 빛난다
나도 그대처럼 꺾인 나무보다 꼿꼿한
어린 나무에 더 유정한 마음을 품어
가지를 매만지며 눈을 털어낸다

이미 많은 새들이 따뜻한 곳을 찾아 떠난 지 오래인데
잔가지로 성글게 엮은 집에서 내려오는 텃새들은
눈 속에서 어떻게 찬 밤을 지샜을까
떠나지 못한 새들의 울음소리에 깨어
어깨를 털고 서 있는 버즘나무 백양나무
열매를 많이 달고 서 있는 까닭에
허리에 무수히 돌을 맞은 상수리나무 갈참나무
소나무 잣나무에 가려 똑같이 푸른 빛을 잃지 않았어도
눈여겨 보아주지 않는 측백나무
폭설에 덮인 한겨울을 견디는 모든 것들은
견디며 깨어 있는 것만으로도 눈물겹게 아름답다
발 아래 밟히며 부서지는 눈과 얼음처럼
그동안 우리가 쌓은 것들이 무너지고 부서지는 소리
대륙을 건너와 눈을 몰아다 뿌리는
냉혹한 비음의 바람소리
언제쯤 그칠 것인지 아직은 예측할 수 없다
그러나 기나긴 유배에서 풀려나 돌아가던 길
그대 오만한 손으로 떼어냈던
편액의 글씨를 끄덕이며 다시 걸었듯
나도 이 버림받은 세월이 끝나게 되면
내 손으로 떼어냈던 것들을 다시 걸리라
한 계단 내려서서 조금 더 낮은 목소리로
그대 이름을 불러보리라
이 싸늘한 세월 천지를 덮은 눈 속에서
녹다가 얼어붙어 빙판이 되어버린 숲길에서

— 도종환, 「세한도」

『접시꽃 당신』으로 알려져 있는 도종환, 그는 오리지널 충북 시인이다. 오리지널이란 말이 무슨 뜻인지 궁금할 것이다. 그는 청주에서 태어나 청주에서 초등학교, 중학교를 졸업하고 아버지의 직장 때문에 고등학교만 원주에서 다녔을 뿐 다시 충북대학교에서 국어교육학을 공부하였다. 그리고 충북 청원군 부강중학교에서 교사의 첫 발을 디뎠다. 그 첫 직장에서 첫 시집『고두미 마을에서』를 출판하였다. 그리고 비록 지금은 건강문제로 교직을 떠났지만 그의 마지막 직장도 충북 진천에 소재한 진천 덕산중학교이다. 이정도면 오리지널 충북 시인이라 해도 무방하지 않겠는가.

이처럼 소위 충청도 양반이라 불리는 지역에서 태어나, 자라고, 생활하였던 도종환이 좀 더 큰일을 제안하였다. 그것은 바로 1989년에 있었던 전국교직원노동조합 결성이다. 이 모임을 주도한 혐의로 수인이 되면서『지금 비록 너희 곁을 떠나지만』(1989)을 발간하기도 했다. 그는 군부독재시대에 교사로서 진실의 목소리를 내기 위해 동분서주했던 시인이다. 우리가 기억하는『접시꽃 당신』은 그의 한 면일 뿐이다.

이러한 도종환이 자신의「세한도」를 통해 추사 김정희뿐만 아니라 자신과 같은 처지에 놓인 자들을 불러 세우고 있다. 우리나라 24절기 중 추운 절기 중의 하나가 소한小寒이다. 물론 대한大寒도 있으니 그보다 적다고 해야 할까. 여기에서는 대소의 문제가 아니다. 혹한 속에서 푸르른 소나무와 잣나무에 시선이 머문다.

어린 나무가 그 혹한을 견뎌낸다. 사실 어린 나무보다 장성한 나무가 더 잘 견딜 터인데, 도종환은 굳이 어린 나무를 택한다. 그 어린 나무에 유정한 마음을 품어 견딘다. 그리고 그것을 아름답게, 눈물겹도록 아름답게 여긴다. 추위가 싫어, 버거워 떠난 새들도 있다. 그러나 그 추위 속에서, 눈 속에서 떠나지 못한 새들의 울음소리가 있고, 비록 소나무와 잣나무에 의해 가려 있을지언정 푸른빛을 잃지 않은 측백나무와 여러 나무들이 있다. 그 속에 도종환도 있다.

도종환은 말한다. 언젠가, 언제쯤인가, 비록 알 수는 없지만, 아직은 예측할 수 없지만, 그러나 기나긴 유배에서 풀려나 돌아갈 날이 있음을 굳게 믿고 있다. 그렇기에 20세기에 도종환이 19세기의 추사 김정희의 〈세한도〉를 불러 세우는 것이 아닐까.

자, 그럼 마음을 추스르고 고재종의 「세한도」를 만나러 가자.

> 날로 기우듬해가는 마을회관 옆,
> 청솔 한 그루 꼿꼿이 서 있다.
>
> 한때는 앰프방송 하나로
> 집집의 새앙쥐까지 깨우던 회관 옆,
> 그 둥치의 터지고 갈라진 아픔으로
> 푸른 눈 더욱 못 감는다.
>
> 그 회관 들창 거덜내는 댑바람 때마다
> 청솔은 또 한바탕 노엽게 운다.
> 거기 술만 취하면 앰프를 켜고
> 박달재 울고 넘는 이장과 함께.
>
> 생산도 새마을도 다 끊긴 궁벽, 그러나
> 저기 난장 난 비닐하우스를 일으키다
> 그 청솔 바라다보는 몇몇들 보아라.
>
> 그때마다, 삭바람마저 빗질하여
> 서러움조차 잘 걸러내어
> 푸른 숨결을 풀어내는 청솔 보아라
>
> 나는 희망의 노예는 아니거니와
> 까막까치 얼어죽는 이 아침에도
> 저 동녘에선 꼭두서니빛 타오른다.

— 고재종, 「세한도」

고재종은 1957년에 담양에서 태어나 1984년 실천문학사의 신작시집 『시여 무기여』에 「동구밖집 열두 식구」 등을 발표하면서 시인의 자리를 마련하기 시작했다.

그가 태어난 담양은 대나무로 유명한 곳이다. 중고등학교 시절 '담양 죽제품' 그저 무턱대고 외웠던 것이 생각난다. 그럴 정도로 담양에는 대나무가 풍성하다. 그래서 담양에서는 '대나무숲'과 '대나무축제'로 그 유명세를 다지고 있다.

그럼 생각해보자. 우리나라 문화·역사적으로 대나무가 상징하는 것은 무엇인가. 매난국죽梅蘭菊竹의 하나로서의 대나무다. 그렇다면 매난국죽은 무엇인가. 그것은 세한삼우歲寒三友:松竹梅 즉 추운 겨울에도 낙엽이 지거나 푸르름을 잃지 않는 소나무, 대나무, 매화에 국화와 난초를 더한 것으로, 명나라 진계유陳繼儒가 이중 매난국죽을 사군자四君子라 칭하여 부른 것에서 비롯된 것이다. 한국에서는 고려시대부터 성행하여 조선시대에 이르러서는 사대부들이 즐겨 그리던 소재가 되었다. 그렇다면 그토록 열렬팬들이 많은 매난국죽의 의미는? 당연 선비의 지조와 절개이다.

고재종은 지조와 절개의 대나무를 어렸을 때부터 흔하게 보고 자라왔다. 비록 담양농업고등학교를 중퇴하였지만, 시심詩心이 정규교육 속에서 성장하는 것이 아님을 염두에 둔다면, 고재종의 시심 속에 스며들 대나무의 기상은 무시할 수 없다. 그는 1987년에 첫 시집 『바람 부는 솔숲에 사랑은 머물고』를 출판하였다. 이처럼 대나무의 기상이 무엇인지, 소나무의 흐름이 무엇인지 아는 시인이 제주도의 〈세한도〉를 만나게 된 것이다.

고재종의 「세한도」는 참으로 묵직하게 다가온다. 그는 말한다. "희망의 노예는 아니"다. 그렇지만 "까막까치 얼어죽은 이 아침에도/저

동녘에서 꼭두서니빛 타오른다"라고. 희망을 잃지 않고 있는 것이다. 날로 기울지만 마을회관 옆에 청솔 한 그루 서 있고, 그 옆에 앰프를 켜고 노래를 부르는 이장이 있으며, 비록 난장이 난 비닐하우스이지만 일으켜 세우다 청솔을 바라보는 이들이 있기 때문이다. 그들과 함께 하기 때문에 고재종은 노예가 아니라 의지를 일으켜 세워 기다린다. 이것이 바로 태어나면서부터 지조와 절개의 대나무를 보면서 자란 자의 시가 아니겠는가.

7) 같은 해에 태어나 다른 〈세한도〉를 바라보다
― 장석주, 곽재구

장석주, 곽재구는 1954년에 출생한 시인으로서 추사 김정희의 〈세한도〉를 바라본 시인들이다. 물론 1954년에 태어나 〈세한도〉를 바라본 시인은 이들만은 아니다. 도종환 시인도 마찬가지다. 그러나 도종환 시인은 앞서 살펴보았으므로, 본 항에서는 장석주와 곽재구의 〈세한도〉를 살펴보겠다.

장석주, 그는 1954년에 충남 논산에서 태어나 1975년에 「심야」로 신인상을 받으며 등단한 시인이다. 그리고 1979년에는 《조선일보》 신춘문예에 당선되었으며, 또한 같은 해에 《동아일보》 신춘문예 평론으로도 당선된 다재다능한 문인이다. 그뿐 아니라 서울대 사회학과를 졸업한 자로 《현대시》, 《시인세계》 등의 편집위원으로 지냈으며, 대학에서도 강의를 한 바 있는 활동적인 지식인이다. 그런데 지금은 전업 문인이다. 문인을 업으로 한다는 말이 어색하지만, 맞는 일이다. 더군다나 그는 「한 입, 한 말, 한 마음」(《문화일보》, 2008.7.26)에 왜 전업문인으로 들어섰는지에 대해 고백까지 하였다.

그는 전업 작가, 시골에서의 삶을 선택했다. 그리고 밤낮으로 책을 읽고, 혹여 자신의 마음이 느슨해질 때마다 『완당평전阮堂評傳』을 들춰보거나 〈세한도〉를 곰곰이 들여다본다고 한다. 그렇게 살아온 지 어언 10여 년이 넘어서고 있다. 그가 어떻게 추사 김정희의 〈세한도〉를 바라보았는지 함께 가보자.

> 골재 채취한다고 산 한쪽이 뭉텅 잘려나가고
> 아물지 않는 상처처럼
> 붉은 절개지는 겨울이 다 가도록 흉하게 드러나 있다
> 그 위 언덕에는 잎이 붉게 변하며 말라가는 소나무 몇 그루
> 소나무 가지에 걸린 달이 협곡으로 빠질 때
> 병든 가장家長이 식구들 없는 빈집에서
> 혼자 남아 기침을 하고 있다
>
> — 장석주, 「세한도歲寒圖」

장석주는 "옛 사람은 하루의 계획으로 파초를 심고, 한 해의 계획으로 대나무를 심고, 10년의 계획으로 버들을 심고, 100년의 계획으로 소나무를 심는다"는 장조의 말을 빌려, 시골에 집을 짓고 뜰에 첫 나무로 금강송金剛松을 심었다. 그러니 장석주는 100년 계획을 시작한 셈이다. 그 100년 동안 마음을 소나무처럼 꼿꼿하게, 올곧게 하기 위함이란다. 금감송을 바라보며 한 입으로 한 말을 하고, 한 마음으로 한 마음을 품고, 사는 일의 우직함과 세상 사람이 바삐 여기는 바를 등한히 하고 거꾸로 세상 사람이 등한히 하는 바에 어떻게 바쁠 수 있는지를 궁리하겠다고 고백하였다. 그렇기에 오직 시인으로서의 삶을 선택할 수밖에 없었으리라.

사람들이 바삐 여기는 바를 등한히 하고, 세상 사람이 등한히 여기

는 바를 바쁘게 할 것을 궁리한다는 그의 고백처럼, 그의 「세한도」에서는 남들이 산을 뭉텅 잘라가고 절개하는 사이에, 홀로 말라가는 소나무 몇 그루와 그 사이에 걸린 달이 협곡으로 빠지는 위기의 순간에 홀로 빈 집에 남아 인기척을 내고 있다. 아직 살아있음을 알려주는 것이다. 그는 경기도 안성에 내려와 살면서 제주도로 이주할 계획을 갖고 있다고 했다. 스스로 고립을 선택하여 고통의 극한 속으로 들어가 글을 쓰기 위함이란다. 제주도의 수려한 바다와 풍광들로 위로받으며 서귀포가 아닌 조천, 협재, 혹은 남원 쪽 같이 외진 곳을 선택하여 내려가고자 한다. 그곳에서 자신의 '미래작', '대표작'을 쓰겠다고 한다. 지금도 대표작이 많은데 시인 장석주는 아직 대표작을 쓰지 못했다고 한다. 그렇다면 자신의 마음에 쏙 드는 대표작을 쓸 수 있길 바란다.

곽재구, 그는 1954년 전라남도 광주광역시에서 태어나 1981년 《중앙일보》 신춘문예에 「사평역에서」로 등단한 시인이다. 앞서 장석주는 여러 사회활동을 접고 전업 작가로 나선 시인이라면, 곽재구는 전남대 국문과, 숭실대 대학원 국문과를 거쳐 순천대학교 국어국문학과에서 교직생활과 더불어 시를 창작하고 있는 시인이다. 곽재구의 시 중에는 민중가요로 불리는 시도 있다. 그 대표적인 시는 「사평역에서」와 「희망을 위하여」이다. 먼저 민중가요로 불리는 두 작품을 소개하고 싶다.

> 막차는 좀처럼 오지 않았다
> 대합실 밖에는 밤새 송이송이 쌓이고
> 흰 보라 수수꽃 눈시린 유리창마다
> 톱밥난로가 지펴지고 있었다
> 그믐처럼 몇은 죽고
> 몇은 감기에 쿨럭이고
> 그리웠던 순간들을 생각하며 나는
> 한줌의 톱밥을 불빛 속에 던져 주었다

내면 깊숙이 할 말들은 가득해도
청색의 손바닥을 불빛 속에 적셔두고
모두들 아무 말도 하지 않았다
산다는 것이 때론 술에 취한 듯
한 두릅의 굴비 한 광주리의 사과를
만지작거리며 귀향하는 기분으로
침묵해야 한다는 것을
모두들 알고 있었다
오래 앓은 기침소리와
쓴 약 같은 입술담배 연기 속에서
싸륵싸륵 눈꽃은 쌓이고
그래 지금은 모두들
눈꽃의 화음에 귀를 적신다
자정 넘으면
낯설음도 뼈아픔도 다 설원인데
단풍잎 같은 몇 잎의 차창을 달고
밤열차는 또 어디로 흘러가는지
그리웠던 순간들을 호명하며 나는
한줌의 눈물을 불빛 속에 던져주었다

— 곽재구, 「사평역에서」

너를 사랑한다고 말할 수 있다면
굳게 안은 두 팔은 놓지 않으리
나의 뜨거운 마음이
두터운 네 등위에 포근히 내릴 수 있다면
너를 향한 나의 마음이 더욱 깊어져
네 곁에 누울 수 없는 내 마음까지도
편안한 어머님의 무릎 잠처럼
고요하게 나를 누일 수 있다면

그러나 결코 잠들지 않으리

어둠 속을 질러오는 한 세상의 슬픔을 보리
네게로 가는 마음의 길이 굽이져
오늘 그 끝이 보이질 않더라도
네게로 가는 불빛 잃은 발걸음들이
어둠속을 헤메이다 지쳐 쓰러진대도
너를 사랑한다고 말 할 수 있다면
굳게 안은 두 팔은 놓지 않으리

— 곽재구, 「희망을 위하여」

민중가요로 불리는 시를 갖고 있는 시인들이 있다. 도종환, 김남주, 박노해, 안도현, 박종화 등등……. 그 가운데 곽재구가 있다. 이제 민중가요 시인 곽재구가 추사 김정희의 〈세한도〉를 바라본다.

조합신문에 내 시가 실린 날
작업반 친구들과 소주를 마셨다
오래 살고 볼 일이라며 친구들은
매듭 굵은 손으로 석쇠 위의
고깃점들을 그슬러주었지만
수돗물도 숨차 못 오르는 고지대의 전세방을
칠년씩이나 명아줄풀 몇 포기와 함께 흔들려온
풀내 나는 아내의 이야기를 나는 또 쓰고 싶다
방안까지 고드름이 쩌렁대는 경신년 혹한
가게의 덧눈에도 북풍에도 송이눈이 쌓이는데
고향에서 부쳐온 칡뿌리를 옹기다로에 끓이며
아내는 또 이 겨울의 남은 슬픔을
뜨개질하고 있을 것이다
은색으로 죽어 있는 서울의 모든 슬픔들을 위하여
예식조차 못 올린 반도의 많을 그리움을 위하여
밤늦게 등을 켜고
한 마리의 들사슴이나

고사리의 새순이라도 새길 것이다

— 곽재구, 「세한도」

　이 작품은 그의 첫 시집 『사평역에서』에 실린 작품이자, 이근배가 엮은 『시로 그린 세한도』에 실린 작품이기도 하다. 그렇다면 곽재구는 추사 김정희의 〈세한도〉를 어떻게 읽어낸 것일까.
　김정희는 공자의 말을 인용하여 소나무와 잣나무는 날이 추워져도 그대로 그 빛을 드러낸다고 하면서 자신과 제자 이상적의 마음을 소나무와 잣나무에 비유했다. 즉 권력이 지나간 현실이 세한이라면 그 폭한 속에서도 의리와 지조를 잃지 않은 김정희와 이상적이 소나무와 잣나무이다. 그렇다면 곽재구에게 있어서 '세한'과 '소나무와 잣나무'는 무엇일까. 곽재구에게 세한이란 수돗물도 못 오르는 고지대의 전세방, 방안까지 고드름이 열리는 혹한, 아내의 뜨개질로 알 수 있는 가난이다. 그리고 곽재구의 소나무와 잣나무는 아직도 쓰러지지 않고 서로를 격려하고 축하해줄 수 있는 작업반 친구들이다. 비록 가난할지라도 비난하거나 비웃는 것이 아니라 소주 한 잔 들이키며 바라봐줄 수 있는 사람들, 그들이 바로 소나무와 잣나무이지 않겠는가. 곽재구에게 있어서 말이다.
　그렇다면 우리의 '세한'과 '소나무와 잣나무'는 무엇일까. 나의 '세한'과 '소나무와 잣나무'는 무엇일까.

8) 〈세한도〉의 여백을 따스함으로 채우다 - 송수권

　송수권, 그는 1940년, 일제강점기에 전남 고흥에서 태어나, 해방을 겪고, 한국전쟁을 겪은 뒤, 1975년에 《문학사상》에 「산문에 기대어」로 등단한 시인이다. 파란만장한 시대사, 한국사를 살아낸 그는 30여 년 동안 중등학생들과 함께 하다가 순천대학교 문예창작학과 대학생들에게 문학을 소개하고 있다. 그동안 소월시문학상, 서라벌문학상, 김달진문학상, 정지용문학상, 문화공보부 예술상 등을 수상한 바 있는 원로문인이다. 원로문인이 접하는 김정희의 〈세한도〉는 어떠할까.

> 먹붓을 들어 빈공간에 선을 낸다
> 가지 끝 위로 치솟으며 몸놀림하는 까치 한 쌍
> 이 여백에서 폭발하는 울음……
>
> 먹붓을 들어 빈 공간에 선을 낸다
> 고목나무 가지 끝 위에 까치집 하나
> 더 먼 저승의 하늘에서 폭발하는 울음…….
>
> 한 폭의 그림이
> 질화로 같이 따숩다.
>
> ─ 송수권, 「세한도」

송수권의 「세한도」에는 따스함까지 엿보인다. 화폭의 빈 공간, 그것은 '여백의 미'이지 불필요한 공간이 아니다. 그럼에도 불구하고 까치 한 쌍이 날아와 울음을 운다. 저 먼 저승의 하늘까지 들리게 하는 울음으로써, 추사 김정희와 함께 듣자는 것이다. 문제는 이 까치가 빈 공간을 채우다가 혹 사족蛇足이 되면 어찌하나 하는 것이다. 그래서 송수권이 친절하게 엮어주는 듯하다. 한 폭의 그림이 질화로같이 따뜻하다고 말이다. '이제 김정희여 편안하게, 따뜻하게 쉬면 아니되겠는가.' 그리고 우리에게도 말하는 듯하다. 쉬도록, 죽음 건너편에 있는 김정희가 쉬도록, 고고한 의미망에서 풀어주자고…….

9) 추사 김정희를 우러러 바라보다 - 박희진

박희진은 〈세한도〉를 통해 추사 김정희를 우러러 보고 있다.

소나무 두 그루와 잣나무 두 그루에
덩그렁 집 한 칸.
그밖엔 아무것도 보이지 않는 속에
역력히 어려 있는 추사秋史의 신운神韻.

권세에 아부하고
이익에 나부끼는 풍진세상의
엎치락뒤치락도
절해의 고도, 이곳에는 못 미친다.

일년이 하루 같은 추사의 귀양살이,
겨울의 매서움도
그의 가슴 안에서는 봄바람 일게 하고
시들 수 없는 기개를 드높일 뿐.

추운 겨울에
소나무와 잣나무는 돋보이듯이.
도저한 가난에
오히려 가멸[富] 이 깃들이듯이.

보기만 해도 마음 훈훈해지는,
옷깃이 여며지는 추사의 얼굴,
군살이라고는 한 군데도 안 남았다
머리카락도 모조리 빠졌건만.

백설의 나룻에
칠같이 빛나는 두 눈을 보라,

조선의 빼어난 산수의 정기가
그에게 모여 광채를 내는구나.

소나무 두 그루와 잣나무 두 그루에
덩그렁 집 한 칸,
그밖엔 아무것도 보이지 않는 속에
역력히 어려 있는 추사의 신운.

— 박희진, 「세한도운歲寒圖韻」

　박희진은 추사 김정희의 그림을 자세히 들여다보며 이야기하고 있다. 소나무와 잣나무, 각각 두 그루 속에 덩그렁 집 한 채가 들여다보인다. 그 속에는 추사의 신운神韻만이 보일뿐 다른 것은 보이지 않는다. 아니 어쩌면 보고 싶지 않아서 노력하는 듯하다. 풍진세상의 모든 미련이 다가갈 수 없는 그 기상, 기개, 그곳에는 오직 소나무, 잣나무로 엮어진 추사의 신운만이 존재할 뿐이다. 박희진은 오직 조선의 정기를 뿜어내는 추사 김정희의 광채만 볼 뿐이다.

■ 찾아보기

인명

ㄱ

강영은 • 251
강윤미 • 157, 164, 165
강은교 • 257
고갱 • 22, 34, 39, 47-9
고재종 • 251, 267, 271, 272
고흐 • 16, 20-3, 26-8, 33, 34, 36, 38, 40, 43-6, 48, 49, 51, 54-7, 59, 60, 62, 63, 85, 260
곽재구 • 251, 273, 275-8
곽희 • 17
괴테 • 16
구상 • 209, 216-9
권달웅 • 25, 28, 29
기형도 • 79
김광균 • 45, 47, 257
김광림 • 209-12, 214-6
김기림 • 45, 47
김남주 • 277
김선태 • 251
김소월 • 161, 206
김수영 • 140
김승희 • 22-4, 25, 30, 32, 223, 231, 232, 237, 241, 242, 244
김억 • 205
김영태 • 125, 132-4, 136-9, 144, 147, 244-5
김요섭 • 209, 219-22
김정숙 • 234, 235

김정희 • 249-52, 256-61, 265-8, 271, 273, 277-81
김종삼 • 209-11
김종철 • 257
김지하 • 257
김춘수 • 125, 140-2, 223-6
김혜순 • 171, 183, 184, 187

ㄴ

노천명 • 227, 228

ㄷ

다 빈치 • 260
달리 • 123
도종환 • 251, 267, 269-71, 273, 277

ㄹ

렘브란트 • 107-14, 116, 117

ㅁ

마광수 • 72, 73
마네 • 188-93, 195
모네 • 188, 193
모딜리아니 • 112, 149-65

무어 • 123
문덕수 • 210
문정희 • 33, 37, 38, 257
문충성 • 33, 34, 35, 36, 37
뭉크 • 64-9, 71-3, 75-93, 95-101, 103-6
미로 • 123
밀레 • 260

ㅂ

박남권 • 195, 197
박노해 • 277
박두진 • 257
박의상 • 42, 44, 45
박정만 • 257
박정식 • 100, 104-6
박종화 • 277
박현수 • 251-4, 256
박희진 • 251, 280, 281
방정식 • 106
백무산 • 251, 266, 267
백석 • 206
베이컨 • 115

ㅅ

샤갈 • 118, 121-9, 131-5, 137, 139, 141-8
송수권 • 251, 257, 278, 279
시모니데스 • 17
신달자 • 246-8
신동엽 • 57
신동호 • 251, 267, 268
신현정 • 251
신형철 • 77

ㅇ

아라공 • 123
아폴리네르 • 129, 131
안도현 • 277
안혜경 • 56, 57
알뤼아르 • 129, 130
염명순 • 251, 259-61
염상섭 • 205
오세영 • 251, 257
오탁번 • 257
오태환 • 47, 50, 51, 86-90
워홀 • 123
원석 • 41
유경환 • 257
유안진 • 251, 256, 257
유자효 • 251, 256-9
유치환 • 72
유하 • 47, 52
이가림 • 257
이광수 • 205, 227, 228
이광호 • 77
이근배 • 251
이금례 • 193
이상 • 227, 228
이성복 • 157, 161-4
이성선 • 257
이수익 • 223, 232, 233, 257
이승하 • 71, 73-5, 82-6, 92, 94, 95, 100
이승훈 • 125, 142-5, 147, 148
이시영 • 257
이윤설 • 193-5
이장욱 • 71, 76, 77, 157-160
이제하 • 193
이중섭 • 204-9, 211-8, 220-48

임영조 • 53, 57-60
임현정 • 53, 61-3

ㅈ

잔느 에뷔테른느 • 155
장석주 • 67, 69-71, 79-81, 86, 91, 227, 228, 230, 231, 251, 273-5
전기철 • 86, 92
전봉건 • 210, 211
정끝별 • 77
정수자 • 251
정진규 • 39, 41, 42
정호승 • 251, 257
조동범 • 193, 198, 200, 201
조오현 • 257
조정권 • 251
조현석 • 100, 102-4

ㅊ

천상병 • 97
최승규 • 190
최승자 • 164
최승호 • 114-7, 234-7

ㅋ

카프카 • 91
칸딘스키 • 123
콜비츠 • 171, 179-81

ㅍ

피카소 • 123, 125, 166-73, 179-87, 260

ㅎ

한영옥 • 95, 97-100
한용운 • 161
함성호 • 171, 173, 174, 179, 180, 182, 183
함형수 • 25, 29, 30
허영자 • 237, 241, 243, 244
헤세 • 16
호메로스 • 121
황동규 • 47, 51, 52, 53
황지우 • 251, 261-6

작품

ㄱ

「가슴을 바꾸다」• 63
〈가족〉• 237
〈감자 먹는 사람들〉• 40
「감자 먹는 사람들−삽질 소리」• 42
〈검은 타이를 맨 여자〉• 160
〈계넵의 물레방앗간의 수차〉• 45
〈게르니카〉• 169, 171-3, 179, 180, 182, 183
「게르니카」• 179, 180
〈결혼〉• 139
〈결혼식〉• 137
「고 이중섭 화백」• 228
「고구려의 소」• 221
〈고양이와 함께 한 비너스〉• 191
「고호. 까마귀떼가 나르는 밀밭」• 56
「골목의 각질」• 164
〈교회 결혼식〉• 139
「구두Ⅰ−반 고흐 그림 〈구두〉」• 44
〈구두 한 켤레〉• 43
「귀를 자른 자화상」• 35
「귀천」• 97
「그리운 남극」• 198
「그리운 시」• 90
「그림 속의 물」• 231
「그해 오월을 노래하며」• 195
「기둥시계와 침대 사이의 자화상」• 101
「깃발」• 72
〈까마귀떼 나는 밀밭〉• 53-5, 59
「까마귀떼 나는 밀밭」• 61
「꽃씨를 받아둔다」• 132, 244

ㄴ

「나는 나는 죽어서−이중섭의 '황소'에게」• 235
「나는 타오른다」• 32
〈나와 마을〉• 141
〈나의 마을〉• 137, 142
「내 마음 속 용」• 230
「내가 만난 이중섭」• 223, 224
〈네 송이 해바라기〉• 26, 27
〈네 어린이와 비둘기〉• 226, 227
〈노파〉• 108
〈농부의 생활〉• 137
『느림과 비움』• 80
〈늙은 유태인과 소년〉• 185
〈니콜라스 튈프 박사의 해부학 강의〉• 110

ㄷ

『다시 첫사랑의 시절로 돌아갈 수 있다면』• 70
〈다프니스와 클로에 삽화〉• 122, 124
〈단두대 주위에서의 춤〉• 179
「달터」• 195
〈담배를 든 자화상〉• 101
〈도살된 소〉• 115
〈도시 위에서〉• 129
「도시 위에서」• 128
〈도원〉• 213, 239, 240
〈독일 어린이들이 굶고 있다〉• 181
〈돈키호테〉• 137
「돌각담」• 210
〈돌아온 탕자〉• 117
「동구밖집 열두 식구」• 272

〈두 송이 해바라기〉• 26, 27
〈두 어린이와 복숭아〉• 226, 227
〈또 다른 빛을 향해〉• 125

ㄹ

「로초추」• 131

ㅁ

〈마돈나〉• 72, 95
「마르크 샤갈에게」• 130
〈멜랑콜리〉• 95, 96
「멜순」• 164
「모딜리아니와 함께」• 157, 158
「모딜리아니의 방」• 157, 164, 165
「모딜리아니의 여인의 두상」• 157, 162
「모자」• 79, 81
〈목소리〉• 95
〈목욕〉• 189
〈물고기, 게와 노는 네 어린이〉• 226, 227
〈물고기와 노는 세 아이들〉• 227
「뭉크로부터 1-뱀파이어」• 99
「뭉크로부터 2-멜랑콜리」• 97
「뭉크로부터 3-키스」• 98
「미사에 참석한 이중섭씨」• 210
〈미역감는 남자들〉• 92, 93
「미역감는 남자들」• 94

ㅂ

「바닷가 이중섭」• 233
〈바라노브스키의 초상〉• 160
〈바르네뮌데 트리프틱〉• 92
〈바르네뮌데의 노인〉• 92, 93

「밤의 카페·빈센트 반 고흐 1988」• 50
〈밤의 카페 아를르〉• 48
「밤의 카페」• 51
「밤의 카페에서」• 52
〈버찌를 든 소년〉• 189
「별빛들을 쓰다」• 89
〈별이 빛나는 밤에〉• 16, 20, 21
「별이 지는가」• 195
〈병든 아이〉• 84, 85
「병든 아이-에르바르트 뭉크의그림 1」• 85
〈병원에서의 자화상〉• 68, 69, 70
『본적지』• 210, 211
〈불안〉• 71, 81, 83
「불안-에드바르트 뭉크의 그림 2」• 83
「붉은 고깃덩어리」• 116, 117
〈붕대를 감고 있는 자화상〉• 39
「붕대를 감고 있는 자화상」• 38
〈붕대를 감고 파이프를 물고 있는 자화상〉
• 33, 39
「붕붕거리는 추억이 한때」• 80
「비와 바람 속에서」• 171
「비의」• 218
〈비테프스크의 하늘에서〉• 127

ㅅ

「사랑이여」• 232
「사막」• 216
〈사춘기〉• 86, 87, 89-91, 95
「사춘기·에드바르트 뭉크 1894~1895」• 88
「사평역에서」• 275, 276
「산문에 기대어」• 278
「새들도 세상을 뜨는구나」• 263
「새벽이 열린 눈꽃나무」• 195
「색채의 절규…… 그 현란한 몸짓」• 73

〈생일〉• 124, 134, 135, 147
「샤갈의 마을에 내리는 눈」• 141
「설경」• 132, 244
「세일에서 건진 고흐의 별빛」• 53
「세일에서 건진 고흐의 복사화」• 51
〈세한도〉• 249-52, 256-60, 265, 267, 268, 271-4, 277-80
「세한도」• 253-6, 259, 261, 266-74, 278, 279
「세한도 가는 길」• 257
「세한도운」• 281
〈소〉• 204, 205, 234, 237
「소의 말」• 207, 208
「순애」• 133
「숲의 한가운데서-절망의 옆모습 II」• 57
「시련의 사과나무」• 132, 244
「시인 이성복에게」• 164
「시인의 모자」• 60
「심야」• 273
〈십자가형〉• 115

ㅇ

〈아를의 밤의 카페〉• 49
〈아를의 포럼 광장에 있는 밤의 카페 테라스〉• 48, 51
『아무 말 없이 말하는 사람들』• 123
〈아비뇽의 처녀들〉• 167
〈아이들〉• 213
〈애들과 끈〉• 226, 227
〈야경〉• 111, 112
〈양손을 엉덩이에 댄 한 남자의 반신 초상화〉• 107
「어느날 나는 흐린 주점에 앉아 있을 거다」• 264, 265
「에드바르트 뭉크의 여행」• 105, 106

「에드바르트 뭉크의 꿈꾸는 겨울 스케치」• 102
〈여곡마사〉• 145
「여곡마사」• 145
〈여름밤〉• 95
「오후의 구도」• 47
〈올랭피아〉• 190-3
〈우르비노의 비너스〉• 191
「울다, 염소」• 104
〈웅크린 여인〉• 185
「원정」• 210
「유년시」• 133
「유리기운 세한도」• 265
「유태인이 사는 마을의 겨울」• 133-8
〈60대 여성의 초상화〉• 108
「은지화」• 243
「은지화의 유서」• 242
〈이젤 앞에 앉아 있는 자화상〉• 23
「이중섭」• 223
「이중섭 2」• 224
「이중섭 7」• 226
「이중섭 그림 엽서」• 246
「이중섭 생각 3」• 214
「이중섭 생각 8」• 215
〈인생〉• 186

ㅈ

「자기 십자가」• 24
〈자살〉• 155
〈자화상〉• 112, 113, 155, 184, 185, 229
「자화상 부근」• 38
〈잔느 에뷔테른느〉• 150, 162
〈장님의 식사〉• 185
「장미」• 235
『전쟁과 음악과 희망과』• 210, 211

〈전쟁은 이제 그만〉 • 181
〈절규〉 • 71, 72, 75-8, 81, 83, 103
「절규」 • 76
〈절망〉 • 71, 78, 83, 95, 99
「젊은 시인의 행방-어느 독자에게」 • 256
〈열네 송이 해바라기가 있는 화병〉 • 26, 27
〈열다섯 송이 해바라기가 있는 화병〉 • 26, 28
〈열두 송이 해바라기가 있는 화병〉 • 26
「제주바다」 • 37
〈죽은 아이를 안은 여인〉 • 171, 180
「중섭이네 보리밭」 • 222
〈지누부인〉 • 49
『진짜와 가짜의 틈색에서』 • 212
〈질투〉 • 95

ㅊ

〈청년〉 • 92
「청색시대」 • 184
〈첼리스트〉 • 156
「초토의 시 14」 • 219

ㅋ

「K-프란츠 카프카에게 바침」 • 92
〈키스〉 • 95, 98, 99

ㅌ

「탄생일」 • 147
「탄생일에」 • 133, 135
「통유, 그리고 세한도」 • 267, 268

ㅍ

「파우스트」 • 16
「편지1-이중섭 화가께」 • 247
「편지2-이중섭 화가께」 • 248
〈푸른눈의 여인〉 • 159
〈풀밭 위의 식사〉 • 189, 190, 193, 195
「풀밭 위의 식사」 • 194, 195, 200
「풀밭 위의 점심식사」 • 197
「풀잎은 불안하다」 • 106

ㅎ

〈한국에서의 학살〉 • 169
「할미꽃」 • 195
〈해바라기〉 • 26
「해바라기 환상」 • 28, 29
「해바라기의 비명」 • 29, 30
「해변들」 • 70
「혼례」 • 258
「홀로인 것은 나의 것」 • 126
「화가 뭉크와 함께」 • 74, 75, 83, 100
〈화병에 꽂힌 세 송이 해바라기〉 • 26, 27
〈환상적인 바다풍경〉 • 230
〈황소〉 • 235
「흔들리는 보리밭」 • 59
〈흡혈귀〉 • 95, 99
「희망은 카프카의 K처럼」 • 91
「희망을 위하여」 • 275, 277
〈흰소〉 • 220, 236
「흰소」 • 236